親職教育

Parent Education

王鍾和 著

三民書局

Education

國家圖書館出版品預行編目資料

親職教育 / 王鍾和著. －－初版一刷. －－臺北市：三
民，2009
　　面；　公分
參考書目：面
含索引
ISBN 978－957－14－5149－7　（平裝）
1. 親職教育

528.2　　　　　　　　　　　　　　　　　　98000142

○　親　職　教　育

著　作　人	王鍾和
責任編輯	闕瑋茹
美術設計	李唯綸

發　行　人	劉振強
著作財產權人	三民書局股份有限公司
發　行　所	三民書局股份有限公司
	地址　臺北市復興北路386號
	電話　(02)25006600
	郵撥帳號　0009998-5
門　市　部	（復北店）臺北市復興北路386號
	（重南店）臺北市重慶南路一段61號

| 出版日期 | 初版一刷　2009年2月 |
| 編　　號 | S 521040 |

行政院新聞局登記證局版臺業字第○二○○號

有著作權‧不准侵害

ISBN　978-957-14-5149-7　（平裝）

http://www.sanmin.com.tw　三民網路書店

親職攸關人生幸福

親職效能直接影響子女的心智發展，決定其前途與人生幸福。尤其在心理健康和生活態度方面，影響更為深遠。一般而言，樂觀的父母，調教出積極樂觀的子女；悲觀或抑鬱的父母，調教出憂鬱或沮喪的下一代。

父母的親職效能好，每每多能培養出自我效能高的子女。他們明白事理，自動學習，具備多方面能力，生活體驗也比較豐富，表現出來的毅力亦較佳。看到孩子擁有這些優良表現，我們會稱羨讚美父母說：「你真是命好，生了這麼優秀的孩子！」其實，他們不是命好，而是親職效能高。

他們的子女，在親子互動中，得到較多的學習和啟發。在童年開始之前，由於良好的親情和遊戲等豐富多元的刺激，帶來高品質的學習和自我認同，他們的孩子在身心兩方面，都發展得較好，其神經網絡發展較健全。這對孩子而言，是很珍貴的恩賜。因為他們的學習潛能，會比別人更大。至於六歲之後，神經包鞘的時機已過，即使想要擴充神經網絡，則不免太遲。大抵只能在既有的神經網絡上，進行學習各種知識和能力。所以，教育孩子務必及時才行。

孩子的主動學習、好奇和勤奮態度，發展於童年。安全感和情緒，則在每個階段都有關鍵性的發展，至於認知學習，則各個階段皆不相同。尤其是不同年齡層的孩子，各有其行為特質和反應模式，在教導上必須適時調整，才會有良好的學習效果。

於是，要把孩子教好，就必須有一本好書，陳述親職的理論，道出教導的技巧。依循孩子的發展階段，解說教導的正確方向和可能的錯誤。配合不同生長環境的差異，建議有效的教導方法。王鍾和教授這部著作，具有上述的功能，能幫助父母及時教導子女，又能切中各種變化和需要，其實用價值極高。

另一方面，在個人的生涯發展上，大部分的人都會結婚、生育子女。就我長期的實務工作和研究來看，親職這一區塊，影響人生幸福殊大。親職雖然不像職業發展那樣，直接表現社經地位，影響生活和社交，但它在感情和家居生活上，影響幸福極為深遠。親職效能高，子女教導得好，家庭生活則溫馨幸福。父母看著子女長大成材，就令他們安慰滿足。反之，子女教導不順利，甚至不長進或為非作歹者，為人父母者總是擔憂其前途，沉重的心理負擔，令其陷入悲愁的不幸。

我不是在嚇唬人，沒有教好子女的父母，下半輩子總是有著沉重的心理負擔。因此，及時提昇親職效能，把孩子帶上來，才會有幸福的生涯。這本書能帶給父母新知，對不同的家庭型態，提供教導的指引。它能幫助你，在親職這一區塊，耕耘出一片美好的福田。

一般的親職教育書籍，大抵抓住幾個核心課題，討論如何教導子女的方法。這本書的風格不同，它有宏觀的親職觀念，有實用的理論分析，和活潑的教導技巧。更重要的是，王教授綜合了中外相關研究，並銜接本國文化，而發揮其更大的實用價值。本書除了能提昇父母的親職效能外，更是教師、褓姆、社工和心理輔導等專業人員值得一讀的好書，此外也是大學相關系所學生的優良參考讀物。

王教授多年來投注於親職教育的研究，是一位理論和實務兼通的學者，其著述甚豐。我在 1993 年起，擔任教育部訓育委員會

常委的五年期間，為了推動學校輔導工作，蒙她鼎力相助。她在輔導及親職教育等方面貢獻卓越，現在讀她的新著，受到豐富內容感動，更加敬佩。

　　我相信這本書，能幫助所有的父母，成功實現其親職效能，教出成功優秀的下一代。當然，也能為自己的家庭生活，增添幸福與美好。

鄭石岩

2009 年 1 月

自序

　　閒暇之餘，我總喜歡到書局逛逛，翻閱各種類別的書籍，吸收新知並感受書香。每回走到親職教育這一區塊，我總會駐足許久，有時會如獲至寶似地發現親子相處的新偏方；有時，則藉由這些常登上銷量排行榜的書籍，去歸納當代在親子互動時，常面臨的問題與困擾。作為教授親職教育的老師，也作為孩子的母親、以及傳遞正向親職教育功能的演講者，我常在思考，對孩子們而言，所謂好父母、重要他人的定義是什麼？而如果每一個為人父母者，大多是在當了孩子的爸爸媽媽之後才「學會」當父母，那麼，在扮演父母親這個角色時，為人父母該學習的親職教養「技能」大致有哪些？像是父母該採取哪些管教方式？與子女互動時，親子關係該如何經營才會更加和諧親密？倘若父母採取不適切的親子互動方式與親職角色的實施，那麼，孩子又會受到哪些直接與間接、有形與無形的傷害？

　　過去，我所從事的親職教育相關工作，有很大的部分是著重在親職教育的推廣與實踐。像是社區大學的演講、親職講座或專欄專書等，採取的討論方式，多半以親子互動時可能遇到的日常事件做為起點，這樣的目的，是希冀能讓更多有心增加親職相關知能的父母們，藉由一問一答的方式，循序漸進地自然學會有效能的親子相處祕訣，倘若父母們能將有效能的親子互動原則連結至日常生活中的親子相處，相信父母能更有信心地經營親子關係，孩子同樣亦能在其中感受一二。

　　在此同時，我亦不間斷地閱讀與親子關係相關的實證研究。在課堂上，我和學生們亦常針對不同類型的家庭與當代家庭相關的現象，做一系列的討論。然而，在教與學的過程當中，我卻發

現，國內的親職教育除了借鏡國外幾個重要的理論之外，我們實則需要在融會貫通之後，以一個更近於國情與本土化的親職理論架構，去理解國內親職教育的實務工作規劃與推展。因此，如果能同時結合理論與實務，平衡地將東西方親職教育的優點具體呈現出來，如此，不但能將國內外親職教育演變的歷程做一系統性的陳述，再者，藉由這樣的整理，也希望能讓更多有志從事親職教育研究與參與實務的學生與教育工作者，能以此為出發點，更積極地思索當前親職教育工作所不足之處，這樣，也算是從事親職教育多年的我，所能貢獻之一份心意。

而這個想法，剛好在三民書局編輯部的洽談之下，逐漸成形，並開始一步一步地實踐。因此，我整理了近年來在親職教育這個領域當中，幾個重要的關鍵議題。本書的前兩章乃簡述親職教育發展的歷史演變，以及親職教育的基礎理論與原理原則；第三章則介紹國內外親職教育幾個經典課程的特色與執行。接下來的幾章，則各以不同家庭類型為主題，歸整出不同家庭類型的組成背景與概況。特別的是，本書將因應時代變遷而形成之新興型態家庭結構，如外籍配偶家庭，亦有清楚、完整的探討。至於每一家庭類型中，父母（或是照料者）可能在親子互動關係與管教行為上遇到的問題，以及在此家庭類型中成長的孩子，可能在身心與行為發展上碰到的適應困難與危機等，在各章節中均有著重。此外，並針對不同類型的家庭，提出親職教育實施的「良方」，以供讀者在閱讀之後，能瞭然於心，尚可以此為起點，激盪出更多的想法與應用。

國內各級學校在學校輔導實務工作的執行上，亦挹注許多人力於親師溝通與適切親職教育知能的傳遞上。在第十章中，我亦針對當前親職教育的行政規劃與實施瓶頸，提出個人參與學校行政多年的經驗與建議。在此章中，我希望能點出學校對於那些身

處家庭危機中的親子，所能提供突破家庭結構限制的實質幫助。而這些陳述，皆是希望「學校」能提供成長於家庭相對不利條件下的孩子，一個希望與機會。

我期盼，每個孩子都能在適切的親子互動中，平安健康。在凡事預防重於治療的前提之下，作者與讀者共勉，希望能透過文字的傳達與學理的支持，使親職教育更能順風推展。目前的這些努力，實則是親職教育的一粒種籽，期許在春天能遠播發芽，並在秋天豐盈收割！

本書的出版，感謝政大教研所學生鈺婷、佩純、佳蓉、筱婕及玲慧，在資料的蒐集與文稿修潤上的負責盡心；而三民書局參與本書邀稿、審稿的編輯們，也深深感謝他們，因為有出版社的支持，才有本書的付梓。

恩師吳靜吉教授的推薦，為本書增色不少。好友鄭石岩教授的推薦序，也鼓勵了我日後投入爬格子的行列，真誠的感謝他們在百忙之中無我的支持。

當然也不能遺漏我的家人們，感謝他們無條件的支持，讓我長久以來能在毫無後顧之憂下投入我最喜樂的領域。若說有任何的成果，一切均與他們同享。

最後，當然還要謝謝讀者們願意翻開本書，歡迎大家日後不吝惜地給予指教。

王鍾和

2009 年 1 月於政大

親職教育 目次

第 1 章

→ **緒論——親職教育的演變**

近年來，我國家庭的結構經歷著很大的變遷，此對家中的親子關係及孩子的成長經驗，皆帶來直接的影響。

由於科技快速的發展，我們需在與個人兒時經驗完全不同的社會情境下撫養自己的孩子，也因此，今日的孩子在成長過程中，會較以往歷經更多的變動，會居住在更多不同的社區；不論經由直接的或多元的會與更多不同的生活風格接觸。離婚率的逐年提昇及越來越多的單親家庭，已成為當前多重社會事件的困擾來源之一。

母親的外出工作，尤其是那些需要以此養育孩子及支付家用開支的單親母親，使得能留在家中照顧孩子的大人越來越少。這種情形即使次數不增加也會持續一段時間，此將導致在孩子的腦海中留下與父母相處時間很少的印象，且他們會成長於許多不同類型的家庭中（如只有母親與繼父或父親與繼母）。此與幾十年前的家庭有很大的不同，那時家中只有父母，母親很少外出工作，父母與孩子的關係也較親密。

許多父母以及即將成為父母的人，對於教養孩子的目標和技巧常有許多疑問：到底應該傳遞什麼樣的價值給孩子？如何做才能讓我們的孩子接受某些信念及作法？父母親會問「我該如何做，孩子才會順從？」或「當孩子告訴我其他孩子都是這樣做時，我該如何因應？」，對「什麼是教養」、「為什麼需要教養」以及「如何教養」等觀念很清楚的父母而言，似乎很難相信有人會提出這樣的問題。但是，對許多人來說，這些問題是很重要的。

多年前當美國家庭型態產生急遽變遷時，為避免父母角色的失當，許多親職教育活動或課程，開始蓬勃的發展與推動，其中最著名的親職教育課程，即為「父母效能訓練」。親職教育簡單來說，就是「教導如何成為父母」。其實，在美國移民的早期，就發現許多與家庭和孩子調適有關的問題。當時芝加哥 Hull House 的

發起人，同時本身也是社會工作者的 Jane Addams，就敏銳的覺察到移民者的特殊需求，因此在她積極推行的許多的方案中，會著重在家庭生活方面 (Addams, 1942)。此外，Rudolf Dreikurs 多年來一直從事於社區父母的團體活動 (Dreikurs & Soltz, 1964)，並建構出許多與父母教養和家庭生活方面有關的著作。這些學者所開創的親職教育課程，直到現在不但在美國十分受到歡迎，在我國也成為積極推行親職教育活動的重要依據。

近年來，精神醫學、心理諮商與治療、教育心理學、學校輔導和社會工作等專業領域，都越來越重視父母教養的問題，並認同唯有父母皆能掌握管教孩子的基本知能，及自己在其中所應扮演的角色，才較可能預防子女犯錯行為的發生。此外，為提供父母諮詢管教孩子的困境及分享管教孩子的經驗及心得，亦設計了許多不同主題的團體，並經由專業人員的導引，使參與活動的父母，能自其中獲得真正的成長。除此之外，對家中有弱智或其他特殊疾病孩童的父母亦提供治療性的團體。

近幾年來，我國才逐漸開始系統性的規劃親職教育課程。這本書主要是介紹以概念為基礎的親職教育。這一章將總覽一些與親職教育有關的理念、討論親職教育實施中的倫理議題，以及對特殊境遇的父母該如何實施親職教育提供一些建議。此外，也會談到目前親職教育實施中，遇到的一些困境及其突破之道。

第一節　親職教育的意義與重要性

在早期人們將「親職教育」定義為「教導父母如何扮演父母的角色」。而在本書中所使用的「親職教育」是指有系統、以概念為基礎的課程，希望參與的父母或扮演父母角色者，能學習有關「作父母」的知能、敏銳的覺察力或技巧。這些課程通常以每星期會面幾小時，並連續幾個星期的方式進行。

親職活動實施的內涵，常包括表達自己特有的想法、團體討論、分享理念或經驗，以及建構管教子女的技巧等。唯不同的親職教育課程實施的重點常會有差異，例如行為改變的課程較強調問題行為的產生機制及增強的運作，而由 Thomas Gordon (1970) 所發展的父母效能訓練，則給予父母較多充分討論的機會和建立親子溝通技巧的活動。至於其他課程則可能較強調父母已有知識的分享、提出疑問和被指定回答「如果孩子……你會怎麼做?」，有的課程可能會使用許多視聽媒體的活動，例如電影、幻燈片及CD 等，不過也有課程可能較強調討論和個人經驗的分享。

在我國，由學校、宗教團體或社教機構舉辦的親職教育活動，常是免費的。若由學校輔導室、家長會或社教機構所辦理之父母成長團體，則依課程的安排、參與的次數、邀請講師的知名度及活動所需雜項開支，有時也會由參與的父母共同分擔所需費用。

「家庭作業」在許多課程中是十分重要的活動。一星期一次的經驗，在課程中所討論的信念或技巧，若沒有在真實情境中演練或實驗，其效果將會十分有限。當然，家庭作業的內容，會隨著課程的不同而有差異。譬如有些課程要求家庭作業一定要完成，但有些課程卻僅邀請及鼓勵參與者嘗試新學到的想法，並在下星

期的活動中，分享個人的體驗。至於記錄的範圍也有很大的差異，有些課程可能需要每週作詳細的報告，而其他的則可能只要父母將自己應用過的經驗，提出來分享或討論，就很足夠。🌱

第二節　親職治療 vs. 親職教育

親職治療和親職教育間的不同在哪裡？其實兩者之間有相同的地方也有差異之處。如果隨機抽取一組治療師及一組親職教育者比較，會發現其間確實有所不同。治療師組的成員可能多是精神科醫生、心理學家和社工人員；而親職教育者組則可能由較多不同背景的人組成，包括老師、牧師、護士、諮商師，以及沒有正式頭銜但曾接受過親職教育訓練的人。美國的許多州均規定，治療師必須先取得許可和證照後，才可提供服務，但對執行親職教育者，卻沒有這樣的限制。直到今日，親職教育似乎仍是由那些自認為適合擔任此類工作的個人或機構提供，並沒有任何外在的專業組織或法律給予監督。此種現象亦存在於我國。

雖然親職治療和親職教育均採用多種不同形式和理論的參考架構，但治療師和個案建立的關係通常會不同於親職教育者。治療師透過文字和態度與個案分享「祕密」，也讓個案瞭解他是值得信賴、能給予關心和接納的。親職教育者則對教養資訊的分享和親職技巧的傳遞比較感興趣，也希望透過參與者的集思廣益找出問題解決的方法，但在父母個人問題的介入範圍方面，則會有較多的限制。這是因為親職教育者對其活動的進行有其既定的計畫，因此不願意花過多的時間在討論某個人的情況，此外，親職教育

者在處理嚴重的個人或家庭問題的專業能力上，亦可能較為不足。

親職治療的療程可能會無限期的持續，直到治療師或個案選擇終止彼此的關係為止。但典型的親職教育課程則多有時間的限制，大約六～十週，每星期一或兩次，因此，時間的結構亦限制了能提供給父母親的協助。

在團體治療中，治療師常會運用團體成員作為治療過程中的一部分。他們導引成員相互面質、給予建議與提供支持。這種情形也可能發生在親職教育團體中，但對參與成員的要求則會有較多的限制。換言之，當團體成員針對提出問題者作回應時，親職教育者可能會對提問者給予較多的保護。

治療的目標常會隨著參考架構的不同而有差異。在動力治療中，目標可能包括人格的統整或再教育。在較偏向行為學派的治療中，目標就較著重於個人新行為的獲得，或舊行為的消除。然而親職教育較不會將重點放在促進個人人格的統整，但透過資訊和技巧的傳授，也會造成一些行為的改變。此外，在價值澄清和價值衝突解決方面，亦為親職教育經常需要面對與處理的課題。譬如，那些拒絕給予孩子某些自由的父母，可能受來自於自己過去經驗所建構之非理性信念的影響。透過一些團體討論和活動的體驗可能會幫助父母覺察到他們價值的來源，進而瞭解某些信念似乎必須作一些更動。

親職治療和親職教育的另一項差異，在於處理父母或孩子經歷問題的嚴重性和普及性，以及此問題對家庭帶來何種的影響。在虐待兒童的案例中，研究發現父母本身就常有長期的心理問題，且有些人在孩童時期也受過虐待。若僅提供家長較好的溝通技巧，或教他們如何設定孩子行為表現的準則，則可能會忽略或漠視了他們自己嚴重的問題。因此對這些人的親職治療，應將重點放在父母自己的心理困擾和一些特殊的親職技巧方面，例如當有虐待

意圖或虐待行為出現的時候。

第三節　親職教育實施中的倫理議題

　　通常父母加入親職教育課程的目的，常是想自其中得到一些新的資訊，或想解決家中某些特別的問題。許多對孩子投入很多情感的父母，常將自己視為「好父母」，這會使他們在團體中的容忍力較低，尤其當面對號稱為親職教育專家的挑戰時，會因自我防衛而更具攻擊性。

　　就像任何的團體領導者都應知道的，在團體中有些成員十分容易受到領導者的影響，有些成員則易和領導者陷入權力的爭鬥之中。在任何情況下，領導者都應扮演著深具專業知能的地位，並在團體活動中對團體成員的想法、感覺和行動帶來影響。正因為如此，在課程實施的過程中，勢必會牽扯到一些與倫理有關的議題。

一、領導者的資格

　　如前所述，領導者的資格認定必須具有許多專業的準備，目前並沒有全國性的組織，也沒有任何法律條款，管控那些自稱為親職教育專業者。有些講師訓練課程，如父母效能訓練和 William Glasser 的父母介入課程，會先訓練講師，並在事後頒發證書。但大部分僅由個人認為自己適合帶領一個父母團體，或是經由某些機構或私人單位的邀請，就開始推動一些課程，但其規劃內涵的專業性，活動實施的品質，皆無人予以督導與評鑑。更何況不同

的課程導向，常可能需要不同種類的技巧和知識。有些人偏好採用帶領討論的形式，認為不需宣稱某些特殊的專業；而其他的則常採用專家領導的模式。實際上，不論經由外顯或內隱的設計，領導者就應該是一個可以給予正確資訊的專家，且應具有足夠的技巧來帶領一個團體。

由於缺乏親職教育領導者的認證標準，致使那些不具資格的人亦可隨意帶領團體，且讓他們誤認為此領導者的角色，即可代表他們的資格，結果許多不正確或較嫌偏差的資訊，被有些父母誤認為真理，團體中的成員亦可能被教導或鼓勵，運用不適當或甚至有傷害性的知能於親職角色演練中。此外，在團體活動過程中，許多父母也可能沒有獲得足夠與即時的情緒支持。這些作法皆違反了輔導倫理的基本精神。

二、主張和承諾

內科醫生、心理學家、律師等專業團體，近年來對其工作領域中的宣言常提出質疑，什麼樣的主張和承諾是可以接受的？什麼樣的主張是誇大其詞的？親職教育課程亦面對同樣的議題，什麼承諾是合乎規定的？大多數的親職教育課程都希望至少能達到下列的幾點目標： 1.提供父母更多的自覺； 2.幫助父母使用有效管教子女的方法； 3.能增加親子間的溝通； 4.鼓勵家庭能愉快的相處； 5.能給予父母與孩子自我發展有關的實用資訊。

這些目標聽起來似乎都滿有價值的，但它們是以什麼基礎來作保證？親職教育課程的推廣，通常經由報紙的廣告或文章、宣傳單張、海報，或在其他會議如家長會聚會中宣導。讓參與活動的成員在事先即明瞭，經由團體活動如演講、小團體經驗，和家庭作業等活動，自己可自其中獲得什麼，課程的目標是什麼，怎樣的作法才是合適的。但保證所有參與團體的人，在事後都可以

做到家庭美滿或增進家人關係的論調則是不專業的，因為，若參
與者沒有達到這些目標時，則可能會衍生其他的問題。

三、准許與保護

因為被指定擔任領導的角色，使領導者擁有某些權力，對那
些前來尋求家庭疑難解答的父母來說，為解決問題，他們會把握
任何能解決他們問題的機會。即使父母質疑某些特殊的技巧是否
適合他們的家庭，仍可能會被領導者的再三保證或團體的壓力所
說服。

重要的是，在團體中，由於領導者的權限或團體運作的歷程，
成員常被允許去做一些事，例如當孩子在某些方面犯錯時，父母
所應採取的明確反應，雖然這可能與父母原先的想法或價值相衝
突，也可能父母內心對那些行為有所忌諱。但父母在團體中仍會
受到相當的保護，這些保護包括：1.如果他們對要去執行的某些
行為覺得不舒服時，可以不用去作改變；2.能覺察為何他人建議
自己該採用那些技巧；3.當運用技巧不合宜時，知道可以依賴領
導者的建議，予以導正；4.知道領導者具有足夠的專業和道德，
不會容許團體成員從事可能對整個團體關係或他人帶來傷害的事
情；5.當成員能自我覺察並準備好作改變時，領導者會鼓勵成員
作改變。

四、價值的接納 vs. 拒絕

一個較為爭議的問題在於，現今親職教育課程內容的規劃，
多半是針對中產階級父母的需求為主軸。許多技巧也都是以口語
互動為主，且以民主開放的價值結構為依歸，並較強調家裡的每
個成員都應該參與家庭決策的過程。帶領親職教育課程的領導者，
亦較傾向反對體罰及尊重家庭成員個人的人權。然而實際上，並

非所有的父母都認同這些價值，因此，這就產生了「是否這些價值較優於其他價值?」的問題。到底在孩子的教養方面，我們是否可以擁有多元的價值? 以及到底在家庭中父母可以表現的價值權力又是什麼?

由於意識到參加團體的父母，在孩子教養和家庭生活上，具有不同的價值觀，因此在規劃親職教育課程時，常會列入價值澄清的單元。許多父母對於自己所持有的信念可能並不敏銳，也從未探究這些信念由何而來，但這些信念卻可能是教養孩子的核心。其實對價值觀的自覺，並不意味著每個人都必須認同一般通用的價值，但在親職教育團體中，到底該如何解決或對待團體成員間價值的差異? 是不是該告知參與成員，他們的價值是錯誤的? 這一直牽涉著道德兩難的無奈。

多數家長，不論文化背景為何，都會反對任何形式的兒童虐待，包括身體、心理或性的剝削。在合法的範圍裡，人們會主動對某些事情進行價值判斷。對親職教育者而言，如何將中等社經地位的價值，應用於文化背景不同的家庭，才合乎道德? 也許可以建議領導者，在活動開始時，先將課程設計的基本理念或價值與參與成員溝通，使他們能夠瞭解與評價所進行之活動。這種領導者坦誠說明的方式，也可以讓成員認知到人們對事情會有不同的價值，因而有不同之親職教育課程規劃。這種對不同價值的認知，也許可以減少活動進行中的衝突和父母的焦慮感，並幫助他們更自在的決定何種價值和技巧更適合自己。

第四節　特殊境遇父母的親職教育

　　家中有「特殊兒童」的家長，其教養過程比教養正常孩子還具有挑戰性，也會有更多的問題。這也是為什麼專業人員常舉辦更多能滿足這些父母特殊知能需要的活動或講演。此外，市面上亦出版了許多相關的期刊或書籍以備這些父母的不時之需。

　　家中若有殘障的孩子會對家庭帶來很大的壓力，有些父母因為缺乏此方面的知能，而對孩子建構了較不切實際的期望，且會覺得自己應對孩子的缺陷負最大的責任，此皆會影響親子間的關係。因此，有特殊孩童的父母可能需要一些資訊，但讓人關心的是，即使他們有機會可以向他人請教問題，也常不知該如何詢問。例如：有弱智孩童的家長，可能想詢問一些與孩子智能發展有關的問題：他是否曾經正常過？IQ 是什麼？他將來長大後會被聘用嗎？我們現在能幫他做些什麼？孩子有顯著行為問題的父母，在教導孩子獲得行為管理的能力，及在教導孩子獨立表現的過程中，如何處理自己的情緒，都可能需要協助。此外，那些有學習障礙或腦傷孩童的父母，也需要一些孩童身心發展的資訊，及對孩子不尋常學習模式的深入瞭解。

　　國內外均有許多專家學者，針對有特殊孩童的父母進行研究，並開發適合他們運用的親職教育教材，如對家中有資優生的家長會遇到的問題，提出詳細的建議；對神經受損的孩子在家中可能產生的問題，提供父母因應之方；教導父母學習如何與身心障礙青少年溝通的方法；透過參與治療和控制的團體，訓練有情緒障礙兒童的父母一些親子互動和溝通的技巧；訓練弱智孩子的父母行為管理技巧，幫助父母在家中能更有效的管理孩子的行為及生

活事務。上述這些課程的實施，許多曾參與活動的父母在事後均反應，對其親職角色的扮演、親職行為的表現及親子互動關係，皆有很大的助益。

我國近年來由於社會變遷，成長於特殊境遇家庭中的子女與日俱增。這些家庭包含了單親家庭、繼親家庭、通勤家庭、隔代教養家庭、外籍配偶家庭、子女為資優生的家庭及子女有身心障礙的家庭，在這些家庭中父母會採用何種的管教方式？孩子會有哪些行為表現？及父母管教方式與子女行為表現間的關係如何？在國內已有多位學者，針對這些家庭中的父母及子女進行研究，且已獲得相當豐盛的資料，本書即將這些本土化的資料蒐集並統整後，再提出有助於這些家庭實施親職教育的重點，希望這些資料的提供，不但能滿足這些家庭父母的需要，且能作為正在輔導這些家庭父母管教困擾之專業人員的參考。

第五節　學校中的親職教育

近年來，許多父母對親職教育課程漸感興趣，對在學階段的青少年教導親職教育的知能，也激發了許多人的興致。由近年來的許多事證顯示，有越來越多的年輕父母，對養育嬰幼兒極為重要的資訊完全缺乏，對如何建立健康、溫馨的親子關係不甚瞭解。

此外，隨著青少年的早婚和未婚媽媽的增加，在學校中，親職教育課程似乎與其他基本學科一樣的重要與必需。因此，有越來越多的國、高中和年輕人的社團組織，開始教導與兒童發展和父母教養有關之知識。這些課程的潛在影響，也許能減少那些受

挫父母對孩子虐待的事件發生，且讓更多的孩子能在最有利的環境下成長。

過去，這些知識多在家政課中，以傳統、單調、教科書的方式來說明，由於有越來越多人覺察到對年輕人教導親職教育的重要，而發展出許多有趣、具實務特色的課程。美國約自三十年前，不論政府機構或民間團體，皆開發了許多適合青少年學習之教材；在我國，近年來亦積極開發適用於本土文化及風土人情的教材，除了在學校及社教機構教導有需要的父母外，在學校輔導活動課程的課本中亦編入為重要的單元，以增加在學學生這方面的知能。

在美國某些學校實施的親職教育課程，主要是以早婚青少年為實施的對象。其中許多人為未婚媽媽，但即使為父母兩人，也都會明顯的表現出對父母角色的困惑和焦慮。通常，年紀還小就成為母親的媽媽們，自己就曾經歷過不愉快的教養經驗，在缺乏適當的楷模效法下，她們對親職角色的扮演也就更增困擾，再加上自己的情感需求未獲得滿足，此皆增加了虐待兒童情境的發生率。因此，為這些年輕父母設計的親職教育課程，應將他們個人的治療經驗，及直接針對他們在孩童階段的發展和父母教養方式的研究發現，一併考慮在內。

雖然同樣是針對暴力行為的因應，但在公立學校中，親職教育的推動一直不及性教育。許多父母對於學校實施的性教育常存有矛盾的心理，擔心孩子將獲得「錯誤」的資訊，可能會鼓勵他們去濫交，或是違反家庭傳授的價值。雖然有些學者對此提出相反的論點及相關的佐證資料，但對於降低父母的焦慮似乎沒有很大的幫助。關於學校實施親職課程被認同，意味著父母們自覺到如何扮演父母的角色是很重要的。雖然人們可能不能如自己所預期的，在事先就準備好如何作父母，但是親職方面的課程，也許能幫助他們的孩子，在成為父母時能落實自己的想法。

第六節　親職教育會有成效嗎？

很多父母都提出保證，他們是如何喜愛與受惠於親職教育的課程，我們如果只看保證，可能會認定親職教育課程是十分成功的。但是有任何研究可證明這個結論嗎？

取得研究資料的困難之一，在於大多數帶領親職教育課程的人多半只是實踐者而非研究者。通常在活動後，參與活動的成員若覺得滿意，就成為評價活動效果的主要指標。更何況，很多文獻或專業期刊也常會以描述的方式肯定某些形式的親職教育或對某些問題的論述。

難以獲得控制良好之研究的原因很多。領導者和團體成員間動態的互動，讓每個團體都是一個獨特的經驗。領導者的個性和能力、課程的時程、參與者先前的態度、社會經濟和文化的因素都會對結果帶來影響。因此，從單獨研究的結果作廣泛效果的推論時，必須非常小心。

回顧親職教育課程效能的文獻，基本上多較強調行為模式。針對受過行為技巧訓練的父母調查研究發現，雖然有些父母只是有限的作些管教方式的調整，但還是可以看到孩子的改變。大多數的報告顯示，父母運用增強效果策略對孩童影響的研究，遠多於在行為改變過程中，父母與孩子的溝通與主動的參與之歷程。

有些學者從人本的觀點探討親職課程的成效，結果發現父母效能訓練，確實可增加他們對孩子及其行為的接納，能與孩子溝通得更清楚，並給予孩子更多的自主；讓青少年和他們的父母參加溝通訓練課程，一般說來，能增進親子在家中的溝通品質。不過，也有些學者發現不同的結果，如雖經由參與人本相關的課程，

父母的態度和行為卻無法發現預期的正向改變；運用阿德勒模式，幫助父母較易識別為何孩子會做出犯錯的行為，以及該如何有效的介入，結果發現家長對於管教的態度沒有改變，對子女過分保護的行為也沒有減少。

行為取向研究的另一項優點，在於它較著重於實際的行為，致使在下結論時，可以較明確的指出，到底親子之間發生了什麼事。而那些較注重人本、關係取向以及以溝通為基礎的訓練課程，多較關注父母的態度、信念和價值觀的改變，至於他們實際上對孩子有何不同的作法或這些作法是否對孩子有利，則較不關心。

從家庭系統的觀點視之，一個成員行為的改變，會影響整個系統。如果母親不再吼叫和威脅，而換以明確的規範和避免無止境的爭論，這些改變會對親子、夫妻和手足間的互動帶來何種的影響？因此，從系統觀點來觀察家庭中改變的研究是有需要的。系統是有彈性的，當系統發生變動時，先前建立的模式常會再重建。因此讓人感到質疑的是，當父母參與親職教育的課程中，或在事後，是否會觀察到他們在管教孩子作法上的改變。

雖然有越來越多關於親職教育課程實施成效的研究，但若真想要回答這個問題，則需要以較為系統化的方式進行研究。這些研究需要帶領親職教育課程者，清楚的說明他們課程的目標和達到目標的過程。此外，關於講師的能力和教學的課程架構等方面的問題，也需要被研究。

到目前為止，研究的發現多在於，許多父母喜歡親職教育的課程且宣稱自己從中獲得幫助。其實每種類型的親職教育課程都有其愛好者，要真正區別實施的效果，仍需更多的實證研究，驗證出親職教育課程的前置變項與結果間的相關，以及較全面性的研究父母參與對家庭結構的影響。相信這些研究的成果，必將會導引從事親職教育工作者發展和實行更有效的親職教育課程。

第七節　親職教育的未來展望

親職教育至今為止已推展到一個境界，但未來仍需要更多的擴展與改變。雖然親職教育已發展與實行許多模式和課程，但為了瞭解實際上的落實成效，還需要更多的研究資料。未來的重點之一，應該是對不同族群發展更多有較佳信度與效度的測量工具。

當然親職教育最主要的實施族群就是父母，即使是傳統的生親家庭，也承受著與日俱增的壓力。非傳統家庭，如單親或繼親家庭，常經歷著更多的壓力，可能需要更多不同的資訊和親職教育的策略。

對青少年實施的親職教育之所以能夠有成效，是因為透過公立學校和其他青年人的機構來推行，而這些課程之所以被社會肯定，其價值在於它們在孩子成為父母之前，就先教導他們如何扮演父母的角色。一旦青少年成為父母（不論已婚或未婚），他們獲得之健康親職技巧的重要性就會更顯著。未來親職教育課程的發展和推廣，應融入更多不同文化和種族團體的價值，也需針對家中有缺陷兒童父母的需要來設計。

雖然而到目前為止，對親職教育講師的儲備和評鑑做得並不多。缺乏國家認證的標準，帶領親職教育團體的人，從適合的專家到經驗不夠和裝懂的人皆有。如果一個人要去指導他人如何扮演父母的角色，哪些標準是合理且必要的：你是否是個有效能的父母？你是否將親職角色扮演得很差勁，但你知道自己犯的錯誤在哪裡？受過親職教育是有用的，但並不具有強制性，非照著去做才是，因此，你是否具有相當的自覺、修正後的知識與技能？正式的學位證書是必需的嗎？如從個人特質或價值觀視之，不同

的親職教育模式，是否需要不同的領導者來訓練課程？此外，如前所述，對特殊孩童父母的親職教育宜逐年增加，但這些父母到底需要什麼？以及該由誰來為他們服務？這些問題皆應在活動規劃前就考慮周到。

公立學校的服務，似乎已從學生逐漸擴展到對社區民眾對於教育和不同領域知識需求的滿足。今日，從學前到成人教育，學校常會提供不同的教育和技巧發展的課程。且有更多的專業人員進入學校服務，如諮商師、社工師、心理師、兒童發展的專家和特教人員，並在學校中組成所謂的專業團隊。這些人再加上學校中的老師，都是訓練成親職教育領導者的最佳候選人，且由學校對社會大眾提供親職教育的課程，可能會比由醫療臨床單位來提供，讓參與者感到更自然、更沒壓力。

將來，心理健康機構應會努力提供更多全面性的服務，且會優先考量預防性和教育性的課程。宗教團體，長久以來一直是個對家庭生活非常關心的機構，未來也會成為另一個提供親職教育課程的中心，此外，相信由私人機構提供親職講座的數量，也會逐年增加。

推動親職教育是一個充滿挑戰、讓人感到興奮與充滿活力的事情，它支撐著人們的理想——為孩子建構更優質的環境去發揮他們的潛能。由於父母角色扮演得越有效，就會造就出越多心理健康的孩子，因此，如何有效地推動親職教育，值得各專業領域和社會付出更多的努力。❦

第 **2** 章

→ **親職教育的理論基礎**

　　許多不同學派的心理學者，試著將其理論應用或推廣至親職教育。以下將從心理動力學派、個體心理學派、個人中心學派、行為學派、溝通分析學派、現實治療學派及家族治療學派，分別自其代表人物、理論基礎或主要概念、親職教育的哲學觀及理念變遷、親職教育課程與實施內涵、代表性書籍或主要參考書目說明之。

第一節　心理動力學派與親職教育

代表人物：Haim G. Ginott

一、理論基礎或主要概念

　　Ginott 認為父母教養子女的困難在於經驗的缺乏、認知的錯誤或缺乏親職楷模，所以親職教育的重點，應定位於授與父母教養子女的方法，以及和子女溝通的技巧，協助父母瞭解子女的行為與需求，體驗孩子的感受。Ginott 並且主張將教養知能普及化，若只提供給少數有問題的家庭，是很大的浪費，且認為親職教育應該配合父母的需求。因此，後來他投入許多時間於從事成人教育方面，對父母宣導教養孩子的知能，並將親職教育從臨床治療擴展到預防性的領域。

　　他認為為人父母最重要的工作就是將孩子教養好，自己本身應該樹立良好的典範，並提供孩子安全與接納的成長環境，因此父母親必須尊重且重視孩子的情緒反應，並予以積極的回應。

二、 親職教育的哲學觀及理念變遷

　　Ginott 曾師法 V. M. Axline 與 S. R. Slavson，因此他對於心理動力理論、孩子發展階段與親子關係的相互影響，以及團體治療方法的運用，都有深入的瞭解，據此而建構其親職教育的理論基礎。Ginott 依據父母教養子女時，所面臨的問題性質與嚴重性，將協助類分成團體心理治療、父母團體諮商、親職教育團體等三種形式。以下即針對相關內容，做一些說明：

(一)團體心理治療 🐦

　　團體心理治療的對象，主要是針對本身有明顯情緒障礙，或心理困擾的父母，治療目標是希望調整參與親職教育者的內心功能，幫助他們處理個人衝突，保持心境的平衡，促進洞察與自我接納，探索對自己和他人的看法與感受，解放其潛意識的心理障礙，所需時間較長。至於親子關係問題的解決則非治療的重點。

(二)父母團體諮商 🐦

　　父母團體諮商的對象，主要是針對因自己本身的心理因素，致使與他人互動產生問題的父母，聚焦於環境中的壓力、人際衝突和生活不適應的情形，目的在於增進父母因應問題的能力，並促進與家人間關係的舒適性，消弭由情境所造成的壓力、衝突與不良的適應。參與的父母在諮商員敏感、溫情、信賴、接納的態度下，分享彼此的經驗與問題，並學得同理的溝通，減少自我防衛，增強與改善自我形象。因此，父母應先處理自己的焦慮和對問題的抗拒，不被自己的情緒絆住，才有可能照顧他人。

(三)親職教育團體 🐦

親職教育團體的對象，主要是針對本身無心理障礙，但與子女相處有問題的父母。親子關係之所以會產生困擾，是因為父母缺乏教養子女的適當知能。因此，希望透過親職教育團體，增進親子的互動技巧，使父母增加對孩子情緒的敏感度，瞭解孩子的感受、看法與需求。在接納、無批評的氣氛中，諮商員引導父母分享經驗及討論，幫助父母學習以重視子女感受為主的管教方法。

三、親職教育課程與實施內涵

Ginott 認為一個成功的親職教育團體，包含幾個必經的歷程，這些也正是 Ginott 推廣親職教育的重要概念。

(一)陳述問題 (recitation) 🐦

團體初期，諮商員以同理的態度，接納成員的傾訴，鼓勵成員描述自己和孩子遇到的問題，並說明所用的處理方法，讓成員感受到自己的困擾是被瞭解的，並引導成員將討論重心放在孩子身上。透過彼此分享，成員能感到放鬆、安慰，並知道自己的問題不是獨一無二的，諮商員也可從中觀察成員的情況以及需要，並給予適當的協助。

(二)敏感訓練 (sensitization) 🐦

強調父母親應重視子女的感受，是 Ginott 親職教育所強調的重點，因此必須加強父母覺察子女行為背後隱藏的情感內涵，使父母瞭解感覺和行為之間是不可劃分的。此階段讓父母有更充裕的機會，去陳述自己是如何與孩子互動以及如何理解孩子問題行為的經驗。目標聚焦於不恰當行為背後的訊息意義及探索孩子的

情感面。使用的技巧包括三個方面：一是當父母遇到了親子問題時，以溫和而直接的方式詢問；二是利用生活中的例子深入討論，促使家長發展不帶批判的覺察和同理的接納；三是角色扮演，讓較多參與者能融入此經驗。

㈢概念形成 (concept formation)

此階段是透過討論的方式，幫助成員釐清問題，教導父母發展更好的內省能力去面對親子互動，建立親職教育的概念架構。主要目標為增加對情緒和行為的區辨，鼓勵孩子親身體驗並探索自己的情緒感覺；討論並接納矛盾的情結；並評估孩子所表現的負面感受。當孩子能自由表達其感受，並且獲得瞭解與接納時，則有助於減少其不良行為的發生。

㈣技巧學習 (skill learning)

團體的最後階段是引導成員練習相關技巧，並在生活中實作，幫助成員增加表達的字彙與提供安全的情緒宣洩管道，並針對不同的父母提供有效的管教方法。本階段主要是藉由經驗的交流，引導父母以客觀的態度看待親子問題，並增進自己問題解決的能力。

四、代表性書籍或主要參考書目

1. Ginott, H. G. (1965). *Between Parent and Child.* N. Y.: Macmillan.

2. Ginott, H. G. (1969). *Between Parent and Teenager.* N. Y.: Macmillan.

3. Faber, A. & Mazlish, E. (1974). *Liberated Parents, Liberated Children.* N. Y.: Grosse and Dunlap.

第二節　個體心理學派與親職教育

代表人物：Rudolf Dreikurs

一、理論基礎或主要概念

　　個體心理學派源自於 Alfred Adler 的個體心理學。Dreikurs 是 Adler 早期的門徒，也是 Adler 創立「兒童輔導中心」時的同事，Paul Rom (1976) 就提到「阿德勒學派心理學的最主要貢獻，就是創造了家庭諮商中心和家庭教育，並運用社會興趣 (social interest) 和社會平等的觀念，來引導民主的生活型態。許多阿德勒學派的概念得以蓬勃發展，大部分是因為 Dreikurs 的著述和鼓吹」。

　　個體心理學強調人類是社會的動物，認為人基本上有追求歸屬感的需要，願意成為社會整體的一部分，有想要被接納的需求，對周遭環境都感興趣，致力於追求人類最大的幸福，此即是社會興趣。

　　Adler 強調人格的「社會決定論」，認為人是自我決策的個體，是命運的主宰者，所有的行為都有其目的，因此，分析一個人時應從其背後的動機開始探討，要教導孩子做出正確的抉擇，並看到有價值的一面。

二、親職教育的哲學觀及理念變遷

　　個體心理學派的親職教育認為協助父母是教育的歷程，而不是醫療的歷程。家庭在幫助子女社會化上，扮演著極為重要的角色。家庭氣氛，包括家人的態度、價值觀、彼此間的關係等，均

是塑造孩子人格的重要媒介，孩子在家庭中形成對自己、他人及外在世界的概念，亦即孩子從家庭經驗中，建立了自己的價值觀，並依此決定如何行動，以獲取歸屬感及價值感。因此親職教育應提供給父母適當的資訊、經驗和知識，讓父母知道親子互動關係是平等的，他們應多以「鼓勵」和「自然合理結果」的方式管教子女所做之不合期許的行為，並以民主的原則協助子女為自己的行為負起責任，並給予他們在某種規範下的選擇權和自由。

　　Dreikurs 認為兒童行為的目的，可分為長程、中程與短程三方面，雖然性質不同，但出於同一概念，即「人是社會的動物」。行為的長程目標是一種生活型態，如求好心切、想掌控一切等；中程目標則是追求生理與心理的舒適感或讓生活具有意義；至於短程目標方面則可分成四個層次：

(一)吸引注意力

　　若兒童無法獲得歸屬感或被人重視感時，就會做出一些希望引起他人注意的行為，例如獲取成就、乖巧可愛、騷擾他人、表現懶散等。

(二)爭取權利

　　若「吸引注意力」的行為達不到目的，便會出現第二種方式，常見的行為有反叛、固執、爭論等。認為只要能隨心所欲不受控制，就能擁有自我的價值感。

(三)報復

　　如果上述兩種方式都無法達成目的，則會尋求第三種目標，認為如果能傷害他人，就像他人傷害自己一樣時，便能證明自己的價值，常見的行為如行為不檢、抗拒等。

(四)自暴自棄 🐦

如果上述三種方式都失敗，孩子就會表現出退縮、沮喪、無助或放棄自己該負的責任等反應。

在親子互動方面，任何行為都不是單一的事件，而是發生在人際互動關係中。自己的行為會引發他人的反應，同樣的，他人的行為也會引發自己的反應。當子女的表現符合父母的期望，並得到父母積極的回應時，就會更增強彼此間積極的互動；但如果子女抗拒父母的控制，即使認同父母的期望，也只會表現出消極的互動。所以，父母責備或教訓孩子，並無法使孩子變好，只有採取預防和補救的方法才會有效，父母應避免忽視子女的行為，也要避免對孩子的不良行為給予過多的注意和反應。

三、親職教育課程與實施內涵

個體心理學的親職教育，重視民主的親子關係，強調友善和仁慈的尊重態度，父母應以鼓勵和自然合理結果的方式取代酬賞和處罰，表現尊重、愛與支持，讓孩子具有價值感。藉著對子女行為目的的確認，以及瞭解子女行為對自己的影響，有助於父母瞭解子女行為的內在動機。

有兩種方法可以辨識兒童的行為目的：一是觀察，二是自覺，由父母對兒童做出不良行為予以管教後孩子的立即反應，去瞭解兒童行為背後的目標。辨識之後，父母應與孩子溝通以求得證實，溝通時必須注意以下原則：用平等的態度對話、不責備、不批評、採用假設性的試探方式、選擇適當的時機、避免在衝突發生時就立即切入的處理。換言之，若父母辨識正確，孩子會出現默認的反應。父母可以一邊和孩子討論，一邊觀察孩子的反應，如果孩子對某句話出現「認知反射」(recognition reflex) 時，便更能確定

那句話是孩子行為的目的。

　　父母研習的團體一般由八到十二位成員組成，最好是父母一起參加，一週一次，每次約兩小時，前後維持八至十二週。團體領導者應由熟悉 Dreikurs 模式的人擔任，主要是扮演催化者的角色，並引導討論。

　　總之，個體心理學親職教育的目標，係在建立孩子的自尊、自我效能、責任、合作的態度及培養社會興趣。

四、代表性書籍或主要參考書目

1. Dreikurs, R. (1967). *Adult-child Relations: a Workshop on Group Discussion with Adolescents.* Chicago: Alfred Adler Institute.
2. Dreikurs, R. & Soltz, V. (1964). *Children: the Challenge.* N. Y.: Meredith Press.

第三節　個人中心學派與親職教育

代表人物：Thomas Gordon

一、理論基礎或主要概念

　　個人中心學派主要以 Carl R. Rogers 的當事人中心療法為理論基礎，強調人都有自我實現的慾望，必須讓當事人知道自己是被接納的，可以自由體會自己的希望與感覺，且不必擔心受到批判與指責，個體才能突破困境、成長與茁壯。換言之，此學派主

要是協助當事人釐清自己的感覺，而不是直接給予忠告或解釋。

二、親職教育的哲學觀及理念變遷

Gordon 從 60、70 年代初期，就致力於提倡父母效能訓練（parent effectiveness training，簡稱 PET），目的在於幫助父母增進親子關係，以及具備解決親子問題的知能。其認為要促進親子溝通，應多使用「積極傾聽」以及「我」訊息的策略，不使用批判式的回應，以同理與瞭解的態度及表現關懷的陳述，對孩子提出可供其參考的建議。此外 Gordon 十分重視「沒有輸家」的親子衝突解決策略，換言之，經由雙向溝通，父母與孩子雙方皆有表達自我感受的機會，不必擔心受到拒絕，互相傾聽與瞭解彼此的觀點和想法，營造雙方都能認同的結果。

三、親職教育課程與實施內涵

父母效能訓練的課程是一種教育模式，而非醫學模式，最好是在免於受到評鑑及批判氣氛的團體中進行，課程指導者會在課堂中指導學員練習具體的技巧及方法。且為了讓更多人能參與，費用的收取較心理治療為低，並常安排在晚間進行。與輔導相關的專業人員都可被訓練成講師，此外，課程亦可由不同類型的工作單位或機構來提供。

課程內涵主要是指導父母正確地認識親子間的問題，並能針對不同問題採取適當的溝通策略，幫助親子間建立良性與建設性的關係。當孩子遇到困難時，父母親除了能注意到他們的行為表象外，也能夠以開放、接納的態度，不但仔細傾聽孩子所說的內容與同理他們潛在的感受，並且能運用音調或面部表情，對孩子所表達的內容給予適當的回饋。當父母因子女的不當行為陷入沮喪、不快或憤怒等困擾的情緒時，應依問題的性質訂定出處理策

略。處理衝突時，父母最好以「我」為主詞，向孩子表達對他們不適行為的看法，以具體與客觀的形式敘述，而非以責難的方式批評，也不對子女的人格特質予以評價，多使用主動的傾聽及民主式的解決方法。換言之，「問題的解決方法」應合理且能滿足親子雙方的需求才是。

四、代表性書籍或主要參考書目

1. Gordon, T. (1975). *P.E.T.: Parent Effectiveness Training.* N. Y.: New American Library.
2. Gordon, T. (1976). *P.E.T. in Action.* N. Y.: Wyden Books.

第四節　行為學派與親職教育

代表人物：B. F. Skinner, J. Wolpe, A. Bandura & H. Eysenck

一、理論基礎或主要概念

　　行為學派較支持環境決定論的觀點，認為人類行為是學習而來，是個體與環境交互作用的結果。在學習歷程中，影響刺激與反應之間的建構可以用練習律、效果律和準備律三大原則來說明。當個體在某種情境中學到「刺激─反應」的連結，將有助於學習者在其他類似情境中的學習。

二、親職教育的哲學觀及理念變遷

近年來，行為改變技術越來越重視人的認知領域，藉由提供各種行為導向的方法，幫助人們採用明確的步驟去改變行為。依行為學派發展而來的親職教育，認為兒童的行為問題不是疾病或變態，而是行為表現的過量或不足，強調父母是影響子女行為的關鍵人物，因此須教導父母各種管教子女的技巧，如增強或削弱、行為塑造、代幣制等，對那些可觀察與可測量的行為、環境的變項及獎懲的運用特別重視，且認為實施的效果應取決於對標的行為的改變而定，唯行為改變的成效應透過適當方式評量才合宜。

三、親職教育課程與實施內涵

運用行為理論學派進行的親職教育，多以團體方式進行，重點在於幫助父母熟練與運用行為改變技巧，以教導式的訓練為主，訓練課程包括提供教材、作業練習、測驗、經驗分享等。教導父母運用主動記錄、直接測量、觀察記錄三種方式測量標的行為的表現，評估標的行為出現的頻率、表現的比率、持續的時間與強度等，其中尤以觀察記錄的採用最為普遍。此外，亦教導父母獎懲的方法，例如代幣增強、隔離、削弱與過度修正等技巧的運用，在管教子女時皆十分重要。

四、代表性書籍或主要參考書目

1. Becker, W. C. (1971). *Parents are Teachers.* Champaign, 3: Research Press.

2. Skinner, B. F. (1948). *Walden Two.* N. Y.: Macmillan.

3. Smith, J. M. & Smith, E. P. (1966). *Child Management.* Ann Arber, Mich.: Ann Arber Publishers.

第五節　溝通分析學派與親職教育

代表人物：Eric Berne & T. A. Harris

一、理論基礎或主要概念

溝通分析學派興起於 1960 年代,主要是探討人際互動對個體人格的形成及生活型態的影響。人類的需求,包括身體和心理兩方面,除了來自遺傳的驅力以外,個體亦會主動的去尋求。Berne 以「撫慰」(stroke) 表示生理和心理的刺激,個體為尋求此,依獲得的形式,可分成有條件的和無條件的撫慰,而若以撫慰對個體的影響來說,又可分成正向的和負向的。由於撫慰是個體生存所必需,因此如果無法獲得正面的撫慰,也會轉向而追求負面的撫慰。早年經驗中,所獲得的撫慰對個體會帶來最為深遠的影響。

個體幼年在與他人互動的過程中,透過撫慰,形成自己與他人的關係,溝通分析理論稱之為「心理地位」,可分成四種:

(一)我好─你也好 (I'm OK, you're OK)

以正向觀點評價自己和他人,對自己和他人都滿意,能以積極的態度面對生活中的問題。

(二)我好─你不好 (I'm OK, you're not OK)

以否定他人來肯定自己,不信任他人,總覺得是他人的錯誤,不願負起責任。

(三)我不好—你好 (I'm not OK, you're OK)

覺得事事不如人,當事情遇到挫折時常自責,自我充滿無價值感。

(四)我不好—你不好 (I'm not OK, you're not OK)

不相信別人,也不相信自己,處於極端的失望和無助。

溝通分析認為人格是由兒童、成人和父母三種「自我狀態」(ego state) 所組成,用以在各種不同狀況下面對、處理訊息及形成反應,可從一個人的言語、動作、表情的行為表現,作為其「自我狀態」分析的依據:

(一)兒童的自我狀態

蘊含一個人的生理需求與基本感受,保留個體從小所學到的重要情緒反應,是人類最真實的部分。依功能而言,可分成自由的兒童和適應的兒童,自由的兒童具有創造性、自發性和自主性等特質,而適應的兒童則較能配合環境的需求,且較具服從性。

(二)成人的自我狀態

較能運用理性和邏輯的方式思考,且較能將所蒐集的資料予以處理,並加以分析討論。成人的自我狀態較能符合內外的現實環境,是內在需求與外在世界間的橋梁。

(三)父母的自我狀態

是個體對其生命中之重要他人（通常為父母）的行為記錄與模仿,與個人生活的社會及文化有關,顯示其成長環境中的傳統、行為規範和價值觀,父母的自我狀態可分成控制的父母和撫育的

父母。

　　適應良好的個體，代表三種狀態皆有適切的表現；而適應困難的個體，則常因為三者之間出現排除或污染的現象，顯示其人格的複雜性。

二、親職教育的哲學觀及理念變遷

　　溝通分析的親職教育，主要是讓父母瞭解自己習以為常的溝通型態，常見的溝通方式有三種：

㈠互補式 (complementary transaction)

　　指親子雙方的溝通是相互平行的刺激與反應，具開放性，每個反應也在預期之中，所以雙方的溝通常是和諧、連續不間斷的。

㈡交錯式 (crossed transaction)

　　指親子雙方的溝通沒有獲得預期的回應和滿足，溝通的路線形成交錯的狀態以致受阻或中斷，此時可能會退縮、逃避，是造成爭吵的主要原因。

㈢曖昧式 (ulterior transaction)

　　指雙方溝通時，牽涉兩個以上的自我狀態，一種是表面的，一種是隱藏的，意即表面言語與實際想法是不一致的。表面的溝通是按照社會預期的方式進行，而隱藏的溝通則常以非語言的方式表達。

　　互補式的溝通 (complementary transaction)，顯示親子雙方以開放、具同理心的方式溝通。其掌握的原則有三項：1.溝通時不要抱持著以不變應萬變的態度；2.溝通時彼此以開放的方式應答、給予對方多一些表達的機會，如此才能獲得真正的看法；3.溝通

時要以同理的態度，設身處地地站在別人的立場考慮事情。交錯式的溝通 (crossed transaction) 則表示父母與子女的思想、觀念、價值、判斷上有很大的差距。

其實人和人之間的溝通有兩個層面，一是社會層面，屬於表面的溝通，二是心理層面，屬於隱藏的內在溝通，當兩個層面的溝通不一致，便會產生心理遊戲的現象。心理遊戲是個體為了獲得需求滿足所採用的手段。

有關個體尋求撫慰的方式、慣用的溝通型態以及運用的心理遊戲等等，都屬於個體的「生活腳本」，是個體的生活風格。每個人都有自己獨特的腳本，主要是受到父母傳達給子女的訊息，以及子女接收訊息時的感受所影響。

三、親職教育課程與實施內涵

依溝通分析學派所建構的親職教育有兩大目標：一是運用溝通分析幫助父母覺察與自知，建設自己成為「我好─你也好」的人；二是幫助父母運用溝通分析幫助子女成為「我好─你也好」的健康個體。課程主要分為兩大取向：一是傳統取向，二是發展取向。傳統取向會教導父母依溝通分析理論所闡釋的人格結構，使父母保持自我的流動，能彈性的解釋自我，並對人際互動時所表現出來的語言、行為還有溝通模式加以分析，也會分析個人表現在生活中的基本心態。主要是以父母的自覺為規劃課程的基礎。

至於發展取向的課程，則強調兒童在每一個階段的發展任務與成長，協助父母瞭解造成孩子發展不同的來源，所以父母在基本照顧之外，也該給予孩子成長的活動空間與道德的框架，避免造成孩子負向的發展。因此父母對孩子教養，主要是幫助孩子尋求獨立、脫離依附。新發展的溝通分析模式，更注意孩子的特質，藉由生活化、有趣的親子互動，使子女更瞭解自己，發揮自己的

潛能。

　　關於溝通分析在團體上的應用,目標是透過團體的學習歷程,協助父母正確認識自己與子女,改善親子互動, 在團體活動過程中, 同時重視教學與經驗的分享, 至於討論問題的重點, 則較會放在撫慰、 遊戲、 報償、 人生腳本的認定等溝通歷程的解析。

　　在增進親子溝通方面,則希望藉由活動可以達到下列幾個目標: 1.父母能適度向孩子表達情感,讓孩子感受到溫暖的親情; 2.父母能保持樂觀開朗的態度, 並以此陶養子女的個性; 3.父母能多發掘孩子的個性; 4.父母能常對孩子表示欣賞與鼓勵,以建立他們的榮譽感和自信心; 5.父母能常抽空陪孩子遊戲或閱讀; 6.父母能給予孩子充分的自由。

四、代表性書籍或主要參考書目

1. Berne, E. (1964). *Games People Play*. N. Y.: Grove Press.
2. Harris, T. A. (1969). *I'm OK, you're OK*. N. Y.: Harper and Row.

第六節　現實治療學派與親職教育

代表人物： William Glasser

一、理論基礎或主要概念

　　現實治療學派發展的主要目的是幫助當事人面對現實，發展負責、合理、有效率的行為，達到自制自律的成熟狀態。否定命定的人生哲學，認為人是自我決定的，可以感受自我的內在需要，能自我平衡，調適或改變行為，能選控外在資源。人的行為具有目的性，是為了獲得歸屬、價值、自由與興趣，且人有能力選擇負責、合理的行為模式。然而個人的行為模式、生活型態與人格都會受到自我認同的影響。要發展成功的認同，需要透過智慧，在獲得與給予之間不斷的協調，關鍵期是在入學階段，兒童透過與重要他人的互動，學會愛與感受自己的價值。

二、親職教育的哲學觀及理念變遷

　　現實治療學派的親職教育，主張不論在和子女相處或管教子女時，皆應重視「現在」的重要，意即管教子女行為時，將重點放在：「現在發生了什麼事？」、「這樣做有助益嗎？」、「你將要怎麼做？」換言之，即是以民主的方式訓練孩子，講求平等與互相尊重，減少負面的談話，培養親子間共同喜歡的事。父母必須瞭解孩子的行為，明白不同年齡階段孩子的表現和發展，建立積極的親子關係，多鼓勵，並善用非語言訊息傳達對孩子的關愛。

三、親職教育課程與實施內涵

　　「父母融入課程」(parent involvement program, PIP)，就是運用現實治療理論與方法的親職教育課程，希望訓練父母瞭解子女的行為與心理需求，獲得與子女建立共融關係的方法，能夠將現實治療技巧運用在教導子女以及處理親子問題方面，鼓勵家庭參與實務演練，並提供有效的溝通技巧。

　　現實治療的目的，在於幫助當事人恢復自我功能，學習用負責且合乎現實的方法滿足需求，同時能具備有效選擇的能力，使父母及子女均能體驗到自確定問題到計畫解決的歷程。現實治療法的步驟如下：

　　1. 建立共融關係：「你真正想要的是什麼？」。

　　2. 幫助當事人察覺自己現在的行為：「你現在在做什麼？」。

　　3. 幫助當事人檢視自己的行為是否合乎現實、是否對自己有益處：「你所做的對你目標的達成有幫助嗎？」。

　　4. 訂定改變行為的計畫。

　　5. 幫助當事人立下承諾。

　　6. 不接受當事人的藉口。

　　7. 不處罰，讓當事人自然的承受自己行為的後果。

　　8. 不放棄對當事人的協助。

　　在實施過程中，父母應該釐清自己作父母的責任為何，換言之，父母應認同自己的角色、應知道如何去實現自己的責任、應能區分自己的責任與孩子的責任、且明瞭自己也可適時的表達情緒。至於在教導孩子學習做事方面，應讓孩子瞭解事情並不是由父母幫忙即可把所有的事情做好，而應掌握為孩子做事、要求孩子做事，以及和孩子一起做事的原則。

　　親職教育的實施是以研討會或小團體諮商的方式進行，必要

時還可配合個別諮商的方法。課程所需時間大約為二十小時左右，每週一次或兩次，每次約兩小時。團體領導者需熟諳現實治療法的理論與實施方法，參與人數以不超過二十人為佳，若人數超過二十人以上，必須有協同領導者進行分組演練。

在家庭參與方面，鼓勵運用「家庭會議」計畫家庭中的大小事務，家人也可運用此機會表達埋怨或抒發情感，並提供家人間解決衝突的契機。會議中，家人可溝通彼此的問題，父母宜多運用反映式的傾聽技巧，表達自己對子女的感受，即使面對不愉快的事情，也要避免使用責備的語句，而以「我」訊息的方式取代負面的批評。在適當的時機，親子可針對彼此看法不同的主題，運用腦力激盪的方式，解決問題並取得承諾，讓談話在友善的氣氛中進行。

溝通時，父母應多鼓勵而非只是稱讚，並教導子女接納自己不夠完美的部分，對自己要有信心，並向其傳達「只要努力，就是有用的人」之信念。父母應避免消極的批判，不助長手足的競爭，不建立過高的期望或雙重的標準，接納孩子的本質，信賴孩子，幫助孩子相信自我，著重於他們的努力、貢獻和專長，並且肯定他們努力改進的勇氣。

四、代表性書籍或主要參考書目

1. McGuiness, T. A. (1977). *Teaching Parents about R. T.*. L. A.: Education Training Center.

2. Glasser, W. (1969). *Schools without Failure.* N. Y.: Harper and Row.

第七節　家族治療學派與親職教育

代表人物：Nathan Ackerman, Murray Bowen, Salvador Minuchin & Jay Haley

一、理論基礎或主要概念

　　家族治療者在處理當事人的問題時，所用的方法和所依據的理論各不相同，所謂「家族治療」並不是一種方法或理論，而是在解釋病理或治療過程中所採用的一種理念，意即如果家庭出現了問題，被指為有問題的個體，其實只是問題家庭中的代罪羔羊，所以治療的對象不只是單一的個體，而是整個家庭系統。家族治療者認為，要改變個體之前，家庭系統必須先改變。

二、親職教育的哲學觀及理念變遷

　　親子間的衝突與如何當個稱職的父母，是家庭中的重要議題，也是家族治療學派的重要目標。家族治療的起源，可從 Sigmund Freud 於 1909 年對「小漢斯」(Little Hans) 的心理分析研究開始，Adler 的理論對於家族治療中的系統觀，也有重要的影響，其重視家庭對家庭成員人格的影響，強調家庭星座、家庭地位、手足關係等家庭互動的重要性。H. S. Sullivan 也很強調家庭溝通與互動形式的重要性。1940 年代，生物學家 Ludwig von Bertalanffy (1968) 提出系統觀點，強調系統成員間的相互關係與依存關係，此概念對於家族治療有重要的影響，並強調只有在整體之中，個體的意義才會顯現出來。

　　一般學者將家族治療分成四大主流，包括精神分析取向、溝通或策略取向、結構論取向及行為取向，另外也有許多治療者依其本身所受的訓練實施家族治療 (Horne & Ohlsen, 1982)，如完形學派、阿德勒學派、溝通分析學派、理情學派、現實治療學派等。

三、 親職教育課程與實施內涵

　　幫助父母建立健全的家庭系統、訂定合宜的家庭規範及教導一致性的溝通，是家族治療學派在親職教育上的重點，也是預防問題行為的關鍵因素。家庭系統具有趨向穩定和成員間複雜互動的特質。系統中除了組成的成員，還包括成員間的互動關係，系統是否可以維持穩定，與成員因應改變的能力有關，健全的家庭必須具備彈性的應變能力。成員間的互動不能單純以因果關係解釋，其中還包含許多隱而未見的因素，因此親子間的問題，不能只針對孩子處理，而是必須從互動關係中深入瞭解。

　　家庭規範是成員互動時所形成的不成文規定，也常是造成家庭問題的原因之一。家庭規範一般可反映出成員間的權力關係、親疏關係、溝通方式以及成員因應問題的模式，這些皆可從親子互動之中觀察到。有些家庭規範是阻礙親子互動的源由，也有些家庭規範會帶給子女壓力，輔導者需要幫助父母察覺有問題的家庭規範並加以修正，使孩子的問題行為獲得真正的改善。

　　家庭的溝通型態，影響家庭功能的健全，也是反映家庭規範的重要來源。家人間最常見的不良溝通型態為語言與非語言間的不一致，就是所謂曖昧式的溝通型態。當傳達訊息者同時拋出兩個互相抵觸的訊息，會使接收者不知所措，無法回應，這就是所謂的雙重束縛。至於為了避免使衝突表面化而使用的偽裝式溝通，也是造成心理衝突和壓力的來源。另外，不聞不問式和過度干預式的溝通亦屬於不良的溝通型態。溝通方式反映了家中的人際關

係，家族治療大師 Virginia Satir 強調家庭間必須建立「一致性」的溝通型態，即家中每個人均有發言的權利和機會，在尊重家人和尊重自己的前提下，抒發自己的感覺與想法，能有情感的接觸，不偽裝、不壓抑，建立真實、真誠且負責的溝通。

　　家族治療學派的親職教育雖然因依據的理論不同而有所差異，但其重點皆在強調幫助父母瞭解自己的行為和情緒，以及在家庭中的角色，除了處理明顯出現問題的家庭成員，也必須檢視整個系統的功能。當父母本身能有所改變，且為自己的改變負責時，孩子的問題才能獲得真正的解決。

四、代表性書籍或主要參考書目

1. Goldenberg, I. & Goldenberg, H. (1986). *Family Therapy: an Overview.* (2nd ed.) California: Brooks/Cole Publishing Company.

2. Horne, A. M. & Ohlsen, M. M. (1982). *Family Counseling and Therapy.* Illinois: F. E. Peacock Publishers, Inc.

第**3**章

⊙ 經典之親職教育課程

　　承接前章各派心理諮商理論所建構之親職教育理論，許多學者
嘗試將學理轉換為可直接傳授給父母之親職教育課程，其中最經典
的有父母效能訓練 (PET)、有效能父母系統化訓練法 (STEP)、父母
就是老師 (Parents are teachers)、親子之間 (Between parents and
child) 及怎樣作父母 (How to parent) 等五種，分別說明如下。

第一節　父母效能訓練 (PET)

一、前　言

　　許多父母抱怨由於與孩子建立關係的困難，造成親子間漸形
惡化的緊張關係。Thomas Gordon 深信父母教養孩子，需要具體
明確的技巧與可行的方法，他於 60 年代創立一系列父母效能訓練
課程 (parent effectiveness training, PET)。此課程不僅是技巧的訓
練，參與者必須在監控的情境下接受指導，透過教師的實證教學
與示範來演練。然而，父母效能訓練只是一個學習過程的開始，
父母必須實實在在地於教室內不斷地精熟各種管教技巧，等在家
中真正遇到問題的時候，才能順利應用。因此，父母效能訓練是
為了使父母更有「效能」，而非訓練父母。在《父母效能訓練》(*PET*)
與《讓你和孩子更貼近》(*PET in Action*) 兩本書裡，Gordon 將他
在這方面長期的工作經驗、設計的各式方法，以及從參與父母效
能訓練課程的父母身上，蒐集事件始末、對話、報告和敘述文辭，
進行詳細的內容分析，集結成冊與更多需要的父母分享。

　　父母效能訓練強調親子雙方的自主權，Gordon 認為當親子間

發生衝突時，雙方若都能以尊重彼此的方式來處理，將進而改善親子關係。父母在課程中接受許多高層次的訓練：

1.父母學習在敘述子女的問題時，針對孩子的特定行為作具體與客觀的描述，而不是針對孩子的人格或特質加以批評與評價。

2.父母學習辨認自己的情緒，也學習以表裡一致的態度和孩子相處。

3.父母學習人際溝通技巧，以正確瞭解孩子所傳達出來的訊息，並給予有效的回應。

4.父母學習當自己不能接受孩子的行為時之反應技巧。反應的重點在於傳達出自己的感受，而不可對孩子加以責備、批評、命令或警告。

5.父母學習分辨「父母的權威」和「獨裁者」。

6.父母學習避免對孩子採取縱容或獨裁的管教態度。

7.父母學習如何教導孩子正確的信念與價值觀。

8.父母學習雙贏的解決衝突方法，以符合彼此的需求。

9.父母學習能增加孩子自我價值與信念影響的策略。

父母效能訓練課程提供父母一個特別的人際關係模範。特別在民主關係方面。

二、主 題

(一)父母的角色

很多父母往往因為孩子招惹了麻煩，而受到社會指責他們管教不當，成為眾矢之的。那些無所適從的父母，在面臨需承擔重責大任的挑戰，以及承襲著長久以來之迷思的情況下，他們會認為自己應該凡事言行一致，對每個孩子一律平等看待不可偏心，並須營造犧牲奉獻的形象，凡事以孩子為前提，無條件的接受、

忍耐和犧牲。

然而父母對孩子行為的接受與否，時常會因為孩子本身的個性而有包容或嚴厲反應的差異，有時隨著心情的愉快或低落，同一種行為的標準也會隨之有所不同。當面對較為喜歡的孩子時，更經常會出現要求標準不一的狀況。此時，父母要有所警覺，不但要掩飾心中的真實想法，更要小心別顯露出自己真正的想法，以免破壞了先前建立的權威。當父母為了前後一致的形象，以這種不真實的方式對待孩子時，在孩子感受到與父母溝通無效後，會自動築起一道無形的牆，將自己與父母隔開，不再主動將自己真實的一面，攤開在父母面前。

Gordon 提出了一個值得深思的想法：「父母是人、不是神」。人是自由的個體，可以自由的表達自己的意願，但不能強迫別人也必須要有相同的反應。

他認為父母可以前後矛盾，不必全盤接受孩子的行為，也不必假裝接受，只要父母能坦然的告訴孩子拒絕的原因，孩子便能漸漸的接受，孩子也會喜歡與率直、真性情的父母維持親密關係。

(二)傾聽

當孩子覺得自己被接受、有「被愛」的感覺時，才會願意開始吐露心聲。在訓練的第一堂課裡，教師帶父母們做活動，最後將父母與孩子溝通的方式歸納出「十二種絆腳石」，分別是：命令、威脅、說理、勸告、訓誡、責備、標籤化、揶揄、分析、安慰、提出問題、轉移注意力。父母對孩子所說的話，通常不自覺隱藏著他們對孩子的看法，孩子能敏銳地從中分辨出自己是否能受到父母的接納，而這幾種絆腳石都顯露著父母不能接受及瞭解孩子的感受。

不干涉與默默的傾聽，都能傳達接受的訊息，而接受則是促

使親子關係成長與改變的原動力。主動傾聽包括口語與非口語所包含之表面與內在的意義，是指父母試著瞭解孩子的感受，設身處地的進入孩子的內心，並同時要忍耐住不加入自己的任何意見與評判，把自己的想法告訴孩子。它能有效的促使孩子敞開心胸並描繪出其內心世界，促使情緒上的解放。一旦孩子說出自己的感受之後，父母就能找出問題的癥結，協助孩子自行解決問題，待煩惱消失，便更能增進親子間的親密關係。

㈢「我」訊息 (I message)

　　父母傳遞之無效訊息幾乎全是以「你」開始的。這樣的訊息多半都不能呈現父母的感覺，因為它的矛頭是指向孩子，在孩子聽來，這種訊息通常表示他應該如何行事或是他表現得很差勁的意思。相反的，「我」訊息較不易引起孩子的抗拒和叛逆，反而讓孩子擔負起改變自己行為的責任，因此能夠有效的幫助孩子成長。「我」訊息告訴孩子你把責任留給他，相信他有能力妥善處理，信任他會尊重你的需求，此外，也給他「改過自新」的機會。

　　例如當孩子的行為妨礙了父母基本需求滿足的權利時，使用「我」訊息：「我好累喔！」替代「你」訊息：「你好煩喔！」父母將能夠更明確的把自己的感受或需求傳達給孩子知道，使孩子不會產生不同的解讀，因感到被否定而再次築起高牆。「我」訊息包括：1.描述孩子所表現之不可接受的行為；2.父母體驗到的感覺；3.對父母所帶來之實質及具體的影響等三個步驟。

㈣沒有輸家

　　養育孩子最根深蒂固的觀念就是父母必須運用權威控制孩子，並運用獎勵與懲罰以鼓勵孩子的某些行為，或抑制某些行為。但發生親子衝突時，如果父母一味的以權威來取得勝利，這樣的

方式雖可使孩子順從，為解決衝突的快速途徑，卻也會換來孩子的抗拒性、反叛性及敵意的行為。許多孩子會說謊，常常就是因為父母太依賴獎勵與懲罰所造成的結果。相反的，如果孩子時常以強烈的態度說服父母接受其行為，孩子在得勝的情形下，會因為嘗到甜頭的正增強而成為所謂被寵壞了的孩子。

　　Gordon 提出第三種方法：一種不涉及權力的方法。也就是將親子間的衝突經由雙方的協商而達成共識，在「沒有輸家」的情況下獲得解決，雙方都贏了，因為解決辦法必須是為雙方所接受的，是由彼此同意產生的最終解決辦法。經由第三方法所產生的解決辦法，常是出於孩子的想法，這自然而然提高了他樂觀其成的意願。當孩子感到被信賴時，他們也比較可能表現出值得信賴的行為，會有比較強烈的動機去實現自己曾參與決策過程的決定。

　　「沒有輸家」的作法通常能消弭親子間的鴻溝，拉近親子間的距離，並且每個人都會因為衝突的化解而欣喜，更為自己在此戰中獲勝而高興。

三、結　語

　　PET 對父母與家庭的改變有：父母角色的再定義、對身為父母角色有新的覺察、對孩子有新的覺察、身為父母更有自信、與孩子擁有更深入與親密的關係、在孩子面前表現得更有責任感也更能掌握自我方向、增加孩子解決問題的能力、更加真誠與開放的溝通、更有意願去協調衝突、父母較少對孩子使用控制與命令。但仍有部分證據顯示，父母效能訓練的技巧學習很困難，有些人承認自己在技巧的應用上失敗了，亦有其他人在使用這些技巧時，發現自己不太善用，也有部分的人覺得需要再多練習會比較好。

　　父母效能訓練只是提供一個父母管教孩子過程上的技巧訓練，對每一個家庭來說，改變的歷程是一個開始，並不代表往後

的過程永遠平順。有些家庭會稍微進步一下，又再退步，即使經過多年使用父母效能訓練的技巧，許多的父母仍在持續地成長、改善與摸索。

第二節　有效能父母系統化訓練法 (STEP)

一、前　言

　　由於社會關係的改變,社會風氣逐漸由專斷威權轉變為民主、平等，傳統權威的教育方式已經逐漸失去效力，現代父母亦必須聰明的隨之轉向。STEP (systematic training for effective parenting) 是由 Don Dinkmeyer 與 Gary D. McKay 於 1976 年所發展的，以 Alfred Adler 和 Rudolf Dreikurs 的人類行為理論及民主平等觀念為基礎，集合 Adler 學派的個人心理學理念、Carl R. Rogers 溝通技巧及 Gordon 的 PET 而來，聚焦於子女不當行為的目的、應用鼓勵、自然與邏輯的後果、溝通、及舉行家庭會議等強化管教方法的課程，使父母更有技巧、更有效地與孩子相處。

　　STEP 的原則是民主、平等、互相尊重，認為父母和孩子在人的價值和尊嚴上有社會性平等。而父母的知識、經驗必然優於孩子，才能負起教養孩子的責任，因此有效能的父母應教導子女承擔責任，避免重蹈覆轍，也應避免總是居於主控的地位，要能尋找全新的觀點，看出可行的方法與解決之道，並選擇建設性的態度、幽默地面對孩子。

二、主　題

(一)父母角色

　　什麼是所謂的「好」父母?「好」父母就是那些相信自己必須為孩子做每一件事，對孩子的事情涉入最多的父母。「好」父母認為孩子的行為反映他們作父母的能力，常擔負起本來該屬於孩子的責任，剝奪了孩子學習與父母相互尊重的機會。

　　其實，父母應該扮演的是「負責任」的父母：關心於建立孩子的責任感和自信，而不只是保護父母自己的形象；給孩子選擇的機會，讓他們經驗自己下決定後的結果；且父母自己個人的期望應前後一致，兩人也應協調後取得一致，才不會彼此前後矛盾，讓孩子無所適從。

(二)瞭解孩子的行為與情緒

　　行為會受到遺傳和環境影響。孩子的行為都有社會目的。通常不良行為的目的為：引起注意、追求權威、報復或自暴自棄。雖然兒童有不同年齡階段的行為表現或發展狀況，但不能因此接納他們的犯錯行為。父母應觀察自己對孩子犯錯行為的反應，以及矯正孩子做出犯錯行為時他們的反應，避免不適當的注意、命令或強迫孩子去做一些事，使孩子捲入權力的爭奪戰爭之中。

　　孩子會用情緒操縱成人，如用哭鬧來達成目的；父母則要讓孩子明白每個人都要為自己的情緒負責。所以父母不要在意孩子的恐懼，應該對孩子有信心，相信他們能面對情境，讓孩子自己解決。父母也不要對孩子寄予同情，讓他們學習接受失望與打擊。父母應用鼓勵的方式，激勵孩子從困難磨練中得到努力的成果，並引以為傲。親子間發生衝突時可使用「浴室策略」削弱孩子的

行動，或是以「無形浴室法」由內心削減情緒。

(三)溝通 🐦

親子溝通時父母常扮演的角色有以下幾種典型，分別是：

1.總司令型──凡事想掌控；

2.道德家型──愛說教；

3.萬事通型──顯示優秀、無事不知；

4.法官型──未審先判；

5.批評者型──凡事父母都對；

6.心理學家型──對事偏愛診斷、分析和詢問（被認為是比較好的典型）；

7.安慰者型──不願深入瞭解只想淡化處理。

父母與孩子溝通時，常為了想要瞭解孩子說話的意思而一再重複的詢問，不喜歡停下來思考，以及怕反應得不自然而匆忙結束。其實作為一個有效傾聽的父母，要注意孩子傳達之語言與非語言的訊息，不做論斷式的反應，要能澄清孩子的感受和語意並使用開放式的語句，才不會切斷親子間的溝通，並顯示父母親的接納和關切。

在解決問題前要分辨到底是誰有問題。如果是孩子有問題，則使用反映式傾聽、選擇多種的情況探索；如果是父母有問題，則使用「我」訊息。為了儘可能地瞭解感情、語義和意願，父母有必要學會與熟悉「你」訊息和「我」訊息的運用。

和孩子說話應是雙向溝通的。父母不需表示應該怎麼做，而是引導孩子去探討問題，尋求解決問題的可能途徑。讓孩子瞭解並思索發生何事、為何如此以及該如何處理。

當父母和孩子觀點不同時，必須小心謹慎，避免讓孩子覺得被羞辱或貶低。父母應認知到彼此是有差異的，且承認孩子的觀

點也有其優點，引導他們從更好的途徑看事物，讓孩子願意重新評估自己的想法。

(四)以鼓勵建立自尊、信心和價值感

兒童在不同的發展階段裡，自尊的建立方法各有所不同：在嬰兒期，以培養信任感為主；探索期，則是以讚賞和鼓勵回應探索為主；學前與小學初期，要鼓勵獨立；小學期，則是給予選擇，並接受對不同事物的偏好；青春期，是鼓勵孩子為自己的行為承受自然合理的後果。不論是哪一階段，要特別注意的是：不要幫孩子做他們會做的事。

換言之，建立孩子自尊的方法有：給回饋時，對事不對人；鼓勵獨立、給予責任、並期望合作；接納孩子真實的樣子而不是該如何的樣子；以鼓勵替代獎勵；信賴、並鼓勵孩子以幽默、積極的態度面對自己；肯定孩子的努力與進步。

(五)責任感養成的訓練

STEP 一再地強調民主的態度及對孩子合理要求的特色，認為那是對孩子的尊重和對社會秩序的認定。不合理的要求，目的僅是為了能控制孩子，但這又會引起權力的爭奪戰。且無論孩子爭吵的目的是什麼，父母一旦插手，就會剝奪孩子學習處理衝突的機會。最好的方式是讓孩子自行解決：「我很遺憾你們有麻煩，但我相信你們可以自己解決這個問題。」

現代的小孩願意接受處罰是為了某種目的，強迫孩子屈服是沒有用的，處罰運用的結果只會讓孩子發展抗衡及公然對抗的概念，沒有任何處罰會帶來永久的屈服，最後處罰仍將會失效。父母獎賞孩子的表現，同樣是對他們的不尊重。在獎賞方式下長大的小孩，對事物的看法會變得狹隘，且易形成錯誤的概念：只有

有所獲得才會有地位；行動得到回報才會有歸屬感。孩子本來就有尋求歸屬、奉獻和合作的欲望，獎賞的行為實際上是不信任他的表現，最後獎賞功能也將失效。

父母說出來的話通常本身就有處罰的意味在內，當父母說的話因達不到效果而「撤退」時，留下來的就是為所欲為的「勝利者」。下次即使父母付出更多的努力，孩子不是把它當耳邊風就是更頑劣。因此，父母如果要從僵局中抽身，應有「當衝突開始，把嘴巴閉上，開始行動。」的認知，而不是藉由嘮叨來讓孩子學會尊重規範。

STEP 的方法，基本原理包含以下幾項：

1. 瞭解孩子的目標行為和情緒。
2. 溫和並堅定。
3. 不要作太「好」的父母。
4. 行動要前後一致。
5. 把行為和人分開來。
6. 鼓勵獨立。
7. 避免憐憫。
8. 拒絕過度在乎別人的觀感。
9. 認清是誰遭遇到問題。
10. 少說多做。
11. 拒絕戰鬥或讓步。
12. 讓每個孩子分擔責任。

如果希望孩子不要表現某些行為或遵循規範，一開始就應該全神貫注地把它當一回事，一直堅持到孩子符合要求為止。父母應用自然合理的後果協助孩子建立自律，並使用溫和而堅定的態度把握住原先已設立的規範。

㈥家庭會議 🐦

家庭會議恪守民主原則，是父母以身作則、示範良好溝通和解決問題技巧的時機。鼓勵孩子共同參與解決家庭中大大小小的問題，促進家庭成員間的合作行為，其功能是運用反映式的傾聽，確定孩子的事能夠得到關注，讓子女一同構思解決之道。

三、結 語

學習親職教育，並非一定會向前和向上進步，反而像浪潮，有時還會往後退。父母只要認清，後退時實際上已比前次所在點更為前進，就會有信心持續下去。

此外，有幾個要點須注意：訂定的目標要合乎現實、家中人人平等、願意作改變、合理的期望、積極面對批評。🌱

🌿 第三節　父母就是老師 (Parents are teachers)

一、前 言

人從小就學習到避罰順從的道理。如果能有效提供行為的增強物，孩子願意為獲得增強物而改變行為，父母也能因此獲得效益，親子雙方都會感到快樂。Wesley C. Becker 即是依據行為治療的操作制約與認知制約，針對年紀較小或特殊的孩子，設計了一個訓練其建立正向行為的計畫，並輔以實例的說明，希望藉此幫

助父母學習成為一位專屬於孩子之有效能的老師，並教導父母建立行為規範技巧，使其能以清楚的規則和正向的影響來取代吼叫的教導方式。

二、主　題

(一)增強與懲罰 🐦

父母應用回饋去影響孩子，希望孩子學會什麼，就該給予什麼增強。生活中例如糖果、玩具或給予溫柔的擁抱等，都是不用學習就能給予增強效果的刺激物。同樣的，不用經過學習，大聲說話、給予使其疼痛的方法或過度壓迫和冷淡一樣能削弱孩子的偏差行為。孩子從社會化的過程中，藉由與人互動增強其社會性，且自學校的代幣制度習得某些增強與懲罰。不過身為父母的，應儘量避免使用肢體的懲罰，雖然它不一定是無效，但會產生不必要的後果，如孩子強烈的恐懼。

1.使用的時機

當行為被期望增強或削弱時，在行為產生的當下要立即給予回應（或處罰），並避免延宕。注意提供增強物出現的次序，孩子必須先完成他要完成的事情，父母才可以給予增強。保留一段增強的時間，是一種有用的懲罰形式。另外，家長應注意不要偶爾回饋了不期望的行為（例：當家長忙著與別人聊天時，為了要使孩子安靜下來，會給予原本不會給予增強的行為回饋）。

當問題行為頻繁的發生，增強行為無效且找不到其他方法，甚或涉及安全性的問題時，家長會開始採用懲罰。懲罰的使用時機亦有其原則：

(1)有效的懲罰要立即地實施。

(2)有效的懲罰要剝奪獎勵，並清楚的說明重得獎勵的方法。

⑶有效的懲罰使用警告訊號。

⑷有效的懲罰以冷靜、認真的方式進行。

⑸有效的懲罰會將被懲罰的行為與增強行為同時呈現，讓孩子比較、選擇。

⑹有效的懲罰是一致性的；被懲罰的行為永遠不會被獎勵。

2.作　法

父母在回應行為時，應避免情緒性的用字，下達清楚且是孩子可以期望的指令，必要時可重複提醒。不過若僅重複提醒規定是較不管用的，要在好行為產生時即伴隨著讚美，並且運用「不理會」及「沉默」等技巧忽略犯錯的行為，尤其要避免增強孩子的問題行為。

至於在懲罰方面還需注意以下四個原則：

⑴避免孩子逃避懲罰者；

⑵避免孩子對懲罰者產生恨意；

⑶減少以後再使用懲罰的機會；

⑷不要成為攻擊行為的示範者。

剝奪獎勵是很有效的懲罰，即是用清楚的步驟使得得到獎勵的方式被切斷。父母不體罰與保持冷靜，能讓孩子維持較低的恨意。以溫暖與獎勵的方式回應可接受的行為，讓孩子知道父母親還是喜歡他的，即使有時必須要懲罰他。另外，父母也可做幾件事情來減少之後再使用懲罰的機會：

⑴在懲罰前提供警告的訊號。

⑵好行為與壞行為是無法共存的，讓孩子知道做哪些事情是好的。

⑶對不可接受的行為保持一致性，父母應確定沒有增強孩子不對的行為。

當孩子學到好行為或是當他得到溫和的警告，就知道該停止去做

壞行為時，懲罰就不再被需要了。

　　Becker 認為如果家庭與學校能相互配合，會使增強與懲罰更具效果，父母可將學校計分卡的方式，在家由媽媽繼續執行，累積一個星期的點數，以物質或精神獎勵作為回饋。不過他也提醒父母其實不用過分要求，應根據孩子的個性鼓勵孩子嘗試，並容忍孩子的不完美，因此，持續使用讚美與鼓勵是必須的。

㈡理由、規定和提醒

　　我們教孩子的長遠目標是希望當父母不在身邊時，孩子可以自己作出好行為、好的決定、解決問題以及作計畫。在學到好的規則之後，孩子也會在之後的社會中得到他人的認可，成為好的公民。

1. 理由與規定

⑴教導孩子自己剖析其行為的後果和理由。

⑵規定可讓父母對子女的要求保持一致性。

2. 訂規定

⑴規定應該短、正面且容易記憶。

⑵規定是針對某一個行為所產生的一個結果。

⑶規定需要被陳述出來。

　　a.清楚列出細節，使孩子沒有藉口。

　　b.後果容易被應用和明白（增強物和懲罰）。

⑷規定要能適合孩子的年齡與能力。

3. 使用規定

⑴初期一次使用一個規定。

⑵當規定被破壞時，讓孩子自己陳述錯在哪裡。如果可以，要求孩子立即表現正向的行為。

⑶徹底執行。

原則是：作我要你作的行為你就會得到獎勵。

(三)孩子的人格與父母的關係

孩子人格的養成會影響日後的社會行為（如何與他人互動）的表現，通常具有下列四種人格特質的孩子，最常表現不利的社會行為：依賴 (dependent)、攻擊 (aggressive)、非社會性 (unsociable)、退縮或恐懼 (withdrawn or fearful)。

1. 依賴的孩子 (dependent children)

如果父母為孩子做的事超過孩子可以自己做的事，孩子就會被增強「不要長大」的概念。父母一開始應該對孩子的願意「嘗試」給予增強，接下來就是在有小小進步之後。如果孩子不知道該怎麼玩或如何作決定，父母可以先給予需要的建議和提醒，然後再淡出。

2. 攻擊的孩子 (aggressive children)

父母必須以改變增強、打斷活動、引導模仿（行為或言語）及弱化嫉妒……等方式修正孩子的行為。

3. 非社會性 (unsociable)

4. 退縮或恐懼 (withdrawn or fearful)

三、結　語

行為主義的行為矯正方式是在幼稚園最常使用的方式之一，這種方式尤其適合年紀較幼小的學齡前孩子，以 Lawrence Kohlberg 的道德發展論來看，這個時期的孩子正處於「避罰服從」的階段，因此「增強」對他們而言，正是導正他們出現良善行為的誘因，也使得他們學習到正確的觀念和行為。「增強」在幼稚園最常使用的方式是以「乖寶寶貼紙」、「讚美」、「活動的增強」等，誘使孩子在群體間產生榮譽感，而表現正向行為。

　　但是，孩子與動物是不能完全比擬的，所以在行為治療裡還講求認知因素，獎賞者的態度與言語內涵，會影響增強物所帶來的效果。認知學派中，強調個體有其主動性，但也可以自我約束，所以，當孩子知道這樣的行為可以讓他得到他想要的，別人也會因此而稱讚他，才能驅使他出現正向的行為。

　　增強引導行為的技巧，正好適用於年紀較小與身心方面有障礙的孩子，能鼓勵他們發展更多正向的行為與態度。

第四節　親子之間 (Between parents and child)

一、前　言

　　管教十幾歲的大孩子最讓父母傷腦筋，他們在生理上已經過了兒童期，不再事事依賴、溫順，心理上的「自我」增長，使他們擁有強烈的自尊與反抗性，時時與父母發生衝突。天下作父母的絕對不會一早起來，就盤算著要使孩子們生活在悲慘的世界裡。父母們都希望孩子不必戰戰兢兢地過日子，能夠生活得很快樂，當然父母們也不會故意使自己的孩子產生害怕的心理，而讓他們養成羞怯、沒主見的個性。但是想歸想，不希望發生的事還是發生了。父母常會因為跟孩子談話談不出個結果而生氣，也常為了孩子不能實現自己的期望而懊惱。許多父母在親子間的對話與溝通過程中發現自己在對孩子們吼叫、嘮叨，但同一時間卻又發現自己說的話跟心裡的意思恰好相反，說話的口氣也好像跟原來想

用的不一樣。Haim G. Ginott 在《父母怎樣跟孩子說話》與《父母怎樣管教青少年》書中舉了許多的實例，告訴讀者，在實際情形中，該如何思考及對話，相較於親職教育的理論而言，是較屬於實用性的。

關於書中的主題特色方面，《父母怎樣跟孩子說話》，著重在對孩子的瞭解與溝通，在對話過程中涵蓋著管教與情緒方面，在青春期之前引導孩子養成良好的品德與習慣、情緒的面對與處理；《父母怎樣管教青少年》著重的對象則是青少年，全書大多是故事與對話內容，道出父母與青少年心裡的話，讓父母瞭解青少年，適當的與之對話，並接受孩子已成長為有自己意識的獨立個體，有自己的想法、自己的決定，已不是嬰兒或是學步兒時期需要父母處處的照顧與協助，父母須跳脫出自己所認為的「孩子是怎樣怎樣……」的窠臼，並去瞭解與接受「我的孩子是如何如何……」的事實。

二、主　題

(一)對話內容方式

讚美與批評是需要技巧的，最重要的原則就是「針對行為」去讚美、批評或給予建議，尤其是批評，一定要強調行為，避免針對個人，否則會變成人格謀殺。在對話的初期，以對方的觀點陳述感受，避免以判官的角色先入為主地下斷言，否則孩子聽了一定更氣，覺得有被落井下石的感覺。同理對方感受，是打開溝通對話的大門！

父母是人，也有憤怒的時候，憤怒是可以合理被表達的。孩子會感受到父母的心情，所以不要掩飾，誠實的對孩子說出自己的感受，避免打孩子出氣。Ginott 提出兩類時常造成溝通窘境的

親子對話方式，分別是「憤怒的葡萄」與「七條死巷」。若父母能避免使用侮辱、加頭銜、預言、威脅、指責等語言，孩子才不會生氣得猶如葡萄一樣脆弱、發紫。同時他也建議父母和青少年說話時，要避免講道理、敘述陳腔濫調、經驗老談、態度無所謂、指摘毛病、以自憐自嘆或過分樂觀等方式和孩子說話，才不會步入溝通的死巷。

　　父母和孩子說話時，不要妄加猜測孩子的行為，而對他們嘮叨，例如：希望孩子準時回家，不要到處去溜達時，只需要說：「我們準時兩點鐘見！」其他，心理臆測的話就不要說了。

(二)對孩子的管教與引導

　　對於孩子的管教與引導方面，應落實在生活互動與父母的要求當中。其中「限制的技巧」就是堅定明確的告訴孩子，哪些是他必須做到，哪一些是不可做的，若違反規定就會受到處罰，並且也讓孩子知道父母對他的期待、知道自己該有何種的行為。

　　在對孩子種種的要求下，父母對「零用錢」的觀點，應把它當作是教育工具，讓孩子學會對金錢的規劃與負責，金額不應過多，也不需因其他家庭的零用錢額度而影響自己的規定，零用錢的額度應是符合家庭經濟能力與孩子的年齡。

　　「做家事」不要與零用錢劃上等號，做家事的訓練應是要把握孩子的發展特性，加以訓練養成習慣，例如，孩子在幼兒期，最愛當媽媽的小幫手，父母就應該開始讓他有簡單的實際操作，給予鼓勵增強，逐漸養成習慣，也會培養孩子的責任心。除了做家事可以培養孩子的責任心外，給孩子發言的機會，讓孩子對事件有思考的習慣，並讓孩子練習對與自己有關的事情做選擇，這些都是培養孩子責任心的基本步驟。

　　誠實和說謊是一體的兩面，如果父母讓孩子覺得說謊可以逃

過一劫、誠實只會讓事情更糟，那麼父母就是間接鼓勵孩子說謊。父母應尊重孩子，灌輸誠實的觀念，父母自己也身體力行，讓孩子處於良好的環境中。

在禮節方面，從小就要教導孩子應對進退，過程中做錯不需責罵，只需告訴孩子正確的做法即可。

教導孩子做家庭作業，是父母的另一個難題，因為是自己生的孩子，有高水準的要求，孩子的表現又不一定如預期，會消磨父母的耐心，所以最好是夫妻二人輪流教導，會讓雙方有喘息的時間。

(三)孩子的情緒

1.害怕與恐懼

年紀小的孩子有了幻想力之後就會怕黑、怕怪物，所以不要故意去嚇孩子，小如嬰兒，就要避免在其附近叫喊或做出任何巨大的聲響；大一點的孩子遇到動物時，大人必須要在旁邊照顧。孩子還常害怕一件事，就是怕被遺棄，所以家人不應威脅孩子說要把他丟掉。對於孩子的害怕與恐懼，家長應該要正視孩子的感受，而不是恥笑。

2.嫉妒——手足

當家中第二個孩子出生，第一個孩子通常會有失落感，原本屬於他的關注，卻要與另一個孩子分享，有些孩子會出現退化行為。最常出現的就是嫉妒的情緒，父母不要告訴老大說：「你是愛弟弟／妹妹的。」因為這只是強加給孩子自己的期待，並不能對孩子的情緒有所幫助，所謂感情如洪流不能阻止只能疏導，父母應告訴第一個孩子，自己和以前一樣愛他，只是弟弟或妹妹年紀小，需要他人的協助，如果他覺得被忽視或受到較少關愛，歡迎告訴爸爸媽媽，爸爸媽媽會彌補或說明。

㈣性教育

1. 幼　兒

⑴我從哪裡來？

我從哪裡來？是幼兒會問的問題，也是最讓父母面紅耳赤的問題。關於這個問題的回答，對於年齡越小的孩子回答得應越簡單，若是孩子繼續問下去，就誠實回答下去，面對提到私密的部位，用娃娃比喻，避免孩子侵犯他人隱私。另外，在回答問題時，避免提到動物、植物等，以免混淆孩子。

⑵性別的差異

男生與女生的不同，男孩與女孩會漸漸發現，甚至有時，孩子會玩探索身體的遊戲，父母發現時，不要羞辱他們，直接要求他們把衣服穿起來後，再告知身體穿泳衣的位置都是不能讓人隨便碰的。

2. 兒　童

兒童期的孩子，隨著對性別的認同與瞭解，開始會與同性友伴在一起，排斥異性。這時期，第二性徵即將成熟，應該要做好青春期發育的衛生教育，讓孩子知道以後自己的身體會如何變化。

3. 青少年

此期，需要同步灌輸青少年正確的性觀念與性道德，讓他們瞭解自己在享樂外所需要負的責任，避孕的方式、性病的知識及嚴重性都是需要提供讓青少年知道。

㈤父母本身問題與角色

當然在親職方面，有一些父母是本身就有問題，而導致親子關係不良，例如不想當父母、吸毒、酗酒等等，都對教育下一代埋下炸彈。另外，由於現代社會忙碌，尤其是雙薪家庭，父母忙

於工作上的衝刺，照顧孩子的事情，有些是交給教育或托育機構、有些給祖父母帶、有些請外傭代勞，父母應該要多花一些時間與孩子建立優質的親子互動，增加親子間的情感聯結，即使孩子已經是青少年，父母更應該去瞭解孩子，以適合孩子的方式去溝通、關愛孩子。

三、結　語

有人說生了孩子就知道如何養，但是「養」並不等於「教」，如何作一個負責任的父母，而不是父母自認為的好父母是很重要的，做好與孩子的溝通，拉近親子間的距離，將合宜的管教融入於其中，對父母而言都是需要學習的。而青少年的反抗是這個階段的特徵，他們以清高的（道德）標準審視周遭的一切，尤其是對自己的父母要求更高，此時期，父母應寬大的接受青少年的嚴苛，隨著時間與歷練的增加，青少年的看法會更加圓融。

第五節　怎樣作父母 (How to parent)

一、前　言

生兒育女是門大學問，許多父母經過一番錯誤的經驗才換取到對孩子的瞭解。《怎樣作父母》(*How to parent*) 的作者 F. Dodson 已是父親，並辦了一所托兒所。心理學的背景與他所主張的教育理念，使他毫無疑問的累積了許多臨床經驗和家庭經驗來向我們分享箇中的智慧與本領。

　　當了父母，好像擔負起一項全天候的專職，但是社會並沒有給我們作理想父母的實際訓練，一般人並不具備心理學家或是教師的資格，也很少有機會能夠學到對於嬰兒與孩童的瞭解。養兒育女的方法先試試看，錯了再說，由經驗來看，在長子身上所犯的錯誤通常比以後的孩子多，不過天下沒有存心傷害孩子的父母，哪個父母不是戰戰兢兢的全力以赴？正因如此，許多人對理想父母的形象有所誤解。Dodson 嘗試適時抓住讀者的疑竇，予以解釋，並且儘量避免引述理論性的科學論證，平靜輕鬆卻詳盡的描述兒童各時期的發展，並強調父母若只知道兒童各時期發展狀況等知識，而被動地等待發展狀況的出現，是不夠的。父母如何配合子女各時期的發展，並能有效的處理各個時期出現的行為，才是他所想要談論的重點。他認為父母是孩子一生中重要的老師，而一顆赤子之心是養兒育女的最佳指南。大人們除非重新喚起內心深處的童心，跳開從大人角度看兒童發展的知識，否則學不會有關兒童的知識。

　　《怎樣作父母》的重點放在童年早期，篇章內容概可分為四個方面：第一，父母撫育兒女應該有的基本觀念；第二，瞭解孩子必須要有的兒童心理學知識；第三，管教兒女所應該要掌握的原則；第四，幫助孩子充分發展潛能的方法。

二、主　題

㈠父母撫育兒女應該有的基本觀念 🐦

　　「理想的父母應該用溫柔的愛心和兒童心理學中的科學知識來撫育出快樂、聰慧的人。」──這就是撫育兒女的最終目標。為實現這最終目標，父母應理解以下幾個基本觀念：

1.克服初為人母的惶恐和怨憤

在文化影響下，許多剛作媽媽的多認為因母親具有「母性本能」，所以養兒育女是不必學的。然而，卻因此對於自己不能得心應手照顧寶寶感到手足無措，面對突如其來的全天候照顧工作更感到怨憤。剛作媽媽，必須瞭解怨憤的情緒是適應中的正常現象，可和其他母親談談使自己不是完全孤立無援的。

2.你的孩子是獨一無二的

3.理想父母不是完全放任兒女

「我想這個年紀的孩子就是這樣子。」父母時常因為害怕對孩子說「不」而以現代心理學替束手無策的自己圓場，容忍兒女所有令人頭痛的行為。其實父母如何應付孩子在發展期中的問題，和孩子的發展是否順利有很大的關係。

4.理想父母並不是完全不體罰兒女

想要有效的撫育兒童，並非揚棄所有體罰不用，適當的體罰在撫育健全兒童過程中是免不了的。

5.理想父母也會激動惱火

父母最好誠實的表明自己的感覺和情緒。

6.孩子自然發展中的行為是可以矯正的

兒童初生的頭五年之學齡前時期，是形成基本人格構造情緒、智力發展等最為重要的時期。

(二)瞭解孩子必須要有的兒童心理學知識

從出生到進小學的四個發展期：

1.嬰兒期：從出生到開始走路──「信任」是形成自我觀念的第一枚鏡片

新生兒並不如我們所想像的一樣脆弱無知覺，打從他呱呱墜地就開始學習，甚至早在睜開眼睛看世界之前，自我觀念就開始形成了。嬰兒全仰仗父母提供給他的環境，只要寶寶的基本需求

獲得滿足，就可以充分發展潛能。

餵食母乳或是牛奶或許是個用不著爭論的議題，每個孩子都是獨特的，並沒有絕對餵食的定時定量標準，換尿布、溫柔的撫愛，都是維繫嬰兒期的第一個人際關係的基礎，以及讓孩子體驗接觸溫暖的舒適。父母可以多和寶寶相處、嬉鬧與對話，適時的為寶寶創造一些玩的東西,給予增進孩子智力的刺激都是必要的。

寶寶在這上述初始的一年經驗中，他就已經發展出對自己以外的基本信任和樂觀的態度。這份信任將成為孩子發展至第二時期的最佳裝備。

2. 遊探期：從開始走路到兩歲左右——「自信心」是形成自我觀念的第二枚鏡片

這是一段探索的歲月。父母要確保家中環境使孩子安全，而這個小小探險家在自己所處的環境中不厭倦的探索著，他必須發展大、小肌肉，也需要很多機會去消耗天賦給他的無窮精力。他到處玩耍，玩具是遊探期的教科書。在玩耍過程中孩子逐漸社會化，牙牙學語，玩發音、玩語言遊戲，父母要作「家庭學校」的好老師，因為這時候他們愛聽故事、愛跑跳。父母必須牢記一個原則：孩子應該在探索中建立自信心。

在探索的歲月中，父母能給孩子的無價之寶，就是探索的自由，而這需要極大的耐心與寬容。井然有序的漂亮房子，不可能幫助孩子發展自信心。假使孩子得以在趣意盎然的環境中嬉戲玩耍，將培養形成自我觀念的第二枚鏡片——「自信心」。

3. 最初反抗期：兩歲到三歲——「原動性」是形成自我觀念的第三枚鏡片

我們如何得知孩子邁入最初反抗期呢？孩子會給我們明確的訊號，他們會情緒化地大吼著回答他們不要的東西。在最初反抗期裡，孩子發展中最重要的一面也許該算是人格的原動性，為父

母者必須接受兒女此時的人格原動性，並且助他建立自我認同及堅強的自我觀念。這時期父母管教兒童的重點應放在幫助孩童釐清感覺和行動、設立合理的規範與發展孩童健康良知。當孩子的負向行為發生時切莫忽視他的感覺，因為一個有血有肉的真人就要具有生活衝勁，具有對某些戒律表現主動的反抗，全心全意的、雀躍而充滿感性的體會生活。

最初反抗期的孩子需要父母尊重他生活中的原動性，父母也該適當的加上某些規矩來管制他，配合精力和耐心，方能幫助孩子在他的自我觀念上加上第三枚鏡片——「原動性」。

4.學前期：三歲到進小學

學前期的孩子不再我行我素，反而取悅並適應父母，他們成為以合作為樂的乖孩子。此時期的孩子可以和母親分開了，他們開始進入同齡朋友的新世界，學會和朋友相處。他們學習控制衝動，學習表達感覺。性認同也已經穩定的建立起來，對性的基本態度也開始形成。這時期的孩子突破了「家庭羅曼史」，他們通過了對智力刺激特別敏感的發展期，同時在適當的供應下充分得到這類刺激，促進智力的發展。

孩子現在有了更堅強的自我觀念和健康穩定的人格構造，他們有基本的信任感和自信心，能堅定的自我認同。

(三)管教兒女所應該要掌握的原則

管教就是訓練，管教的最終目的是幫助孩子學習成為一個有「自我調節」能力的人，而其管教法則與妙方有以下幾點：

1.妥為安排孩子活動的環境；

2.就孩子的個性因材施教；

3.讓孩子自由探索環境；

4.對孩子的感覺和行動採取不同的態度和處置，除非是為了

保護孩子的安全，否則儘量避免懲罰，用不鼓勵、不再鼓勵代替懲罰；

5.善用孩子潛意識的模仿天性；

6.給孩子情緒的支持，幫助他克服無能的感覺，用愛和關注鼓勵孩子；

7.讓孩子從事情的自然結果中領取教訓。

㈣幫助孩子充分發展潛能的方法

在孩子五歲之前，給他越多智力刺激，會越聰慧，長大成人後智商越高。不過父母不必逼得過緊，不要施加任何壓力於孩童身上。我們能教給孩子的最基本學習能力是，教他如何思考。用「右手思考」與「左手思考」讓孩子學習去分析、去推理，同時善用直覺，去欣賞、去感受心靈。我們可以提供孩子許多刺激思考的材料拓展孩童的感覺經驗，同時也允許孩童表達他的感覺。

三、結　語

《怎樣作父母》完整介紹了撫育兒女的知識，但說只是「知識」不免低估了為人父母的智慧；如果只說是「常識」卻又似乎高估他們真正的程度。作者於書末的忠告超乎知識和常識之外，訴諸感情與愛。父母對兒女的愛心遠比任何撫育兒女的知識和常識來得重要。因此 Dodson 沒有板著說教的面孔，只是慷慨激昂的分享他自己的經驗與想法，正如他所說的，只有真正對我們有幫助的才能拿來運用，不能不明就裡的照單全收。因此他希望父母在閱讀這本書的時候能從頭看到尾，而非擔心什麼問題才翻開索引查閱相關章節，這樣才能避免把每個問題當作獨立事件，無視於孩子的完整人格。

第**4**章

第一章

→ 生親家庭親職教育

第一節　生親家庭的意義

不同家庭成員所形成的組織，發展出不同的家庭結構。所謂生親家庭，係指父母健在，且兒童與其親生父母住在一起的家庭，也是一般印象中較為普遍的家庭。

心理分析論假設「雙親的團體組成了合宜之性別認同的最小單位」(Freud, 1925, 1961)，這與人類學家、社會學家及社會心理學家的看法一致，且認為此為維持兒童身心持久正常發展的必需團體。

生親家庭的子女相對於單親或繼親家庭的孩子能得到較多的關愛與照護的機會，致使這些孩子在自尊、心理健康、人格特質、認知發展、社會（人際）發展、家庭關係及社會關係的行為表現，有較為良好的發展機會。M. Rosenberg (1965) 就很明確的發現生親家庭子女有較高的自我意象 (self-image)；在個人心理適應方面，亦有多位學者曾運用不同的研究方法，評量來自不同家庭結構子女的情緒平穩狀態、心理社會功能及人格特質，幾乎都獲得生親家庭子女在各方面皆有較好的表現的結果（Biller, 1970, 1976; Nunn & Parish, 1982; 劉永元，1988; 許惠瑾，1984; 繆敏志，1990）。

生親家庭雖未如單親、繼親家庭，由於家庭組成成員背景上的特殊，而具有許多亟待解決之問題，但其仍為目前社會上家庭型態之大宗，對於親職角色扮演所需求的協助亦最為普遍，因此其重要性實不容忽視。

第二節　生親家庭父母管教方式特質

一、父母管教方式的意義與內容

　　「管教方式」在諸多研究上有義同詞異的情況，也就是說「教養態度」、「教養方式」、「管教態度」、「管教方式」在意義上是相同的。一般來說，父母管教方式也就是父母依其情感、價值觀、信念及興趣，於管教子女時所顯現的態度與行為組型。它指的其實就是父母所採用之管教子女生活作息及行為表現的各種策略。

　　家庭是兒童第一個接觸的環境，父母的管教方式對孩童行為、人格與情緒發展具有重要的影響。父母管教方式合宜，孩童較有自信及不具攻擊性。如果父母管教方式不當及不周，孩子易有反抗及反社會的行為表現，此會使得他被同儕排拒，學習困難，甚至出現偏差行為。孩童在家中形成的行為模式，會持續影響他日後的行為表現，因此父母採用管教方式的影響力，不僅只存在於兒童的行為，亦會對他們的心理、情緒、人際及社會層面帶來不容忽視的結果。

　　父母的管教行為對子女產生重要的影響，在現有的心理學理論中，並無一個學派是專門為解釋親子關係或父母管教方式而單獨建立的。G. H. Mead (1976) 曾試圖整理出六種心理學理論——心理分析論、發展成熟論、社會學習論、認知發展論、存在論及行為論，他檢視並比較各個學派中與管教方式或親子關係相關的概念。他發現各個理論一再強調的「認同」與「社會化過程」的概念，透過學習理論詮釋後，成為60年代研究者對子女管教方式的重要解釋依據。另外，由 Jean Piaget (1970) 與 Lawrence

Kohlberg (1969) 所提出之認知發展論，雖然其關注的重點較偏重於認知發展，但仍強調子女的教育為父母的責任。父母應提供有利兒童發展的家庭環境，傳遞社會價值，並培養兒童未來適應社會的行為及能力。

教養子女，是父母的天職，但有很多父母親，其實是因為未能充分瞭解自己的責任與教育內涵，而造就了「天下有不會的父母」，以及「天下有不是的父母」！其實，為人父母的，除了極少數嚴重失能者，會虐待、疏忽、遺棄子女外，絕大多數都是以自己所會的、所相信的、所自以為是對孩子好的方式來「愛孩子」。然而，很多父母卻不知道，可能在其過度或過少的愛、期望、壓力與要求下的養育，會使得子女身心受創、人格受損或貶低自尊，其對子女的影響是既深刻又長遠的。更有些父母對家庭教育的內涵不夠清楚，以至於在孩子就學後，會因為與學校教育界限不明，而產生相互推託或推諉的衝突。

父母對子女管教的責任應包含二個部分： 1.是養育——保護安全、照顧身體發展的需要。 2.是教育——教育、輔導、滿足心理發展的需要。培養良好的生活習慣、建立積極認真的學習態度、教導待人處事的道理、建立正確的道德觀、價值觀及健全的人格。由此可見，孩子的人格、身心發展、獨立生活能力及價值觀、態度的基礎都是在家庭中逐步建立的。其在實施過程中並無教與學的形式，也不是單向的施行，而是融合於生活中，在親子間頻繁的互動中，隱約建立的。

二、父母管教方式特質

父母對子女的管教方式會影響子女日後的人格發展，多年來，許多學者常以此作為研究的題材。為能確認出父母管教方式上的穩定特徵，近年來許多研究將與父母面談、問卷調查或自我評量

所蒐集到的資料，以因素分析的方式處理，從而獲得可用來區分父母管教類型的向度，因為學者對管教方式的分類在理論及方法上有差異，所以提出許多不同的管教類型。雖然，許多研究對於父母管教方式劃分的標準不一致，但幾乎都包含了正向與負向的兩個層面。到目前為止，研究上常用之分類方式有單向度、雙向度以及三向度三種，並據此而歸納出截然不同的教養類型，分述如下：

(一)單向度 🐦

採單向度的學者主要係以父母的權威性作為指標，依程度不同再分類為各種類型，其中最普通的分法是權威型、溺愛型和民主型 (Baumrind, 1971)。G. H. Elder (1962) 最早將父母的管教方式類型分成七類：獨裁、專制權威、民主、平等、溺愛、放任及忽視。S. D. Lamborn 等人 (1991) 則將父母管教方式分為民主權威、專斷權威、縱容、忽視等四種類型。國內學者賴保禎最早將父母管教方式分為拒絕、溺愛、嚴格、期待及分歧等六種類型。之後，黃富順 (1972) 則調整為拒絕、嚴格、溺愛、期待、矛盾與分歧等六類型。張春興 (1978) 將父母管教方式分為寵愛、放任、嚴格及民主等四個類型。朱瑞玲 (1986) 則將其區分為嚴格、關愛和寬鬆等三種類型。

另外 E. E. Maccoby 與 J. A. Martin (1981) 主張以父母對子女行為參與及關心的程度，作為區分父母管教方式的指標，隔年 L. Pulkkinen (1982) 更提出以父母中心取向或子女中心取向來作為區分的論點。

然而，有些學者則認為在現實情境中，父母的管教行為應包含多項不同的層面，每一層面管教方式對兒童行為的影響，都可能與其他層面之管教方式產生交互作用。因此，如果只以單一向

度作為區分父母管教類型的基礎，未免有「見樹不見林」，過於籠統描述之弊，故而主張以能兼具生態效度 (ecological validity) 的雙向度區分法。

(二)雙向度

係將兩變項分為高低兩層面，並依據縱橫交錯原理構成四象限作為解釋。主張雙向度者，認為父母管教方式除了控制向度（控制一自主）外，還包括情感向度（關懷一敵意）。

1. 依權威和關懷兩層面區分

W. C. William (1958) 以兒童所知覺的父母教養方式為依據，劃分出「權威」、「關懷」兩個獨立的基本向度，並按高低不同的程度組合出「高關懷、高權威」、「高關懷、低權威」、「低關懷、高權威」及「低關懷、低權威」四種教養類型。國內，莊麗雯 (2002) 亦依此劃分為民主、獨裁、放任、忽視等四種教養方式。

2. 依控制及情感兩層面區分

Wesley C. Becker (1964) 依控制（限制一放任）和情感（溫暖一敵意）兩向度，劃分為四種類型。

3. 依要求及反應兩層面區分

Maccoby 與 Martin (1983) 認同 D. Baumrind (1972) 的理念架構，以「要求」及「反應」作為區分父母管教方式的兩個向度，並依高低層面組成「開明權威」、「專制權威」、「寬鬆放任」及「忽視冷漠」等四種不同的管教類型。

4. 依關懷和保護兩層面區分

國內，鄭惠萍 (2002) 將雙親管教方式，依關懷和保護兩層面，區分為高關懷和低保護、低關懷和高保護、高關懷和高保護、缺乏情感性的控制等四種不同的類型。

㈢三向度

在有些個別的研究中，指出仍可能會有第三種向度的存在，例如：管教孩子的責任導向、焦慮情緒的投入或冷靜的分離 (Becker, 1964) 等。

但不論我們以何種層面向度來區分，近年來許多研究較認同雙向度的區分方式，將管教方式依：⑴要求、規定──包含需遵守規範、依事前的約定行事、傳達訊息中隱含著命令或威脅，以及若未遵守諾言要承受約定的後果或予以懲處等；⑵反應──包括持續給予穩定的關愛，行為表現良好或達到期望時給予正向積極的回饋、鼓勵，建立平時多閒聊、遇事常溝通的習慣。由這兩種類別向度組合成「專制權威」、「寬鬆放任」、「開明權威」、「忽視冷漠」四種不同的父母管教類型。不同類型之父母管教特質說明如下：

1.專制權威類型 (authoritarian)

> 「愛就是提高期望、激勵小孩、給他壓力，才能使他充滿奮鬥的意志力。」

此型父母因本身人格特質、扭曲的觀念及文化制約等因素，而採行了控制的、威權的、要求的、嚴格的、過度期望的管教方式。專制權威類型的父母極端重視家庭的權威性，對子女有較多的要求及控制，但對子女的行為表現較少給予正向反應，較多拒絕，事情的決定常常是以父母為中心，嘮叨、說教、動之以情直到小孩屈服為止。

父母的行為表現有：

⑴父母對子女的要求遠多於子女對父母的要求。

⑵嚴格限制子女提出或表達自己的需要。

⑶以命令子女服從的方式，提出自己的要求。

⑷父母的要求，從未經過與子女討論、事先詢問或討價還價的過程。

⑸十分重視維持自己的權威，且盡全力壓抑來自子女的意見或挑戰。

⑹子女若做出與父母需求不同的事情，必會受到嚴厲的懲罰（常為體罰）。

⑺對子女的態度多為堅定、指導性的，且較少有感情的投入與支持。

2.寬鬆放任類型 (indulgent)

「愛就是滿足小孩一切需要。就是給孩子自由、使小孩快樂、要包容，不要有壓力。我應排除各種困難，讓他無憂無慮的生長。」

此類型的父母與專制權威類型的家長相反，他們過度屈從、過度保護孩子、對孩子設定過低的期望。對孩子行為較少有想要控制的意願或嘗試，而是常給予反應與接納，事情的取決大都是以子女為中心。

父母的行為表現有：

⑴以接納／容忍的態度，面對子女表現出攻擊或發脾氣等的衝動行為。

⑵很少用懲罰或控制（限制）來強調自己的權威。

⑶很少對子女的態度（如有禮貌，舉止合宜）或工作（家務）的完成等方面有要求。

⑷讓子女自己約束行為，且儘可能讓他們自己做決定。

⑸很少要求子女的日常作息（如睡覺、吃飯、看電視的時間等）。

⑹對子女給予多量的情感支持，但卻缺乏指導與要求。

3. 開明權威類型 (authoritative)

「要愛孩子，但不能不立規矩，規範的擬定應與孩子的身心發展相配合，親子間經常的閒聊與溝通，有助於孩子對自我行為的約束。」

開明權威類型的父母對子女的行為給予較多的要求，他們會監控子女，同時對子女的日常行為表現亦投以較多的回應。以接納的態度面對孩子的表現，且常與孩子聊天溝通，事情決定亦是以孩子的福祉為重心的。

父母的行為表現有：

⑴期望子女有成熟的行為表現，並與子女溝通後，建立彼此均認同、清楚明確的行為規範準則。

⑵堅定的要求子女依規範或準則行事，必要時亦會予以命令或處罰。

⑶鼓勵子女的個別性及獨立性。

⑷親子間以開放的方式溝通。

⑸親子雙方皆能清楚的認知彼此的權利。

⑹親子雙方皆能對彼此所提出之合理的需求及觀點，給予正向的回應與接納。

⑺對子女行為的要求是感性（支持）與理性（規定）並存。

4. 忽視冷漠類型 (neglectful)

「我自己的問題都一團糟了，哪有時間管他們，小孩真是煩人。」

有的父母嚴重缺乏親職意識和知能，缺乏照顧、保護子女身心安全的基本知能，甚至連養育的功能有時都未能負責。此類型

的父母對小孩冷淡、冷漠，忽視小孩的需求。他們將生活重心放在自己的事業或問題上，對孩子較少有感情的涉入，他們對孩子很少有要求，對孩子表現的優劣也很少做出回應。這樣的親子關係凡事皆以父母為中心，很少想到孩子的需求。

父母的行為表現：

(1)父母十分忙碌於自己的工作或活動，少有額外時間陪伴或注意子女。

(2)只要不必花費長時間或精力與子女相處或互動，任何要求他們去做的事，都十分願意去做。

(3)儘可能與子女保持距離。

(4)對子女的需求常很快的就給予滿足（或處理），以避免麻煩（或不斷麻煩他們）。

第三節　影響生親家庭父母管教行為的來源

多位學者研究發現，父母個人不同的文化背景因素及子女的特質，常會對父母採用何種的管教方式或類型帶來影響，擬分別說明如下：

一、父母方面

(一)職業

Melvin L. Kohn (1969) 發現父親職業為中產階級者，對子女教養較重視獨立、負責，傾向培養子女自我導向人格；而勞工階

級者在教養子女時較強調服從，傾向採用體罰，較少採用口頭的稱讚。國內孫碧蓮 (2001) 發現父親職業等級屬於專業性或行政方面的工作者，較常採用「開明權威」的管教方式；父親職業別為「軍公教」的，較常採用「寬鬆放任」的管教方式；而父親職業別為「工」的，或職業等級為技術或非技術之工人者，則較常採用「忽視冷漠」的管教方式。

(二)教育程度

教育程度越高的父母，較重視對子女的教育，自我情緒調適的適應力較好，管教子女甚少採用權威或拒絕的方式，尤其是父親教育程度越高者，對子女也會有越高的期待。而教育程度較低的父母，對子女的管教則較常採用忽視的方式（黃毅志，1997；莊雪芳，2003），特別是教育程度越低的母親，對子女常採取較為拒絕的態度，期待也越低（徐綺櫻，1993）。

(三)社經地位

社經地位可作為父母教育程度、職業與收入的指標。筆者 (1993) 認為社經地位不同的家庭，由於生活基本條件的不同，造成父母對事情看法及價值觀的落差，進而發展出不同的管教方式與態度。陳雅莉 (1993) 雖曾研究發現父母對子女的管教方式，不會因為社經地位的不同而有顯著差異，但孫碧蓮 (2001) 卻發現，在高社經地位家庭中，父母較常採用寬鬆放任或開明權威的管教方式；而在低社經地位家庭中，父母則常採用忽視冷漠的方式。徐綺櫻 (1993) 亦獲得相同的結論。

此外，謝青儒 (2002) 研究發現家庭收入越高、父母教育程度越高時，父母對子女成長或生活的參與度也會越高，而蔡亞容 (2004) 亦發現家庭社經地位越低者，父母管教方式會越趨向「忽

視冷漠」。

(四)年齡

越年輕的父母會越重視對孩子行為的規範與訓練（莊雪芳，2003）。然而研究卻也發現太年輕的父母如青少年就作父母的 (adolescent parents)，與虐待兒童行為間是存有相關性的。比起較年長的父母，他們較缺乏照顧孩子的相關知識、較不能察覺孩子的需求、與孩子的互動品質也較低，他們對於親職角色感到矛盾，因此傾向採用體罰的管教方式 (Mann, Pearl & Behle, 2004)。

(五)情緒

父母的婚姻衝突會成為家庭中的情緒壓力。在價值觀與生活型態多元化的現代社會中，個體的自主性提昇，成長經驗相異的配偶各自帶著原生家庭的觀念與期望進入婚姻關係，當個人發現婚姻與自己理想的需求不同，或雙方互動及溝通品質不良時，易因為對自己立場的堅持，而產生衝突。其實，衝突是婚姻生活的一部分，是夫妻為維持和諧婚姻的一種調適過程，但若衝突發生時，不去面對或解決問題，則會使家中長期存在著敵對與緊張的氣氛，此皆會間接的對親子關係的品質帶來傷害。

父母若因婚姻不和諧而長期陷入苦惱、情緒不穩定之中，便無心於關懷與照顧子女，管教的品質亦大大的降低，甚或將對配偶的不滿遷怒於孩子，讓孩子對父母冷熱不一、冷漠拒絕的態度感到焦慮不安，內心的安全感喪失，不但易產生適應問題，且覺得自己很難與他人建立滿意的親密關係。Nathan Ackerman (1984) 亦指出夫妻間的衝突，會使他們對孩童的照顧減少，對孩童的批評與攻擊顯著增加，而導致孩童問題行為增加。此外，T. Jacob 與 S. L. Johnson (1997) 的研究也發現父母情緒的穩定性對孩子的影

響很大，家庭中有一位或兩位沮喪的父母，比起一般家庭的互動來說，有較不健全的人際溝通，親子間也較常出現相互否定與合不來的情形，此皆會造成孩子情緒及行為的困擾。

㈥原生父母的管教方式

原生家庭氣氛和諧的父母，對子女多採用「開明權威」的管教方式；而那些原生家庭氣氛越冷漠、疏離的，父母對子女則會採用越多「忽視冷漠」或「專制權威」的管教方式（范美珍，1996）。

㈦父母的信念

父母的信念對其採用的管教行為有密切的關係，所謂信念，係指父母對於孩子如何發展與學習的看法，其包含孩子的被動依賴、先天特質、能力傾向、接觸與經驗的累積、正負向回饋、觀察學習（模仿）、主動探索與自由學習等，與孩子發展本質與學習方式層面有關之概念。林惠雅 (1998) 研究發現，母親對孩子的學習信念會與其所採用之管教方式有關。

由實證資料及過去文獻顯示，撫養孩童的態度會影響父母與孩童間的互動與管教方式的採用。兩代間的依附關係，可由母親先入為主 (maternal preconceptions) 的信念，預測母親與嬰兒間的互動關係品質。先入為主的信念是屬於人格特質的一部分，係指母親對管教孩童的態度與信念，它會影響父母接受孩童行為線索的正確性和選擇適當的回應。研究母親先入為主之有關管教孩童的觀念，應於孩子尚未出生前之產前階段即予以評估。許多典型的研究多在探討正向敏感的適應態度，或負向敏感之不適應態度。如：獨立、進取和好奇心的管教與孩童學業成就、能力表現間存有正相關的關係。反之，負面管教方式多與阻礙孩童意願、給予譴責與體罰等管教方式有關。L. Kiang 等人 (2004) 研究顯示母親

給予較多負面的教養態度，會使孩童對自己有較多的負向解釋，而感到煩躁不安。多項研究均認同由胎兒時期父母所形塑之教養態度，能預測嬰兒的氣質類型和隨後母親對其行為的回應。A. Frodi 等人 (1989) 就發現母親對胎兒的態度，可預測 4 個月大嬰兒的難養氣質，及母親顯現溫暖或敏感回應間的關聯性 (Kiang et al., 2004)。

㈧教養壓力

教養本身對父母來說就是一種壓力。通常採用高關懷、低控制管教方式的父母，親職壓力最低。親職壓力低的父母，親職的自我完成感較高、有較良好的社會整合能力、與孩子的情感較親密、身心健康程度較高、較少感覺沮喪、對維持個體自由與挫折的限制較低、且較能夠接受或支持配偶對孩子的管教。

父母的親職壓力低，能提昇孩子的依附品質，使得孩子在行為、人際關係、情緒層面上也會有良好的發展 (Willinger et al., 2005)。

㈨母親因素（母親工作與否）

隨著時代變遷，母親教育程度對子女教育成就的影響越來越大（黃毅志，1995）。M. Kalmijn (1994) 的研究指出，母親的教育與職業對子女整個就學過程影響很大，在比較父親職業與母親職業對子女教育成就的影響後，發現父親職業的影響下降，而母親職業的影響卻上升；至於母親教育的影響力也逐漸提昇到甚至超過父親，因為母親與子女有較長的相處時間，所以母親的教育就顯得相當的重要。且高社經地位的母親，藉由精緻化的語言 (elaborate language code) 與孩子互動，能促進孩子的認知發展。在孫碧蓮 (2002) 的研究中亦發現在「母親工作」的家庭中，父親較

常採用「忽視冷漠」的管教方式，但在「母親無工作」的家庭中，父親則較常採用「寬鬆放任」的管教方式。

二、子女方面

㈠孩童的氣質 🐦

父母管教方式與兒童氣質間存有交互影響的關係。在孩童早期，氣質會影響父母管教孩童行為的方式，反之，父母教養方式也會影響孩童的氣質。以孩童的依附關係來說，關係形塑的優劣會反映在兒童的自信、社會能力、對挑戰與壓力的反應等方面。對個體日後的身心發展極為重要，它影響了幼兒與照顧者的關係、個體內在心理架構的發展，及日後為人父母與子女的關係。R. T. Schaefer (1978) 以互動理論解釋母子互動，認為管教宜同時考慮父母與子女特質的相互影響（王佩玲，2003）。國內研究也指出不同氣質的兒童，父母採用的管教方式會有差異，換言之，兒童氣質和父母管教方式兩者間存有密切的關係（王佩玲，1992）。不同的管教方式導致不同的結果，孩子會有不同的回饋，也會為父母帶來不同程度的壓力。

父母在親職角色上採行的教養態度、教育觀念、溝通原則與行為處理的方式是形成親子關係品質高低的指標，會深刻地影響兒童的人格、學習與社會適應。

1. 教養態度對氣質有影響

父母管教方式可分為積極與消極二類，積極的管教方式有助於建立明確自我觀念；消極則可能導致孩童不良的行為表現（王佩玲，2003）。

2. 氣質對教養態度有影響

研究指出，孩子的氣質會影響父母採用的管教方式。A.

Thomas 與 S. Chess (1977) 發現,「安樂型」的孩子與父母之間的親子關係良好;而「難養育型」的孩子,常讓父母感到威脅,而形成不佳的親子關係。J. Stevenson-Hinde 與 M. J. A. Simpson (1982) 及林瑞發 (1988) 均研究發現難養育型的孩童,親子關係不佳的研究結果。J. Milliones (1978) 也指出,氣質是影響親子間互動關係優劣的因素,母親對孩童行為的反應及管教方式的採用,與孩童的難養氣質間存有負相關的關係。

(二)子女性別

　　一般而言,父親對子女管教方式及態度,與子女的性別有關。父親對兒子較常採用專制權威的管教方式,但對女兒則常採用寬鬆放任或開明權威的方式。但不只是子女性別會影響父母的管教方式,樊爾仁 (1999) 就指出子女的性別與出生序必須一起看,父母管教方式才會更有意義。黃琴雅 (1992) 也發現不同性別及出生序,會交互影響子女對父親管教方式的知覺。

(三)子女數

　　以 J. S. Coleman (1988a) 的觀點而言,由於父母的時間、精力有限,子女人數越多,每位子女獲得父母的關心與幫助(即社會資本)會越少。國內學者黃迺毓 (1996) 基於家庭資源管理的觀點,也認為家庭中子女人數越多,越會減少父母心力的分配。

　　R. R. Seward 等人 (1997) 針對美國殖民時代以來的父親角色進行歷史性的回顧,結果發現子女數越多,父親越無法在管教上投注心力。因此,在家中子女數多於五人時,父親常會採用「忽視冷漠」的管教方式(孫碧蓮,2002)。

㈣子女出生序

　　獨生子女比中間子女、么子女，較能感受到父母關愛。而中間子女較常感受到父母的權威或忽視的態度。長子女、中間子女、么子女及獨生子女的生活總適應與其所知覺之父親關愛、母親關愛間均呈顯著的正相關的關係，唯與母親的權威態度間卻呈現顯著的負相關（黃琴雅，1992）。

㈤子女年齡（青少年、兒童）

　　孩子的年齡會影響父母管教方式的採用，隨著孩子年齡的增長，父母的投入會有減少的傾向。對學齡前階段的孩子，父母會與他們有較多的互動,他們常會問一些與生活周遭有關的問題(如活動、認知方面等)，父母傾向花較多的注意以確保孩子的安全。然而當孩子到了青春期以後，除了日常活動的問題，父母會較關注子女的學業及未來的生涯規劃 (Youniss & Smollar, 1987)。

　　另外，大眾傳媒、專家學者、平面或電子資訊及親戚朋友的個人經驗的傳遞或分享，也都會為父母的管教方式帶來不容忽視的影響。

第四節　生親家庭父母管教方式與子女行為表現的關係

　　多年以來，國內外多位學者曾針對父母的管教方式對子女行為的影響，進行實證研究。上一節我們有提到，有些學者是依據單向度的區分法，探討在父母不同類型管教下子女行為表現的差異性。而有些則以雙向度的方式區分父母管教子女的風格及其影響。不同類型的父母管教方式，確實會使子女的個人適應、社會適應、自尊、學業成就及偏差行為等方面的表現產生差異。

　　不同的管教方式導致不同的結果，孩子會有不同的回饋，也會為父母帶來不同程度的壓力。父母在親職角色上採行的管教態度、教育觀念、溝通原則與行為處理的方式是形成親子關係品質高低的指標。P. H. Mussen 認為個體自嬰兒時期開始，一直到青少年階段，父母所採用的管教方式，將成為子女人格、認知能力、自我概念及社會行為發展的基礎（王佩玲，1992）。以下就對父母管教的四種類型與子女表現的關係，從社會性、心理社會功能、認知能力及偏差行為上做一個統整說明：

一、專制權威的管教方式

　　父母使用威權、嚴格、說教或不良的期待來管教孩子，對子女身心發展會帶來下列兩種影響：

(一)退縮性的人格

　　所謂退縮性的人格係指：缺乏自信、自卑、退縮、害羞、自我懷疑、自我貶抑、依賴別人及認命等特質的個性。

專制權威的管教，與子女的退縮行為間存有正相關的關係，會使子女的獨立性及個別性的表現較差，在托兒所中顯得較不快樂，且較退縮，不過其中卻存有性別上的差異。在社會責任感方面，男女童的表現皆不好，但在社會的自主性方面，女孩的表現會較佳，而男孩則顯得較落後。此種管教方式，雖會使子女對父母所設定之行為準則的服從及順從性最高，但他的心理社會功能（如自我信賴、社交能力等）及獨立性，卻會較差於父母採用開明權威及寬鬆放任管教方式之子女的表現。

父母採用過多要求及較少反應之專制權威的管教，和子女的較低自尊間常存有正相關的關係。也就是說，在專制權威管教方式中，父母直接教導的風格（如親自給予口語的命令或指導），孩童會發展出較低的自尊心。在探討青少年的自我概念時，亦會發現成長在專制權威管教下的孩子，自尊的表現會較差於父母採用寬鬆放任、開明權威及忽視冷漠管教方式者。

㈡控制性的人格 🐦

所謂控制性的人格係指：具有較高的反抗、叛逆、攻擊、施暴他人、控制慾、高堅持及不輕易放棄等性質的個體。

在學業成就上，專制權威的管教方式會促進女童的認知能力（如設定目標、努力追求、喜愛接受智慧的挑戰、有創造性等），且會比寬鬆放任的方式，更能促使子女願意以較積極的行為，參與學校的學習與要求。

父母若經常以權威、命令、壓抑的方式管教子女，孩子會對父母產生敵對心態，或以陽奉陰違的態度反抗之。Baumrind (1989)的研究發現雖然專制權威的管教方式，對子女嗑藥、犯罪等偏差行為的表現存在著控制的功能。但多項研究發現那些在學校及家庭中經常表現攻擊行為的孩童，他們的父母不但常採用專制權威

的管教方式，且時常以懲罰的方式處置他們的攻擊行為。換言之，此種方式不但不會抑制反而會更增長了孩童的攻擊行為。

對於經常使用專制權威的管教方式，是否一定會養育出喜愛攻擊他人的子女這個問題，雖然至今尚無定論，但許多研究發現嚴格限制的管教方式，會使幼兒在友伴互動中，顯得較為被動與冷漠，且較缺乏愛心、自主性、自創性及好奇心。

二、寬鬆放任的管教方式

採用寬鬆放任管教方式的父母，常會過度的保護、寵溺及順從孩子，他們總是在安撫孩子的情緒，並包容他們所做的一切，且常代替孩子完成他們應該自己完成的事務。此種作法會對子女帶來下列幾項影響：

1. **行為衝動、自我行為控制不良，對規範的遵守及情緒的控管有困難**

尤其當子女在父母面前，向父母或其他家人表現攻擊行為時，未即時受到制止，甚或父母以放任的方式來因應，此與子女未來經常表現攻擊行為間，常存有正向的關係。

2. **自我中心，凡事以自我的需求為思考或抉擇的依據，較少考慮到別人**

3. **自我懷疑，對行事原則不太確定，無法明確的判斷權限與責任**

4. **逃避責任，做事時常容易中途放棄或無疾而終**

5. **缺乏尊重，對人常有敵意、侵略性或控制慾**

雖然父母嚴厲的管教，常會導致孩童在進入青春期以後的攻擊行為增多，但若家長在孩童早期過分放任其表現暴力行為，結果也一樣會促成其後來的攻擊性。此外，在寬鬆放任管教方式下，子女在學校表現的偏差行為及對藥物的使用，幾乎等同於成長於

忽視冷漠管教方式下的子女表現。

6.行事霸道，不合群，且不易與人合作

由於父母對行為較少控制，也未訂定合理的要求，因此子女常表現出不成熟、對自我控制力較低、自我信賴感不足、缺乏社會責任感及獨立性的行為。

三、 開明權威的管教方式

開明權威的管教方式是最理想、最符合人性、切合現代民主社會環境的形式，且是最有利子女成長的教養型態。此種作法對子女的身心發展會帶來下列幾項影響：

1.自動自發

有自發性、創造力、有勇氣嘗試新的經驗。

2.獨立自主

覺得有自信、有獨立思考判斷的能力。

3.有正向的自我概念

喜愛自己、相信自己、能自我導向於設定的目標。

4.負責任

能自我規劃與負責。

5.尊重別人

願意合作、能容任別人、尊重別人，且喜歡與人互動。

此方式有助於男、女童積極正向行為的發展，他們擁有社會責任感及獨立性，且有最強的心理社會能力及自主性的表現。「民主」的教養方式，會與子女創造力的表現存有正相關的關係，且在這種管教方式下，子女的自我信賴、社交能力、生活困擾及適應能力，會遠優於成長於專制權威、寬鬆放任及忽視冷漠管教方式下的子女（黃迺毓，1996；林惠雅，1996；Sputa, 1996；李雅芳，2004）。

　　具有高自尊的學童，普遍覺得他們父母的管教是公平且合理的。S. Cooper Smith (1967) 做了一項比較具有高自尊及低自尊的五、六年級學童，他們所知覺之父母管教方式差異的研究，結果發現那些具有高自尊的孩子，父母常為他們的行為能力及服從性設定高標準，並一再地堅持其遵行，較偏好運用誘導而非強制的方式，且在作決定時多採用家人共同參與的方式，平時若孩童對父母的決策有異議時，亦可提出他們的看法。此外，即使因故受到懲罰，子女也多認為是自己該負全責、罪有應得。

　　國內，筆者 (1993) 亦針對國內學童的學業成就表現進行研究，結果發現，父母採用以子女為中心的管教方式如開明權威或寬鬆放任等，皆會使子女有較高的成就導向，不過在開明權威管教下，子女在學習能力上的表現，會較優於成長於專制權威、寬鬆放任及忽視冷漠管教方式下的子女。但在學業平均成績方面，不論以開明權威或專制權威的方式管教，子女的成績表現並沒有太大的差異。

　　此外，開明權威管教方式下的子女，最少出現內在的心理問題、濫用藥物及偏差行為。

四、忽視冷漠的管教方式

　　有些父母本身有嚴重的生活適應、人格適應、社會適應問題，他們自己都還有一大堆的問題要解決，因此對小孩冷淡、冷漠。這種管教方式的父母對子女給予較少的要求與規定，且當子女表現合宜時，亦較少給予稱讚與反應。此種方式雖然與父母的嚴厲與否無關，但對子女情緒的發展卻極為不利。孩童的自我信賴、社交能力與適應等方面的表現，較不如成長於其他三種管教方式下的孩子。以下分幾點說明其對孩子的影響：

　　1.情緒發展不良：怨恨、懷恨、想報復的個性

父母不涉情感，忽視冷漠的管教方式與子女的攻擊行為、不服從、犯罪行為、內外顯的行為問題及心理與社會功能失調間，存在正相關的關係（王鍾和，1995）。然而 Lamborn 等人 (1991) 發現不論成長於忽視冷漠或寬鬆放任的家庭，子女的行為問題是十分相似的。許多研究結果皆指出忽視冷漠的管教方式和少年的偏差行為有著顯著的相關存在（黃拓榮，1996；黃惠玲，2004；許憶真，2003）。

2. **自貶：自我貶抑，負向人格，低動機**

其實父母對子女關愛投入的多少與其自尊心的高低是很有相關的。換言之，父母對子女越是冷漠、越是無感情的投入，會使子女的自尊心低，害羞行為也較高（徐春蓉，2000）。此外，忽視冷漠的管教，會使子女的學業成就表現遠差於父母採用開明權威管教下子女的表現。

3. **冷漠：與人疏離，無法與人發展親密關係**

4. **身心疾病：如憂鬱症、強迫行為**

5. **社會化不良：無法穩定發展規範能力、社會能力**

上述四種生親家庭的父母管教方式，一、二、四型為較為不良的管教方式，有些導致較緊張的親子關係，有些導致冷漠，有些導致孩子社會適應不良。而第三種是良好的、值得推薦的親職模式。成功的親職經驗，較能讓父母在繁重的家庭系統壓力中，感受到較舒坦的經驗。當然，所有父母都不可能絕然僅採用其中某一模式，而是以某一型為基本型，再兼採其他類型。然而，就開放角度來看，第三種開明權威方式本身較具有彈性及理性選擇，涵蓋了各種父母可能採取對子女成長有益的知能，故而是較為理想、優良的模式。因此當父母在實施教養責任、親子互動時，若能破除個人主觀的意識，落實兒童本位，客觀化的立場，實施輔導，並隨時調整管教措施，及在處理子女情感、行為時，能多一點設身

處地，站在孩子立場，同理其感受；在設立規範、引導教養行為時，能考慮此教育策略對孩子可能造成的影響，及以較長遠的眼光來衡量此種作法對子女成長的利益。相信，如此深思熟慮、審慎施行的教育措施，將使得親子雙方都獲得需要的滿足，且因彼此的相互尊重與互愛，而能發展出更為和諧美滿的親子互動關係。🌱

第五節　生親家庭親職教育的規劃與實施

一、完整家庭結構（生親家庭）的建立與維持

　　由前述得知，來自生親家庭的子女，無論是在「個人適應」、「社會適應」、「偏差行為」與「學業成就」等方面，皆優於來自「單親家庭」及「繼親家庭」的子女。姑且不論真正的原因為何，似乎是完整家庭結構能提供給孩童安全感與歸屬感的特質，使他較無後顧之憂地參與學校的學習、各種社交的活動與人際間的交往，這些經驗皆有助於其在各種行為上的表現。在現代社會中，人們由於工作的忙碌，生活的壓力，情緒與挫折自我調適不佳的狀況下，夫妻間的摩擦日益增多，如何在婚姻危機中，仍能維持和諧相處之道，以便能夠長久提供給成長中的子女，一個完整和諧的家庭結構，實為現代父母所應深思的一個主要課題。

二、適當管教方式的採用

　　在生親家庭中，父母採用「開明權威」的管教方式，最有助於子女在「個人適應」、「社會適應」、「自尊」、「偏差行為」及「學

業成就」的表現；而「忽視冷漠」的管教方式，則最有害於上述
這些行為的表現品質。此兩種方法最大的不同，則在於前者明確
的告知「父母對子女行為表現的期望水準」，並藉由彼此的互動溝
通而建立或修正期望上的差距，以得到彼此的認同；此外，當子
女的行為達到父母所期望時，則必給予正向的反應以喚起他們對
這些行為的重視。換言之，就是經由這些過程，而建立了子女對
社會規範的正確認知，對自我行為適當的約束，故表現出較多合
乎社會期望的行為。反之，「忽視冷漠」的方式表現的特質，常是
先前對行為並無明確要求的訊息傳達，當子女行為表現合宜時，
亦無反應，此種作法，不但易使子女對社會規範認知混淆，且會
阻礙子女努力求好的動機，結果，自然在各種行為上顯現出較差
的結果。因此，在現代「父母工作皆忙碌」的社會中，如何能確
切的掌握「開明權威」管教方式的特質，亦為父母所應積極學習
的重點。此外，由研究中還獲知，在生親家庭中，母親採用「寬
鬆放任」的方式亦有助於青少年「個人適應」、「社會適應」、「自
尊」、「偏差行為」及「學業成就」的表現，因此，面對自我意識
漸長的青少年，母親採用管教方式的類型亦應作調整，以關懷、
溫馨、多溝通與回饋之「開明權威」或「寬鬆放任」為主，而避
免繼續採用「專制權威」甚或「忽視冷漠」的作法。

三、父親及母親均參與管教子女的工作

若父母兩人同時參與管教工作，且皆採用「開明權威」的管
教方式，對子女良好行為的建立，最能帶來積極的成效；若父母
兩人不能均採用此種方式，而僅一人（父親或母親）能採用「開
明權威」的方式，則仍使子女有較佳的「個人適應」、「社會適應」、
「自尊」、較少的「偏差行為」及較優的「學業成就」表現。這也
就表示，當父母兩人均執行管教子女的職務時，若其中一人因自

己過去不愉快的經驗或個性上的限制，而採用較消極的作法（如設定了孩童無法達到的高期望，表現不合標準時，即給予打罵責備，或因個性過分緊張而給予孩童許多有形或無形的壓力）時，則常會對子女的行為表現帶來許多負向的傷害。因而，此時若另一人（父親或母親）能及時採用「開明權威」的管教方式，予以調整或補足，則會降低不適管教方式所帶來的負向影響，使孩童的各項行為仍可維持相當的水準。

此外，由研究結果中還獲知，在兒童方面，若他們對父親管教方式感到低滿意，但對於母親管教方式感到高滿意時，兒童的各項行為表現，僅次於對父母管教方式均感到高滿意的情況。至於在青少年方面，若他們對父親管教方式感到高滿意，但對母親管教方式感到低滿意時，他們的各項行為表現，卻僅次於對父母管教方式均感到高滿意者。由此觀之，對母親管教方式感到低滿意的青少年，可藉著對父親的管教方式滿意予以補足；至於兒童，則應注意他們對母親的管教方式是否感到滿意。再者，若兒童對父親管教方式高滿意，而對母親管教方式低滿意時，雖然其在「個人適應」及「社會適應」上的表現，較不如對父親管教方式低滿意，而對母親管教方式高滿意的子女，但其行為表現仍優於對父母管教方式均低滿意的子女。此項結果則更加驗證了，若父母能同時參與管教的工作，即使無法做到均採用「積極」的管教方式，若其中一人可以明確的掌握積極的作法，對子女的行為的表現，仍能帶來較佳的成效。

四、瞭解且重視子女對父母所實行管教方式感到滿意的程度

父母採用的管教方式對子女行為的影響，會因子女對此種作法感到滿意程度的不同，而有差異。換言之，如果父母採用積極

的管教方式，如「開明權威」，但若子女對此種作法，仍感到低滿意時，其在各種行為上的表現，仍會較差於感到高滿意者；同理，即使父母採用的管教方式是消極、負向的，如「忽視冷漠」，但是如果能得到子女的認同、接納或高滿意，則仍會對其行為表現帶來積極的成效。由此而延伸出的一個啟示是：若父母本身因個性的因素（過分緊張、要面子或對子女有高成就期望等），雖知負向、冷漠、嚴格的管教，不但有損親子關係，且對孩童人格正向積極的成長會帶來傷害，但仍無法克制自己而選擇積極的管教方式時，若能在事前讓孩子瞭解你對他高期望的原因，及對他苛責的無奈、教育他的苦心等，換言之，在管教方式上設法得到孩子的認同與接納，如此也許會因增加了孩童對你管教方式的滿意度，而改變了負向管教可能對子女身心帶來的損傷。因此，父母在管教子女時，除了慎重的選擇較合宜的管教方式外，更應該經常藉由觀察與溝通的機會，瞭解子女對自己所採用管教的方式感到滿意的程度，以為因應或調整。

五、父母兩人應避免採用「不一致」的管教方式

父母採用「不一致」的管教方式，對子女的「個人適應」、「社會適應」及「偏差行為」等各項行為的表現，亦會帶來負向的影響，而且幾乎與採用「忽視冷漠」管教方式的傷害無異。而此種負向的影響，在單親家庭中會更具傷害性。主要是由於在「生親家庭」中，即使父母採用的管教方法「不一致」，子女若受到影響而有任何負向行為出現時，至少父母中某一人或兩人皆會注意問題的嚴重性，而及時加以補救或相互溝通協商合宜的作法，以免情形更惡化。反之，在單親家庭中，父（母）親與離婚的配偶，對孩子管教方式的不一致，有時真正的重點並非在教育孩子，而是為了競爭孩子的「愛」、報復或故意找麻煩、炫耀自己等，結果

卻使孩子成為犧牲者，而表現出許多適應不良或偏差的行為。因此，如何輔導父母瞭解「不一致」管教方式帶來的危機，尤其是對「單親家庭」的父（母）親與其離婚的配偶之間，協助他們達成共識——孩子身心健全發展才是最重要的，此皆為今後輔導的重要目標。

六、父母應努力經營和諧溫馨的婚姻品質，並增加彼此對婚姻的滿意度

父母對婚姻滿意度較高時，親子間較易建立安全的依附關係，孩子也會覺得較有安全感，顯示高品質婚姻關係可提供支持的功能。反之，父母若是對自己的婚姻滿意度低、適應不良，經常發生爭鬥或婚姻衝突，孩子不但經常生活在驚恐當中，且時常擔心因為自己惹禍導致父母的不和，而心存懊惱與愧疚，這些經驗皆會對孩童健康身心的發展帶來深遠的影響。為了提供給孩子一個安全無虞的成長環境，且讓孩子習得合宜兩性角色的表現與互動，父母應努力經營彼此的婚姻關係，相知相惜、和諧美滿及相互關懷與體諒為必需要做到的工作，遇到理念不合、爭論衝突時，亦能以建設性的方式面對異議，解決問題。

七、父母應走出自己對原生家庭父母採用之管教方式不滿的陰霾，建構積極正向的作法，以免落入惡性循環的結果

父母應檢視自己原生家庭父母採用之管教方式對自己身心發展的影響，及當時自己感到滿意的程度。若原生家庭父母多採用消極負向的管教方式，且直到現在自己仍感到不滿與怨恨時，父母應避免重蹈覆轍，選用與他們不同之正向積極的管教策略，以利孩子良好人格特質的建立。

八、 職業婦女對自己的管教職責應有正確的認知與認同，尋找適宜之社會資源，填補自己無法因應之處

研究發現，許多職業婦女常因工作的忙碌，無暇也無力投入管教孩童的工作，因此子女多反應母親常採用「忽視冷漠」的管教方式，此種作法對子女身心發展的傷害也最令人關注。

其實對許多職業婦女來說，她們也不樂見此結果，因此，尋找適宜的幫手應為刻不容緩之事。先生似為主要協商的對象，相互搭配或補足無法兼顧之管教工作的角色與職責，若也有困難時，再努力尋求外在資源。總之，管教工作是重質不重量的，忙碌的父母真的無法應對時，或許可以將養育的工作託付給值得信賴的其他人代理，但仍應持續的予以關心與重視，若有任何差錯亦可即時補足或調整，以給予孩子最適當的管教。

九、 對不同發展階段的孩子，父母的管教策略亦要有所調整

由於孩子在國小階段以前，是屬於瞭解社會規範及建構良好行為習慣的階段，因此父母宜多採用「開明權威」的管教方式，以增進孩童對自我行為的掌控與負責任。當孩子上了國中以後，父母或為督促他們努力向學、或擔心他們行為偏離正軌，而處處採用專制權威的管教方式，會導致孩子心中極大的反感，而帶來緊張的親子關係。其實此時孩子對社會期望早已瞭解，父母若能採用少要求與規定、多給予關愛與正向回饋，以及常與孩子溝通閒聊之開明權威的管教方式，則不但較能促進親子關係，且更能即早發現孩子的心理困擾，予以疏導或解決。

十、父母應熟知各項管教技巧並運用於親職教育工作中

　　父母為確保管教品質，對瞭解孩子的犯錯行為、孩子未來發展的期望、行為規範的擬定、施予管教者一致性的作法、表現期望並在行為後給予的鼓勵、以自然合理結果處理孩子表現之不合期望的行為、閒聊與溝通契機的掌握及運用等管教技巧，應熟悉並運用之，且依孩子身心成長及個性特質彈性調整，以達到最佳之管教成效。

第 **5** 章

→ 單親家庭親職教育

第一節 單親家庭的意義

「單親家庭」(single-parent family) 是由父親或母親與其未婚子女所組成的家庭；亦可指「由單一父親或母親與至少一位依賴子女所組成的家庭」(林萬億等，1992)。由於婚姻地位的改變，單親家庭已經是目前主要的家庭型態之一。在單親家庭中，只有一位家長負擔生活與教養子女的重責，因此他們的負擔和壓力比一般雙親家庭更沉重，值得加以重視與協助。而單親家庭中的孩子，在成長路上，往往比一般孩子還艱辛和困難，背負了許多壓力和情緒，也被迫提早成熟，所以單親父母與孩子的溝通是重要的課題。父母在自我療傷時，也應該瞭解子女的身心發展需求，協助子女適應成長，經營有效能的親子互動管道，這個目標是可以透過親職教育的推廣而達成。

第二節 單親家庭概況

根據張清富 (1996) 〈單親家庭現況及其因應對策之探討〉專案研究之發現：依性別來分，男、女單親來自離婚的最多、喪偶的次之，未婚單親最少。薛承泰 (2000) 比較 1990 年與 2000 年對臺灣地區單親戶的普查結果發現：近十年單親的主因為離婚，都市地區比鄉村地區有較高的離婚單親人口，而單親戶性別比例變化不大，大約男 4 女 6，而隔代教養家庭明顯增加，其中又以花

東地區的比例最高。

另外，根據 2001 年內政部統計處針對臺閩地區單親家庭狀況調查結果摘要報告書中，對於單親家庭的部分說明如下：

一、基本資料

1.單親家長主要集中在 30～39 歲 (45.2%) 和 40～49 歲 (36.9%)。其中以「離婚」者比例最高，占 60.8%；男性單親占 45.0%，女性單親占 55.0%。

2.單親家長的教育程度逾四成為高中、職，其次為國（初）中，占 24.7%。

3.近半數單親家長生涯年數滿五年以上。

4.單親家長八成以上均從事工作，職業以服務工作人員及售貨員居多；未從事工作者，近半數在等待工作，另有兩成是因料理家務與照顧親人而未從事工作。

根據統計資料可以發現，單親家庭因離婚造成的最多；單親家長的教育程度四成為高中、職以上學歷；另外，單親家長有八成從事工作以養家活口。

二、家庭狀況

1.女性單親居住型態以「僅與子女同住」者最多，占 60.1%，其中半數女性單親與同住人數在 2～3 人之間；男性單親則以三代同堂居多，占 51.3%。

2.七成一的單親家庭子女目前為「在學中」，其中以就讀「國小」占大多數，為 34.7%；其次為「高中（職）」，占 21.8%。

3.子女在六歲前之照顧，主要以「父或母在家帶」者，白天約占三成，晚上則占 67.5%；至於六至十二歲子女放學後之照顧，主要以「父或母在家帶」者為最多，占 48.5%。

4.近六成的單親家長除子女外無須再撫養他人。七成以上的女性單親僅需扶養子女，男性單親則有半數以上除子女外，尚須撫養自己的父母；而「喪偶」單親除子女外，須再撫養「前配偶父母」的比例亦較高，占 10.9%。

在家庭狀況方面可知女性單親多與子女同住，而男性單親則多為三代同堂居住；男性單親除扶養子女之外，尚須扶養自己的父母。

三、經濟狀況

1.單親家長自有住宅之比例不到四成，近五成是租借或父母所有。約七成之單親住宅樓地板面積在 20～40 坪之間，唯仍有約 5% 的樓地板面積不到 12 坪。

2.單親家長最近一年每月的平均收入，以「24,000～39,999 元」的比率最高，占 26.0%。男性的平均收入，以「24,000～39,999 元」為最多，占 26.6%；而女性則以「16,000～23,999 元」為最多，占 28.3%。

3. 37.7% 的單親家庭平均每個月每位子女托育或教育的費用為「5,000～9,999 元」。

4.六成一的單親家長表示入不敷出；且 85.6% 的單親家庭的經濟來源，以「家長本人所得」為主。近十分之一的單親家長領取低收入戶的生活津貼。

單親家庭的經濟狀況比起生親家庭而言，是較為困窘的，原因在於單親家長需要獨自負擔一個家庭的開銷，此遠大於生親家庭可能有夫妻兩人共同負擔的情形。

四、生活適應

1.目前單親家長的煩惱，以「擔心自己或子女的未來」為最

多，占 48.8%。

2.近六成單親家長因應單親家庭生活之方法，以「努力工作維持家計」為主，另有近四成六採取「專心照顧子女」的方法。

3.單親家長自覺對子女會造成很大不良的影響，且以「心理健康方面」所占的比例最高，占 24.3%，超過五成的單親家長表示自己在「性別角色扮演方面」並不會帶來影響。

4.單親家長的社會支持來源，以來自「父母」、「兄弟姊妹」及「鄰居親朋同事」為主，較少使用「政府單位」、「學校機構團體」及「分離配偶」等。

5.五成左右之單親家長與「未同住的父母」、「未同住子女」、「兄弟姊妹及朋友」間相處「和睦融洽」，但近三成的單親家長在其「姻親」關係中的互動「氣氛冷淡」。

6.單親家長在生活適應方面認為「嚴重」困擾者，分別為「經濟問題」，占 36.7%；「工作、事業問題」，占 21.4%。

7.五分之一的男性單親家長「期望獲得幸福的第二春」，女性單親家長對婚姻的看法，則多為「又期待又怕受傷害」，占 18.6%。

8.單親家長最近三個月平均與同住子女的相處時間在三小時以上者占七成八，其中男性占七成一，女性占八成四。

9.近三分之一單親家長管教子女的態度，會以「婉轉勸導子女去做其期望的事」來面對問題。

10.單親家長對子女管教方面感到嚴重的問題，比例最高者為「子女行為有偏差」，占 19.1%，其次分別為「不知道如何管教」及「無時間管教」，各占 15.8% 和 12.8%。

11.單親家長對其子女的學業方面感到嚴重的問題，比例最高者為「無法輔導子女作功課」，占 23.3%，其次分別為「子女學業成績太差」及「子女不喜歡讀書」，各占 19.5% 及 16.9%。

12.單親家長自覺在面對「親子間信任感」、「孩子對其喜歡程

度」、「孩子對其尊重情形」、「與孩子溝通事情狀況」和「相互關心與鼓勵」等的親子關係，普遍變得「很差」。

第三節　單親家庭的類別

　　根據 2005 年內政部統計處調查臺閩地區人口婚姻狀況統計資料，發現 2005 年離婚對數與十年前 (1995 年) 比較增加 88.39%，就增加對數而言，以結婚未滿五年者增加 9,795 對最多，其中以結婚一年未滿二年的對數為最多。由統計處的資料可知，臺灣目前因離婚或死亡而形成的單親家庭日益增加，故單親兒童的人數亦隨之增加。至於造成單親的原因大致可分為喪偶、離婚、分居、被遺棄、未婚生子、單身領養 (Brooks, 1981) 等六種。分述如下：

一、死亡單親家庭

　　指父母中有一方因故死亡，而孩子與另一方同住者。這又可分為下列兩種：

(一)母親死亡與父親同住的單親家庭

　　若是母親死亡而孩子與父親同住，其家庭組合也許只有父親、孩子與親友。由於父親經常忙於工作，對孩子的照顧往往不那麼投入或力不從心，因此，有些父親常請親友或褓母來幫忙照顧孩子，但是，如果兩者都無法安排妥當時，也只有讓孩子自己自求多福了。

㈡父親死亡與母親同住的單親家庭 🐦

這類型家庭的母親多半對孩子非常疼愛，因為她們會覺得孩子相當的無辜與可憐。在有些家庭中，父親雖然早死但家中尚有餘存，經濟不是太大的問題，因此，母親不一定會外出做事。但有些家庭，房子、車子的貸款頓失來源，為維持家庭基本生活開銷，母親必須外出就業。但是，即使是外出工作，也會儘量做到母兼父職，且不論有沒有他人的支援，母親通常不會放棄照顧孩子的責任。

二、離婚單親家庭

父母因故離婚，孩子與父母中的一方同住，同樣也有下列的兩種情形。

㈠離婚父母與父親同住的單親家庭 🐦

這種家庭組成可能只有父親和孩子，同樣也可能面臨如上述母親死亡家庭一般的情形，常需要請外人來支援。

㈡離婚父母與母親同住的單親家庭 🐦

離婚後的母親是否仍能得到父親穩定的經濟支援，常要看法院的判決結果。然而許多國內外的研究多半一再的指出，離婚母親最大的困難在於經濟壓力，許多母親為了維持生計，必須日夜工作，身心的疲累再加上離婚所帶來的傷害，造成情緒低落、自我否定等，往往在照顧子女的工作上變得心有餘而力不足，愛心與耐心也就大打折扣了。

三、分居單親家庭

有時人們還不稱此為正式的單親家庭，主要的原因是夫妻尚

未辦妥正式的離婚手續，也許還有復合的可能，但嚴格來說，分居的家庭已在走向離婚之路。其實對孩子身心發展真正會帶來影響的階段，往往是在分居前父母經常打罵爭鬥的過程與激烈混亂的場面。當分居後，那些與孩子同住的父（母）親正處於面對離婚的殘酷事實之傷痛巔峰期，內心掙扎，情緒低落，自己尚需要有人來協助，遑論好好照顧那些心情同樣脆弱的孩子。

四、被遺棄單親家庭

被遺棄單親家庭的形成是指父母親任一方，沒有留下任何訊息而脫離原有的家庭。此種單親家庭的兒童，對於家庭的不完整性會持續的感到疑惑與不安，對缺少的家庭成員會心存較深的憤怒，但有時有些孩子會對他們年幼時就離家出走的父（母）親伴隨著一些好奇，尤其在他們對自己現實生活情境不滿時，此種思念之情會最為強烈。對那些留下來被迫肩負起照顧及養育孩子的父（母）親來說，有時心中的憤怒與怨恨幾乎是不可言喻，對孩子的管教品質也多充滿了消極與負向。

五、未婚單親家庭

這又可分為自願未婚單親家庭和被迫未婚單親家庭兩種情形：

㈠自願未婚單親家庭

或稱為不婚的單親家庭，近年來有些走在時代前端者，在找不到一個可寄託終身的伴侶或在中意的異性都已結婚時，失望之餘，會覺得若自己可以擁有小孩而沒有婚姻的束縛，也許亦為一種不錯的選擇。因此，在這種家庭中的成員只有母親和小孩。由於在此種家庭中母親常是在鼓起很大的勇氣下，與社會傳統相抗衡而有了孩子，因而她們給予子女關愛與保護的程度，相較於一

般家庭有時會有很大的差距。

(二)被迫未婚單親家庭

在被迫未婚單親家庭中的母親，有些是在被強暴後不知自己已受孕，待發現時已來不及處理而必須把孩子生下來；當然，也有些女性其實是有心愛的男友，但懷孕後男方卻不願負起責任、甚或否認，結果女方因不忍心殺害小生命，或認為那是愛的結晶而將孩子生下來。諸如此類家庭都可歸類為被迫未婚單親家庭。在此種家庭中的成員亦只有母親和孩子。但由於對許多母親來說，整件事情是個被迫接納的不愉快經歷，且孩子的存在，會使自己不斷的回想起過去不愉快的經驗，因此，對孩子的管教方式亦常有極大的落差。換言之，當她們怨恨自己的經歷時，常採以負向的態度面對孩子的管教；但當她們對自己不穩定的作法心存抱歉或有罪惡感時，對子女的管教又過分寬鬆，或給予過多的關愛作為補償，這些不一致的作法，皆會影響管教孩子的品質。

第四節　單親家庭中父母的管教行為

根據筆者 (1994, 1995) 針對我國不同類型的單親家庭中，父母管教子女（兒童、青少年）方式的研究中，發現其間確實有顯著差異存在。依研究中所採用的管教分類方式——專制權威（高要求、低反應），開明權威（高要求、高反應），寬鬆放任（低要求、高反應），忽視冷漠（低要求、低反應），分別說明如下：

一、單親父親的管教方式

不論因母親死亡或離婚而形成的單親家庭，子女覺得父親最常採用的管教方式多半是「忽視冷漠」，父親對孩子的行為要求不高，當孩子行為表現良好時，也很少給予正面積極的回饋，平時較少向孩子表現出關愛與親情，也較少與子女溝通。但研究發現，此種管教方式是在所有管教方式中最不恰當的一種，因為孩子不知道該如何做？也不會學習哪些行為是為社會所期待的，所以行為表現上可說是「一片混亂」。分析其原因可能是因為，父親在家庭中所扮演的角色原本就比較偏重在家庭之外，對於親職教育的參與較低，所以當父親需要單獨照顧孩子時，會覺得手足無措。他們必須重新調整花在家庭與工作的時間分配型態，也會影響其父親角色及男性角色的認知和調適，這些與家中兒童的身心發展都很有關係（王舒芸，1995；李雯雯，1997）。

二、單親母親的管教方式

㈠父親死亡而形成的單親家庭 🐦

在這種家庭中，有的母親會採用「開明權威」的管教方式，就是對孩子的行為表現有較高的要求，且當孩子有良好表現時，會給予積極正向的反應。許多研究都發現，開明權威是最好的管教方式，因為這種管教方式可以給予孩子明確的社會期望準則，同時正面積極的回饋也是孩子未來願意再嘗試的動機。會採用這種方式的母親，多半以堅強的態度負起母兼父職的責任，儘量給予孩子最大的照顧，讓孩子即使父親不在身邊，生活也沒有很大的變動。研究也顯示，這種管教方式下成長的孩子其行為表現與一般家庭的孩子，沒有太大的差異。

　　但是，也有的母親是採用「專制權威」的方式，將高期望、高壓力放在孩子身上，要求孩子有最優秀的表現，也常要求自己在別人面前扮演一位完美母親，希望能藉此取得被肯定的地位。母親對孩子的要求很高，卻對良好行為很少讚美和鼓勵，因為她們認為獎勵會降低孩子的鬥志，會寵壞孩子。這種管教方式下的親子關係，與孩子是否能符合母親的期望有很大的關係，母親往往希望孩子「好還要更好」，這或許可以激勵孩子進步，卻也可能造成孩子因過大的壓力而反彈，出現不適應行為。如果孩子不論怎麼努力都還達不到母親的期望、得不到肯定，出現問題行為的機會又會更大。

　　再者，若是在這類型的家庭中出現經濟壓力，單親母親採取的管教方式則會偏向「忽視冷漠」，原因在於單親母親通常從事的工作為收入不多、長時間、高勞力的工作，在此種工作條件下，單親母親可以管教孩子的時間並不多，由於工作結束後疲累不堪，對於孩子的管教則常屬於關注較少的類型。

㈡夫妻離婚的單親家庭

　　這種類型的單親家庭中，母親最常採用的管教方式也是「忽視冷漠」，主要的原因仍是來自工作忙碌、身心俱疲，在教養的質與量上面都無法維持。此外，母親也可能因為離婚而對自我的價值產生懷疑、否定及心情沮喪，這會使她們無法持久的專心照顧子女。許多研究都指出，離婚家庭不論是與父親或與母親同住，孩子都常出現適應不良的情況，可能與父母親皆採用「忽視冷漠」的態度有關。

　　此外，對自願單親的母親來說，生育孩子是她自己的選擇，因此較會採取高標準、高回應的「開明專制」或低標準、高回應的「寬鬆放任」的方式，但無論是哪一種管教方式，孩子長大後

都可能會對自己的身世來源產生疑問或困擾，這也會埋下讓母親感到不確定的隱憂。至於被迫單親的母親，因過去不愉快的經驗，則可能多採用「忽視冷漠」的管教方式。

　　至於針對分居和未婚單親家庭的研究較少，目前仍缺乏可靠的實證以為推論的依據。

第五節　影響單親家庭父母管教行為的來源

　　影響單親家庭父母管教行為的來源可歸納為家庭環境、父母變項、子女變項和其他等四大類。而這四類來源之間會有環環相扣、互相影響的關係，分述如下：

一、家庭環境

(一)家庭結構

　　家庭環境是影響個體人格特質或發展的重要因素，從一些研究結果發現，家庭環境是兒童行為與社會發展的基礎（張高賓，2001）。對於單親兒童而言，因父母的離異或分居、死亡等造成單親的因素，導致家庭結構的巨大改變，使得父母的任一方和單親兒童本身兩者都面臨情緒的困擾、調整及適應，此外父母之一方又有經濟上的壓力，在這種種因素的交互作用下，單親父母對子女管教的方式亦會有所不同，說明如下：

1.死亡所造成的單親家庭

　　若是母親死亡孩子與父親同住，家庭組合也許只有父親、小

孩或親友。由於男性在社會中，常較重視自己的事業成就，因此經常忙於工作，對子女的照顧有心的父親會請親友或褓母幫助，若是沒有特別留意而予以妥當的安排，孩子就必須自求多福，結果是孩子常遭受疏忽冷漠的待遇。

父親死亡孩子與母親同住的單親家庭，如果父親有留下足夠的遺產，經濟上不虞匱乏，母親對子女的教養通常較會維持既有的模式。但如果父親沒留有遺產、甚至留下大筆債務，母親為了維持生活開銷，外出工作賺錢為必然的抉擇，但不論家中是否有外援，大多數的母親仍會以孩子為重心，擔負起母兼父職的工作與責任，對子女行為的管教亦會較單親父親做得周詳。

2. 離婚造成的單親家庭

因離婚對父母及子女都是件令人痛苦、焦慮的事情，且後續的監護權、財產的爭奪、社會適應的問題，及父母間的怨懟，甚至利用子女和原配對抗等等，都會影響對子女的教養品質。

3. 分居所造成的單親家庭

可分為父母感情不睦和父母因工作上的需要而造成的兩種情形。前者雖為未辦理離婚手續，或許還有復合的可能，但分居前的過程常出現打罵爭吵、激烈衝突的場面。雖彼此因分居暫時隔離休戰，但父母皆處於是否離婚的抉擇之中，內心的焦慮掙扎、情緒低落，實在難以好好教養也處於焦慮、脆弱狀態中的子女。而後者親子間的相處則較無此壓力，單獨照顧子女的父或母親工作雖辛苦，但仍能以平和的心態來教養子女，並讓子女體諒父母為了謀生的辛勞。

4. 被遺棄所造成的單親家庭

此種家庭仍然會遭遇到親子間感情不睦或焦慮衝突的壓力。被遺留下的一方和其子女對出走的一方會持久的心存責難與恨意,此種家庭氣氛對教養子女策略的拿捏自然會帶來不良的影響。

5.未婚或領養所造成的單親家庭

若是高學歷、高收入的女性選擇不婚生子或以領養的方式建立的單親家庭，通常母親會盡其所能給子女關懷、保護和物質生活上的滿足。但若是迫於無奈而未婚單親，甚至是因遭到強暴，不忍心放棄小生命，而獨立撫養孩子，結果，母親常會因自己不幸與痛苦的經驗，難以給予孩子穩定的情感和積極的管教。

(二)經濟問題

多項國內外的研究均發現單親家庭的經濟問題是最嚴重的。單親父母會對子女採用負向管教方式的主因也常在於經濟問題。經濟上的困境會影響父或母親對子女的照顧、子女的教育、居住所在地、休閒活動和社交的參與。如父（母）親的忙於家計而沒有時間去關心子女的身心發展和學業的進展；缺乏足夠的金錢讓子女獲得充裕的學習資源，像才藝班、寒暑假的營隊，這甚至會對孩子的升學帶來影響。

二、父母變項

(一)單親父母的性別

陳秀惠 (2002) 研究發現，和單親媽媽同住的孩子之人際關係、行為表現、學習表現和生活適應，均較優於和單親爸爸同住者的表現。原因是在家庭中，母親較常扮演孩子的主要照顧者，因此孩子從小就和母親的關係較親密，即使她們成為單親，可能需花很多的時間工作，仍較會以孩子為重心，對孩子的教養亦會較為用心，此皆有助於孩子各種行為的表現；反觀單親爸爸，雖然在工作、經濟方面可能較單親母親占優勢，但對孩子的照顧常較疏忽、與子女相處的時間有限、親子關係較為疏離等，皆會導

致與單親爸爸共同生活的子女似乎較缺乏安全感，生活適應的表現也較差。

㈡單親父母的人格特質

不論是喪偶或離婚等原因造成的單親、不論是社經地位高低的單親、或不論是單親父親或母親，在遭遇變故之後，若無法在短時間內調適好自己的身心狀況、走出陰霾，皆會因自顧不暇而無法好好關心子女、教養子女。至於調適能力的快慢則與個人的人格特質存有密切的關係。那些具有積極正向人格特質者，雖心存不滿與忿怒，但多能看清情勢，坦然面對，儘快抓回生活的主軸，維持與孩子互動或教養的品質。反之，那些具有消極負向人格特質者，不是將責難推向配偶、就是將原罪歸向自己，如此不但延緩個人的身心整合，甚至導致心境更加沉淪無法自拔，如此更遑論管教子女的品質。

三、子女變項

㈠性別

多數研究均發現單親父母對性別不同子女之管教方式並與無顯著差異存在。

㈡年齡

研究發現單親父母對年齡不同子女之管教方式亦無顯著差異，均較偏向採用「忽視冷漠」的方式。

㈢手足數

蘇憶如 (1994) 發現家中手足數不同，單親父母所採用之管教

方式有顯著差異存在。整體而言，家中手足數 1 至 2 人的，單親父母所採用之管教方式以「主權型管教」居多；手足數達 3 人以上者，單親父母所採用之管教方式則以「冷漠型管教」居多。

(四)出生別

孩子的出生別不同，單親父母對於孩子所採用之管教方式，有顯著差異存在。單親父母親對於長子女多採用「專制權威」或「開明權威」的管教方式；對排行中間的子女，單親父母則多採用「忽視冷漠」的管教方式；另外，對於么子女，單親父母則多會以「寬鬆放任」的方式來教養子女。此種作法與生親家庭父母管教不同出生別子女的方式頗為相似。

四、其　他

(一)社會變遷

現代社會與傳統社會有很大的不同，隨著社會的變遷，父母管教方式也大為改變，傳統上講究的是權威、管控，依權力的高低，每個人在家庭結構中，都有其一定的層級或位置。而現今社會講究的是民主與開放，父母對子女的教養方式不能再一味的繼續使用命令與指責，而應以指導或關愛的方式來取代。

(二)婚姻變故的時機

蘇憶如 (1994) 研究發現單親父母所採用之管教方式，因父母婚姻發生變故的時機不同而有顯著差異。在孩子學齡前，父母婚姻就發生變故的，單親父母所採用之管教方式以冷漠型居多。但若孩子到國小、國中或高中職階段，才遇到父母婚姻發生變故的，單親父母所採用之管教方式則以主權型居多。

第六節　單親家庭中子女的行為表現

一、認知發展

　　從認同理論視之，由於單親家庭的子女，對父親或母親楷模的學習被剝奪，使個體與家庭成員或家庭環境間失去平衡，此會影響孩子對家庭及其家中成員性別角色的正確認知。若就時間觀點來看，單親家庭子女為協助家務或照顧弟妹，而較少有時間準備及複習課業，結果造成學業成就較為低落。另外，在單親家庭中，父（母）親工作的忙碌及生活的壓力，親子間互動的質與量亦大大的減少，此會使子女因無法得到即時的支援而使學業成就低落。且由研究結果發現，此種傾向最容易發生在缺父學齡前男童或男性青少年身上，其次才是缺父女性青少年。這是因為學齡前及青少年期是個體認同發展的關鍵期，所以缺父的影響在這兩個階段較為顯著（謬敏志，1992）。

二、人格發展

　　在個體成長過程中，人格發展的重要內涵包括了社會化、自我概念及道德行為的發展。對單親家庭的孩子來說，父母離婚是一件重大的創傷事件和危機，此與他們成長後的心理症狀間存有密切的關係，如孩子容易產生憂慮和內疚，會認為自己是導致父母失和的源頭，易失去安全感，對人產生不信任感，並出現生活適應的困難、學習退化、脾氣暴躁、易怒等現象。但也有一些研究顯示，單親子女在歷經家庭變遷的危機後，心理成熟會較快、較具同情心，也會較為獨立，那是因為他們在家中常擔負較多責

任的緣故（楊妙芬，1995）。

三、自我概念

　　研究發現父母離異的孩子會顯現較為消極負向的自我概念，如對自己不滿意、不信任他人、感覺自己沒有價值、不是全盤接受他人的意見就是常誇大其辭、自吹自擂，出現反社會的態度和行為，此外，在對事情的參與或與他人互動時，也常會顯露出很深的罪惡感或自卑感。其實，若從自我概念的發展條件及其形成過程視之，單親兒童似較居於不利的地位，也許這就是導致他們自我概念較低於正常兒童的緣故（楊妙芬，1995）。

四、情緒發展

　　父母離婚不是單一事件，而是漫長的歷程。有學者認為，家庭所遭遇的危機，會帶給孩子不良的示範，且會進而影響他們的行為發展與應付問題的模式，會使孩子對分離產生焦慮，並恐懼會被遺棄。另外一些研究也顯示，父母離婚後，家庭遭遇經濟及社會的壓力，孩子的日常生活可能會出現改變，包括面對新的家庭、朋友、學校等，此外，如果再遇上與孩子同住的父親或母親的情緒和精神不穩定，則更會導致孩子產生失眠、作惡夢、食慾減退、生理疼痛和一般焦慮病症等身心失常現象。

五、人際關係發展

　　單親家庭的孩子因為家庭結構上的不完整，或因為生活壓力的緣故，常無法與家中成員或生活中的其他人有良好及足夠的互動，此會對其人際關係的發展帶來不良的影響。綜合過去相關研究發現，單親家庭子女的人際關係有下列各項特質：1.較依賴、不合群、常需要他人的協助；2.男生易受到外界既深且持久的不良影

響；3.由於成長過程中的認同混淆，自單親父母所獲得之情緒支持
不足或不穩定，致使他們的情緒及人際交往技巧的發展均較差；4.
社會能力較不成熟，社會網絡不穩定，有人際交往的困擾。

六、行為困擾

過去許多研究均發現，相較於一般正常家庭的子女，單親家
庭的孩子有較嚴重的不良適應行為，總行為困擾也較多，如焦慮、
攻擊、孤獨、沮喪、緊張、精神渙散、犯罪行為等，且較常出現
哭泣、畏縮的行為表現。謝麗惠 (1999) 亦研究獲知單親家庭子女
的學校生活困擾及家庭生活困擾皆多於來自正常家庭的孩童，在
學校表現方面，單親家庭子女有上課不專心、被動、情緒起伏不
穩定的情況。此外，研究亦發現因離婚而造成的單親家庭子女的
行為困擾較多，較常表現攻擊行為及反社會行為，其次才是被配
偶遺棄或父（母）親死亡而形成的單親家庭子女。

筆者 (1993) 曾探討不同單親家庭中，子女的個人適應、社會
適應、自尊、偏差行為及學業成就的表現，除比較單親家庭與生
親家庭子女的行為表現外，並比較家庭結構不同之單親家庭中，
子女的行為表現，結果發現其間確存有顯著差異，分述如下：

㈠單親 vs. 生親

「單親家庭」的子女比來自「生親家庭」者，有較差的「個
人適應」（尤其在個人價值意識、相屬意識、退縮傾向及神經症狀
等特質上）、「社會適應」（特別是在對社會標準的認知、反社會行
為傾向、家庭關係及學校關係方面）、「學業成就」的表現和較多
的「偏差行為」。

這可能是由於「生親家庭」的子女比「單親家庭」者較能感
受到家庭完整的愛，比較容易以熱誠的心與他人建立相屬意識，

亦較容易感覺身有所屬，因而能與周遭的人相處融洽，且有較佳的個人適應。同時因為生親家庭的子女，感受到家庭裡和諧氣氛、愛、安全感與自尊，進入學校後，較能遵守老師的教誨、且能主動幫助同學，與老師、同學有良好的互動關係。因而會在人群團體中表現良好的適應特質，並以團體的榮譽為傲。

(二)組成不同的單親家庭

生活於組成不同的單親家庭（父親死亡與母親同住、母親死亡與父親同住、父母離婚與父親同住、父母離婚與母親同住）中，子女的各項行為表現，確實有顯著差異存在。且差異主要存在於：

1. 來自「父親死亡與母親同住」單親家庭的孩童，比生活在「父母離婚與父親同住」單親家庭者，在「個人適應」上，會表現較強的「相屬意識」及較少的「退縮傾向」及「神經症狀」；而在「社會適應」上，則會有較佳的「社會標準」、「家庭關係」及較少的「反社會傾向」的表現。此外，在「智育總平均」上，亦有較優的成績。

那些「父親死亡與母親同住」單親家庭的孩童，之所以在多項行為上比「父母離婚與父親同住」家庭的子女有較佳的表現，可能主要歸因於單親的母親或父親，對親職角色的扮演。換言之，在「父親死亡與母親同住」的單親家庭中，母親常會自悲痛中堅強的擔負起母兼父職，積極教導子女，要求孩子對行為規範的確實遵行，此皆有助於其在「社會標準」及「反社會傾向」上的表現，此外，由於情感上的落單，而與孩子更建立了相依相附的親密感情，也許這也是孩子在「相屬意識」及「家庭關係」上表現較佳的緣故。

2. 來自「父親死亡與母親同住」單親家庭的孩童比「父母離婚與父親同住」者，有較佳的「社會適應」（特別在家庭關係方面）

及較少的「偏差行為」表現。這可能是由於在「父母離婚與父親同住」的單親家庭中，多數的父親在離婚前從未或很少參與親職的角色或工作，因此，對到底該如何扮演父兼母職的角色，常在「不知」或也「不願知」的心態下來回應，因此親子互動中，不是充滿了煩躁與磨擦，即是以逃避或委請他人代勞來因應，且大多數對孩子最好的也只是注意物質或生理、安全需要的滿足，仍常維持著傳統嚴肅、冷漠、理性的一面，最後，可能因此造成了孩童表現出較低的「相屬意識」與「家庭關係」，對「社會標準」認知較差，且有較多的「反社會傾向」行為的結果。

3.「父親死亡與母親同住」單親家庭的子女，在「家庭關係」及「偏差行為」上，比「父母離婚與父親同住」的孩童有較佳的表現，此就可能是來自於母親付出較多的關心與教育的緣故。

4.來自「父親死亡與母親同住」單親家庭的孩童，比起「母親死亡與父親同住」者，會有較高的「自尊」及「數學成績」的表現。

第七節　單親父母管教行為與子女行為表現的關係

筆者(1995)為瞭解在不同家庭結構之單親家庭中，父母採用管教行為的不同，與子女的個人適應、社會適應、自尊、偏差行為及學業成就表現的差異之關係，曾予以探究，除比較單親家庭與生親家庭子女各項行為表現外，並比較家庭結構不同之單親家庭中，子女各項行為表現，結果發現其間確存有顯著差異，分述

如下：

一、單親 vs. 生親

㈠父親管教方式方面

1.在「單親家庭」中，父親採用「開明權威」的管教方式，比採用「忽視冷漠」者，子女有較佳的「社會適應」，尤其是在「社團關係」上的表現。

2.在「單親家庭」中，父親採用「開明權威」的管教方式，比採用「專制權威」者，子女有較佳的「社會適應」，尤其在「社會技能」及「社團關係」上的表現特佳。

3.在「單親家庭」中，父親採用「忽視冷漠」的管教方式，比採用「專制權威」者，子女有較佳的「社會適應」，尤其在「社會技能」上的表現特佳。

4.即使父親均採用「專制權威」的管教方式，「單親家庭」的青少年子女，比來自「生親家庭」者，有較差的「社會適應」。且特別在「社會技能」的表現上更差。

㈡母親管教方式方面

1.在「單親家庭」中，母親採用「開明權威」或「專制權威」的管教方式，比採用「忽視冷漠」者，子女會表現較少的「偏差行為」及較佳的「相屬意識」。

2.即使母親均採用「寬鬆放任」、「開明權威」或「忽視冷漠」的管教方式，「單親家庭」子女，比來自「生親家庭」者，仍表現較少的「相屬意識」。

3.在「單親家庭」中，母親採用「開明權威」或「寬鬆放任」的管教方式，比採用「忽視冷漠」者，子女有較佳的「社會適應」

表現。

4.即使母親都採用「不一致」的管教方式,「單親家庭」子女仍比「生親家庭」者表現較多的「偏差行為」、「退縮傾向」及「反社會傾向」。

〈三〉父母管教方式方面 🐦

1.在「單親家庭」中,父(母)親與離婚的配偶間,均採用「開明權威」的管教方式,比採用「不一致」方式者,子女會表現較佳的「社會適應」及較少的「偏差行為」、「退縮傾向」及「反社會傾向」。

2.在「單親家庭」中,父(母)親與離婚的配偶間,均採用「開明權威」的管教方式,比採用「忽視冷漠」者,子女會表現較佳的「個人價值意識」、「社會適應」(特別在「社會技能」方面)、「學業成就」及較少的「偏差行為」。

3.在「單親家庭」中,父(母)親與離婚的配偶間,均採用「專制權威」的管教方式,比採用「不一致」方式者,子女會表現較少的「退縮傾向」及「反社會傾向」。

4.在「單親家庭」中,父(母)親與離婚的配偶間,採用「不一致」的管教方式者,比兩人均採用「忽視冷漠」者,子女有較佳的「社會適應」(特別在「社會技能」方面)、「個人價值意識」及「學業成就」表現。

5.即使父母均採用「不一致」的管教方式,「單親家庭」的子女,仍比來自「生親家庭」者,表現較多的「偏差行為」與較差的「社會適應」與「學業成就」。

6.即使父母均採用「忽視冷漠」的管教方式,來自「單親家庭」的子女,仍比來自「生親家庭」者,有較差的「社會適應」、「個人價值意識」及「學業成就」表現。

二、在不同的單親家庭中

(一)父親管教方式方面

1. 在「父母離婚與父親同住」的單親家庭中，父親採用「開明權威」、「專制權威」或「寬鬆放任」的管教方式，比採用「忽視冷漠」者，子女會表現較少的「偏差行為」。

2. 在「父母離婚與父親同住」單親家庭中，父親採用「寬鬆放任」的管教方式，比採用「忽視冷漠」者，子女有較佳的「社會技能」表現。

3. 在「父母離婚與母親同住」單親家庭中，未居住在一起的父親採用「開明權威」、「寬鬆放任」或「忽視冷漠」的管教方式，比採用「專制權威」者，子女表現較佳的「社會技能」。

4. 即使父親均採用「寬鬆放任」的管教方式，來自「母親死亡與父親同住」家庭的子女，仍比「父母離婚與母親同住」家庭者，表現較少的「偏差行為」；比「父母離婚與父親同住」者，表現較佳的「社會技能」。

5. 即使父親均採用「開明權威」的管教方式，來自「父母離婚與母親同住」家庭者，比「父母離婚與父親同住」者，表現較佳的「學業成就」。

6. 即使父親均採用「忽視冷漠」的管教方式，來自「父母離婚與母親同住」家庭的子女，比成長於「父母離婚與父親同住」者，表現較佳的「社會技能」、「學業成就」及較少的「偏差行為」。

(二)母親管教方式方面

1. 在「父親死亡與母親同住」的單親家庭中，母親採用「開明權威」或「寬鬆放任」的管教方式，比採用「忽視冷漠」者，

子女有較強的「個人價值意識」。

2.在「父母離婚與母親同住」的單親家庭中，母親採用「開明權威」的管教方式，比採用「忽視冷漠」者，子女有較強的「個人價值意識」及較少的「神經症狀」。

3.即使母親均採用「寬鬆放任」的管教方式，來自「父親死亡與母親同住」家庭的子女，仍比「父母離婚與母親同住」的家庭者，有較高的「個人價值意識」。

4.即使母親均採用「開明權威」的管教方式，來自「父親死亡與母親同住」家庭或「父母離婚與母親同住」家庭的子女，皆比生活在「父母離婚與父親同住」單親家庭者，表現較少的「神經症狀」。

第八節　單親家庭親職教育

由前述內容得知，在不同類型的單親家庭中，父親或母親是否能採用合宜的管教方式，與孩子健全的身心發展、合乎社會期望的行為表現以及正向積極的人生觀建立之間，存有很高的相關。因此，為達此目標，單親父母在實施親職教育時，應掌握的重點，擬建議如下：

(一)單親父母情緒的調整及對父母角色的正確認知

不論是單親的父親或母親，一旦成為單親後，不論心情再悲傷或再憤怒，首要之務即是在最短時間內讓自己振作起來，尤其是有些人會將自己婚姻的失敗解釋為個人價值的否定（或失敗

者），而經常處於情緒低落或起伏不定的狀態中，在這種不穩定的情況下，對孩子的管教方式就難以一致。我們常看到許多單親父母，其實他們也知道孩子需要更多的照顧、給予他們的行為表現更多的正向肯定，以及應該要儘快建立與孩子之間良好的關係，但似乎這一切只會發生在他們情緒平和的狀態下，一旦心情跌入谷底，馬上又將此種負向的感覺投射在孩子身上，特別是對不同性別的子女（因為他們正替代著離開的父親或母親之形象），此種變化無常、動輒打罵的態度，對孩子的身心發展及行為表現都會造成相當惡質化的影響。因此，單親父母要格外注意自己情緒上的變化，最好能找出一個合宜的宣洩方法，不論是運動、打坐、找親朋好友傾訴等等，儘量使自己的情緒維持穩定。

此外，加強單親父母對於今後單獨扮演父母角色的正確認知也是非常重要的。對許多單親父親來說，即使他們原先已參與了管教孩子的工作，但在缺少了配偶之後，作法就必須加以調整，否則只怕不但達不到原來的管教效果，更會影響孩子已建立的好習慣。此外，有些父親過去可能從未參與管教孩子的工作，也許在他們的認知上從來不知應該參與，或是不知應該如何參與，長久以來，他們幾乎只在驗收或享受成果（孩子良好的行為表現）。此時，母親角色的缺少（不論為死亡或離婚），若父親仍以其一貫不聞不問的方式管教之，孩子等於完全失去關愛與管教，行為將會無所適從，甚至發生偏差，這都是可以預見的。萬一因孩子表現不宜，父親再以傳統權威的方式嚴加苛責，則會更加惡質化親子間的關係與子女不適行為的表現。

其次，就單親母親來說，在成為單親後，真正所面臨的危機多在生活開銷的維持、心力的交瘁、自我身心的修復與突破等方面，這些變數皆會大大的影響她們管教子女的品質與成效。換言之，單身後為維持家計，繁重工作的體力付出，常使她們對挫折

的忍耐力降低，再加上單身（不論是死亡或離婚）所帶來的心理
創傷與對自我的否定，常常會因孩子的表現不如期望，而以嚴打
苛責或抱怨相向，此種管教模式不但使親子關係緊張，且會使孩
子無所適從或頓失依靠而走向極端，因此，對這些單身母親來說，
管教策略的調整與時間的良好管理，似乎是最需要加強的課題。

　　因此，父母在成為單親後，對自己在親職角色上的釐清與角
色的扮演、時間的管理、孩子對家務的參與程度，皆成為應加強
的重點，此外，管教孩子的質量分配，尤其對忙碌的父母而言，
管教之「質」的掌握，更能補助「量」的不足，此種理念的強化，
皆有助於管教子女成效的提昇。

(二)單親父母與孩子間良好關係的營造與維持

　　許多相關的研究都指出，親子關係若和諧，孩子會有較多正
向積極的行為表現。而在實際生活中，人們卻常存有錯誤的想法，
認為應該給孩子較多的要求、規定或處罰，才是讓孩子擁有正向
行為表現之最有效的方法。但從國內外許多學者的研究中皆可發
現，權威嚴厲的管教方式，往往只是暫時的壓抑孩子表現不當的
言行，一旦壓力源消失，就很容易故態復萌甚或表現陽奉陰違的
行為，若嚴厲的父母不在身邊，孩子仍會表現父母不期望的行為。
換句話說，嚴格的管教方式並沒有造就孩子表裡如一的行為表現；
而真正能讓孩子願意表現出父母所期待的行為，其實是建立在良
好的親子關係之上。當親子關係相處和諧時，父母傳遞給孩子的
是關懷與愛、良好的互動與溝通，如此一來，孩子不但會透過父
母愛的傳遞，而對自己的能力有著相當程度的肯定，同時也會儘
量依父母的期望行事。

　　因此，在單親家庭中營造良好的親子互動關係，實為單親父
母必須要面對的首要之務。初期，父母應先檢視在經過家庭的危

機（配偶死亡或離異）後，親子間的感情是否受到摧殘或傷害？彼此是否變得更加疏離還是更加依賴（孩子深怕自己亦離他而去）？是否對自己更加怨恨或不信任？這些想法的確認與心理障礙的化解，皆為再建立親子間的信任關係及安全感之重要課題。換言之，單親的父母必須在自己心情平靜後，坦承地向孩子說明婚姻發生變故的原因、自己心中的感受與對孩子生活帶來打擾的遺憾，持平的告訴孩子事情發生的來龍去脈，期望此種作法能夠獲得孩子的接納與認同。此外，在溝通過程中應多傾聽孩子的心聲與委屈，希望經由雙方坦承、開放的溝通，讓親子間的關係能恢復到過去良好的基礎。

另外，為長久維持親子間良好的關係，首先，單親父母應常向孩子表露愛與關懷的親情，因為那是在經歷家庭變遷後，孩子所急需或渴望得到的；再來，單親父母應瞭解與接納孩子實際的特質與能力、對孩子任何事的努力與投入經常給予正向的反應與回饋、空閒時常與孩子閒話家常及聊天，並多鼓勵孩子的成長與進步。這些作法不但能增強孩子對自我價值的肯定，且對親子間溫馨感情的營造，會有莫大的助益。

(三)避免因婚姻失落而一味的想以扮演「好父母」來作代償

多項研究證實，在子女成長過程中，如果父母處處要求自己扮演「好父母」，孩子常會經歷自己表現不好、處處不如人的痛苦。而所謂的「好父母」，是指那些對孩子的生活涉入甚多，且深信自己必須為子女做每件事才是合宜表現的父母。他們幾乎成了孩子的「服侍者」，隨時注意孩子是否表現出合宜的言行舉止、學校課業是否依進度完成、成績表現是否達到他們的期望。

「好父母」們經常十分在意自己對此角色的扮演，認為自己

應負起孩子表現優劣的責任，且認為孩子的外在表現即代表著他們扮演父母角色的能力。為了要給親朋好友好印象，他們常替孩子做許多事以免出差錯，結果，由於父母的過度保護，反而剝奪了孩子實際體驗以及培養自信心與獨立性的機會，這會使孩子覺得自己無能而凡事更依賴他人，結果會使父母更加覺得自己重要。

此外，「好父母」常會剝奪孩子學習相互尊重的機會。換言之，每當父母以控制、專制、過分保護或同情的方式對待子女時，常會侵犯了對孩子的尊重；每當他們表現出如同「看門者」的姿態對待孩子時，亦侵犯了對自己的尊重，實際上，這兩種情況亦可能傳遞給孩子不必尊重他人權利的訊息。

相對於「好父母」，「負責任」的父母則較關心如何建立孩子的責任感與自信心，而不是一味的只注重維護自己的外在形象。換言之，負責任的父母會給予孩子選擇的機會，且讓他們經歷自我決定的後果；他們以平常心對待孩子，讓他們有實際經驗與做決定的機會，且不論在任何情境下，都相信孩子有能力解決，讓他們有真正獲得體驗與自我負責的機會。

此外，為了要教導孩子與他人之間的相互尊重，父母應多採取堅持而非專斷的作法。換句話說，他們以溫和而堅定的方式要求子女，但卻不剝奪孩子的權利。

過去曾有多篇研究結果指出，有些單親母親在歷經離婚或配偶死亡時，會將此看成自己的重大失敗，而反向的要求子女處處表現優異，或以自己雖無丈夫仍能獨自扮演內外兼顧、母兼父職的「好」母親作為代償，但結果所帶來的影響或傷害常是更加深遠，此為輔導者應多加留意之處。

㈣單親父母管教子女時應多採用「開明權威」的方式，而少用「忽視冷漠」的作法

　　由筆者 (1993) 的研究結果得知，在單親家庭中，父（母）親採用「開明權威」的管教方式，最有助於子女在「個人適應」、「社會適應」、「自尊」、「偏差行為」及「學業成就」上的表現；而採用「忽視冷漠」的方式，則最不利於上述這些行為的表現品質。而此兩種作法最大的不同，在於前者的父母，不但平時就會給予孩子許多的關懷與溫情，且明確的告知對子女行為表現的期望水準，並經常會藉著與子女互動溝通的機會協商或修正彼此期望上的差距，以得到彼此的認同。此外，當子女的行為達到父母期望時，亦會給予正向的反應與回饋以喚起他們對這些行為的重視。

　　換言之，就是經由這些過程，而建立了子女對社會規範的正確認知、對自我行為適當的約束，因而表現出較多合乎社會期望的行為。反之，採用「忽視冷漠」方式的父母，在事前對孩子行為應如何表現並無明確要求或規定，而事後不論子女的行為表現是否合宜，亦多無反應；平時不但對孩子表現較少的關懷與愛，亦很少與子女閒聊與溝通，此種作法，不但易使子女對社會規範認知混淆，且會阻礙子女努力求好的動機，結果，子女自然在各種行為上顯現出較差的結果。因此，在父（母）親為工作忙碌的單親家庭中，如何能確切的掌握「開明權威」管教方式的特質，亦為單親父母所應積極學習的重點。

　　由相同的研究獲知，單親父親由於對父職角色認知不清或投入不足，常採用「忽視冷漠」的方式；至於單親母親也許是因生計的壓力或情緒的因素，亦常採用此種負向的管教方式，結果造成子女在「個人適應」、「社會適應」、「自尊」、「偏差行為」及「學業成就」的表現，皆差於採用「開明權威」、「寬鬆放任」或「專

制權威」的管教方式。因此，輔導單親父母瞭解「忽視冷漠」管教方式的不宜，且協助他們認知在單親家庭中，孩子心中的空虛、挫折與失意，對父（母）親關愛的需求更會超越以往在生親家庭時，父（母）親在平衡自己心態的同時，能對孩子多付出一些關愛與教導，並且最好採用「開明權威」的方式，才可真正達到預防或導正子女各種行為表現的效果。

(五)單親父母管教子女時，宜有明確合理的行為期望與明確的規定

1.合理的期望

單親父母在擬定孩子的行為規範時，要能符合孩子的能力。不論在孩子的生活常規、讀書習慣、出外遊玩、飲食、應對進退、待人處世等方面，父母皆應先仔細的思考到底自己希望孩子怎麼做，擬定一些明確之生活規範的約定；如果不知道如何訂定才合理，可以多觀察別人，思考其中的利弊再做抉擇。當然，無可否認的，年紀較小的孩子對父母所擬定的規範，較傾向於完全的接納，但對國中階段的孩子，若想得到他們的認同，則需要與他們共同擬定彼此都可接納的期望標準，如此，他們才會願意去執行。

此外，有些單親父母會因為自己婚姻的失敗，而希望孩子有優秀的表現，以便使自己能在親友心目中恢復以往的地位。但由多項的研究結果發現，父母若對子女擬定過高的期望水準，孩子如果因無法達到標準而受懲罰，長久下來，常會導致孩子自卑退縮的個性，或是變得叛逆、暴躁或自暴自棄。因此，父母所定的期望水準應與孩子的實際能力相符或稍高一點，如此，孩子才會有較高的動力去努力達成目標，事後不論是否能自父（母）處得到獎勵，對孩子來說都是一種肯定。這種結果所帶來的喜悅會更增進親子間的關係。因此，單親父母應隨著孩子的個性、能力、

性向，以及年齡的成長、課業的壓力而隨時調整，給予孩子合理的期望，如此才會帶來親子良好互動的積極效果。

2.明確的規定

所謂明確的規定是指什麼時候該做什麼事、什麼事該怎麼做。例如：早上一定要摺被、刷牙，飯後要洗碗、清理，星期一到五不可以外出玩耍，週末出去玩一定要在六點以前回家等明確的家規。有時怕忘了彼此的約定，可以寫成公約貼在牆壁上，以便隨時提醒。對很多單親父母來說，由於工作忙碌，常會抱怨孩子不但不協助料理家務，還把家裡弄得一團亂，待父（母）親身心俱疲的回到家後，還要洗衣燒飯、整理內務，讓自己心力交瘁。因此，如果單親父母在事前就與孩子定下良好的生活約定，說明為何需要如此，並運用適當的獎懲，久而久之，則可逐漸培養出孩子自理一切的習慣，而減少為瑣事煩忙或為瑣事衝突的機會。

(六)單親父母管教子女應掌握「一致性」的原則

管教之所以要有一致性的作法，目的在於讓孩子在很短的時間內就學會父母期望的行為，並能自我監控與管理，以及依循正軌，在適當的時間內做適當的事，能清楚的明辨是非善惡，且能把持為人處事合理的態度。在單親家庭中，父（母）親要能把握管教的一致性，下列幾點應該特別注意：

1.單親父母自我尺度的一致性

單親父母自己一定要能掌握一致的原則，如此，不論自己情緒的好壞、身心如何疲憊，都不會影響自己的管教準則，而使孩子能快速學會到底該如何行事。為了提醒自己，父（母）親可在家中孩子經常發生需要管教的行為處貼上色紙（或備忘紙條），一但孩子養成習慣後，就可以把色紙去除。此外，父（母）親別忘了自己是孩子身教的示範。換言之，如果要求孩子的地方自己卻

沒能做到，如此則會顯露出兩種標準，若自己做了不良的示範，會使孩子的學習效果大打折扣。換句話說，散漫的生活是不需要學習的，整理家務卻是很累人的，所以，如果父（母）親自己的生活習慣就十分散漫，孩子自然也會有樣學樣；若父（母）親隨口三字經、隨意損人，孩子自然也會學得出言隨便。因此，單親父母對孩子有要求時，得特別留意自我行為的掌控與示範。

2.與離婚配偶間管教方式「一致性」的採用

由筆者 (1993，1995) 的研究發現，父母採用「不一致」的管教方式，對子女的「個人適應」、「社會適應」及「偏差行為」等各項行為的表現，皆會帶來負向的影響，其效果幾乎與「忽視冷漠」的方式無異。而且這種負向的影響，在單親家庭中，會更具傷害性。這可能是因為在單親家庭中，父（母）親與離婚的配偶間對孩子管教方式的不一致，有時真正的目標並不是在教育孩子，而是為了要爭取孩子更多的「愛」、報復對方、故意找對方麻煩，甚或炫耀自己等。

此外，有些單親父母在離婚後，常會對孩子感到心存愧疚，而處處想以討好他們的方式來彌補，結果，這可能已經破壞了家中早已擬定的管教原則。有時更有些孩子會把自己所受到的管教，向已不住在一起的父（母）親抱怨或哭訴，以獲取更多的關愛或同情，結果，被告知的離異父（母）親會認為自己的孩子受到虐待，而給予更多的回饋或補償。如此，可能會讓孩子學會在其中獲得好處的投機心態，而表現出更多的適應不良或偏差行為。因此，如何與離婚配偶協商出大家可一致維持的管教原則，是單親父母特別需要用心之處，當然在實際執行上並不容易，但是如果雙方皆能以引導孩子做出正向積極的行為表現為優先，則在執行上就較為容易。當然，若是真的無法溝通，也許就只能透過長輩甚或律師來訂定規範的細則。

3.與其他照顧者間的一致性

單親父母最常碰到的應該是與長輩間管教的一致性問題，尤其是許多單親父親常與父母或其他長輩同住，以便一同協助養育孩子。通常長輩在管教第三代時，由於疼愛他們而多半十分寬鬆。長輩幾乎忘了自己在作父母時的原則，這也會使得孩子有投機的機會，在父（母）親那邊無法得到的，就跟長輩求取或告狀而得勢。此外，褓母與孩子間的關係亦不容忽視，通常褓母不若父母有相當的管教主權，有時甚或也沒有足夠的親情基礎，所以，他們無法以親情作為管教的籌碼，孩子對於他們的聽從性也較低，管教的效果更是混亂。因此，在管教孩子時，父（母）親與長輩、褓母間應溝通協商出一套一致的管教策略，並經常檢核彼此的尺度與處理孩子行為反應的一致程度，這些都是不容忽視的重點。

㈦單親父母管教子女時宜多採用能提昇孩子自信心與自我價值肯定的鼓勵方式

對單親家庭的子女來說，歷經家庭變動前後的混亂場面，或是由於父母間有人病重至死亡，或是父母理念不合而爭執或離婚，在這些過程中，孩子或是因為父母的遷怒而受到過多的責罰，或是因父母無暇顧及而受到忽視冷漠的待遇，此皆會間接的傷害了孩子對自我價值的肯定與自信。換言之，孩子會認為是自己的過錯而導致父母的關係惡化，甚或離異、有人死亡。

因此，單親父母如何修復孩子的自信心及提昇他們的自我價值，亦為管教子女時另一重要的課題。除了前述各項給予子女充分的關愛與合理的期望外，更應多採用鼓勵的方式。此種作法的特點是在面對孩子的行為表現時，將焦點多放在孩子努力的過程及行為表現的進步上，而不是只將重點放在行為表現的結果是否達到自己的期望。如此，不但能提高管教的成效，對孩子來說，

也不會因無法達到父母的期望而沮喪、不願意再繼續努力。換句話說，鼓勵的精神在於父母注意到孩子的努力與進步，即使孩子進步得很少，父母仍會給予肯定、讚美或正向的回饋。此種作法，會使得孩子肯定自我的能力與價值，不但會有更高的動機願意繼續努力、突破困境，且能在親子互動中建立更為愉悅的關係基礎。

㈧單親父母應採用能建立孩子獨立自主、自我負責與自我管理的管教策略

　　在單親家庭中，「忙碌」幾乎成了單親父母的最大生活寫照，若再加上家務的繁忙、孩子的不守規矩，只怕更是火上加油。有些單親父母在面對他人責難自己未將家務及孩子照顧好與教導好時，常自責於自己的能力不夠、愧對子女，而採用更加寬鬆或放任之方式對待孩子；但有些單親父母卻會在壓力無法負荷、情緒激動時，對孩子動輒謾罵或飽以老拳，結果不但未導正子女的行為與傳遞期許角色的正確訊息，還對親子關係帶來更大的傷害。

　　單親父母必須仔細評估，到底在哪些情境中最容易引發親子衝突，由於工作上的壓力與忙碌幾乎是較難避免的，若想在短期內見到成效，也許可自建立孩子良好行為的習慣著手。除前面幾項所談到的重點外，父母更應該採用自然、合理的結果，讓孩子經歷自己因為沒有遵循先前的約定，而給自己帶來許多不方便，例如：東西用完若未歸回原位，則會生活在雜亂的環境中；做完功課未整理書包，隔天就會遺漏功課而被老師責罰；煮飯若未按下開關，則會延誤吃飯的時間；考試日期快到，若不早日規劃讀書進度，到時就會手忙腳亂……等。

　　總之，單親父母必須改變過去面對孩子表現不好或犯錯時吼罵的管教方式，取而代之以事先讓孩子明瞭在目前的家庭現況下，彼此能相互配合的期望，且讓孩子歷經到若未依規定行事，恐怕

自己會遭遇最大的不方便。其實這也就是採用自然合理結果的最大功能，它不再會激發親子間相互怪罪的危機，而是逐漸建立起孩子獨立自主、自我管理與負責任的特質，這正是單親父母所最希望獲得的助力。

㈨單親父母應多掌握與孩子溝通的機會與品質，並建立良好的溝通習慣

親子間若常有機會閒聊、溝通、建立無話不談的習慣，平時不但可以交換資訊或想法，溫馨、關愛的感情也會在無形中盡情的交流，良好的親子關係自然就會形成。經常有許多父母抱怨孩子根本不與他們說話，其實多半時候是由於父母常在數落孩子的不是，造成孩子不悅而不想與父母溝通；或單親父母常抱怨每天回家後都已身心俱疲，根本沒有精力、時間與孩子多談，長久下來，親子間的關係自然就愈加疏遠。其實，溝通所要掌握的精神是自己願意用耳、眼、心去傾聽，而且不是只聽對方所傳遞之正向愉快的事，也包括他所經驗到的委屈、悲傷、不愉快的事情，此外，除了交心之外，還包括了困難問題的商討。所以，孩子如果從小就養成與父母無話不談的溝通習慣，也就不必擔憂如何建立穩定和諧的親子關係。

對單親父母來說，面對家庭的創傷、孩子心中的不解與怨恨，以及對未來不確定的憂慮，皆需要單親父母有心營造好親子關係後，向孩子予以坦誠溝通與化解誤會。此外，在未來生活中，對彼此角色扮演的期許與溝通、行為規範的建立與認同、突發事件的因應處理與檢討，皆需建立良好的溝通習慣。因此，對單親父母來說，即使生活再忙，平時多用心培養、安排與孩子閒聊的機會，有事發生時，靜下心來共同檢討失誤或未留意之處，再補強未來運作的流程，長久下來，不但能滿足孩子對親情的渴求，也

更能確保良好的親子關係。

㈩單親父母應隨時察覺孩子對他們管教方式感到滿意的程度

由研究結果得知，父母採用管教方式對子女行為的影響，會因子女對此種作法感到滿意程度的不同，而有差異。換言之，如果父母採用「開明權威」、「寬鬆放任」的管教方式，若子女對此種作法仍感到不滿意時，他們在各種行為的表現上，仍會較差於高滿意者；同理，即使父母採用的管教方式是消極、負向的「專制權威」、「忽視冷漠」，但是如果能得到子女的認同、接納或高滿意，仍會對其行為表現帶來積極的成效。由此而延伸出的一個啟示是：單親父母本身或是因為個性的因素，例如：過分緊張、要面子、尚未走出配偶死亡的悲傷或離婚的憤怒與悲情，或是因為在成為單親後之工作角色及生活壓力的調適不及，而對子女有高成就的期望，雖知負向、冷漠、嚴格的管教，不但有損親子關係，且會對子女正向積極的人格成長帶來傷害，但仍無法克制自己而選擇積極的管教方式，若能在平時與孩子溝通，讓他們瞭解自己對其高期望的原因，及對他們苛責的無奈、教育他們的苦心、生活中的困境，藉此設法得到孩子的認同與接納，如此即使採用的管教方式較不合宜，孩子也會體諒，而降低可能對他們身心帶來損害的結果。因此，單親父母在管教子女時，除了慎重的選擇合宜的管教方式外，更應經常藉由觀察與溝通的機會，瞭解子女對自己所採用管教方式感到滿意的程度，以為因應或調整。

「結婚」、「生子」常被人詮釋為人生中最美好的事。有了可終生相互分享、親密依存的配偶，有了可傳遞關愛呵護、撫育他們成長成就的下一代，在歡樂興奮之中，幾乎沒有人會料到事情的發展並不總是如此的完美。配偶因病重、意外而死亡，或因變

心離異時，都會使自己的生活因而混亂，事後即使想定下來再出發，也常不知如何開始；此時，如果沒有孩子，事情的處理也許還簡單些，但是孩子在出生後，就與父母構織成不可分割的關係。其實，家庭在變故過程中，父母或是由於追求自我需求的滿足、自我尊嚴的維護、對配偶的日夜照顧或與配偶行事風格的不同而互相批判、推責……等，幾乎早已忘了對孩子身心、生活需求的照顧與父母良好形象示範的維持，以及合宜管教策略的採用；待配偶死亡或與配偶離異後，有些人又會將此結果解釋為自己的失敗，而沉淪於憤怒、怨恨或自憐的惡質化情緒中，對孩子更是無心聞問，甚或視孩子為遷怒的對象，結果不但更惡化了親子關係，對孩子積極行為的塑造更加失去功能。許多研究一再指出，行為表現偏差的青少年多來自單親家庭。其實如果將單親家庭與偏差青少年間直接畫上等號，那是極不公平的事，因為幾乎沒有父母不願養育自己的孩子，也沒有任何孩子天生就想學壞。其實家庭的變故，不論父母或是青少年都是受害者，為了配合孩子身心的健全成長，單親父母根本沒有可用來抱怨的時間與機會，孩子的成長是不能等待的，單親父母唯有及早調整好自己的心態、振作起來，才能使家庭的生活常規及早步入正軌。

第6章

第 章

→ 繼親家庭親職教育

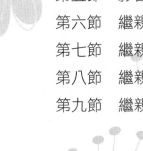

第一節　繼親家庭的意義

由於再婚現象日益普及，繼親家庭可能會成為未來家庭組成的主流，而傳統的核心家庭地位勢必面臨挑戰，甚至可能會被繼親家庭所取代（張玉佩，2002）。繼親家庭不再只是家庭內的問題，甚至將成為整個社會的問題。

單親後再婚的家庭稱為繼親家庭 (step family)。這包括一方再婚或雙方都再婚，並至少有一方帶來前次婚姻所生的子女，一起組成的新家庭（徐光國，2003）。此種家庭中的成員常有下列各項特質：

一、情緒方面的問題

㈠家庭成員大多曾經歷失落的感受，因此易將情緒投射在新的家庭成員上

對於繼親家庭而言，在進入再婚關係前，成員多少都曾經歷過一段與親人分離的失落與悲傷歷程，因而會將這些情緒繼續投射在新的家庭成員身上。

再婚對父母而言，雖然可以讓孩子過完整的家庭生活，但孩子卻常感受到更多的失落。因為再婚之前的那段單親家庭生活，孩子被賦予新的角色及必須共同分擔家務的甘苦。但當父（母）親再婚後，這些角色或工作會被繼親或繼手足取代，這會使他們覺得自己的重要性降低或自覺較沒價值，而開始擔心自己是否能適應新的家庭生活。

㈡繼子女會因分屬兩個家庭，而對自己原生父（母）親的忠誠問題感到不知所措

對孩子來說，自己與親生父母是一體的，他們是屬於父母所有的。因此，繼親家庭的孩子常會因為自己對原生父（母）親的忠誠問題而感到不知所措。

二、生活風格方面的問題

再婚的父（母）親與子女都會帶著過去家庭的生活史、早先的習慣與堅持，此皆會影響繼親子之間的互動。

繼親家庭成員彼此都帶著先前的經驗，有著早先深信不疑的信念及做事模式。因此無論是父母或子女都會將這些經驗帶入新的家庭中，此會影響他們對新家庭的觀感。過去在日常行為中的堅持和習慣亦很容易成為繼親子間互動的障礙。

三、家庭互動模式方面的問題

㈠婚後親子關係優先於夫妻關係的經營

在第一次婚姻時，夫妻雙方在子女出生前常有充分的機會相互溝通與協調，但繼親家庭由於在形成時，夫妻至少一方已有前次婚姻的子女，因此再婚後，親子互動的實際問題或壓力會立即呈現。夫妻間可以說是沒有蜜月期，親子關係的經營往往需先於夫妻關係的經營。

㈡繼父母的角色含糊不清，需要摸索學習

由於繼親家庭形成之初，家庭成員間的互動模式尚未建構，到底繼父母應扮演何種角色並無明確的規定，且缺乏可以認同與

學習的對象。因此對多數繼父母來說，要想扮演好父母的角色，都需要一段時間摸索與學習。

(三)生親如影隨形，繼父母感到被排除在外

由於孩子的親生父母與他們曾共同生活過一段相當長的時間，其間的連結是不易被拆散的。在繼親家庭中，當繼親與繼子女因生活常規的議題發生衝突時，繼子女常會以過去父母就是如此規定為理由，以為抗衡。此外，繼子女還會動不動就拿繼親的作為與生親做比較，這些作法對繼父母而言，孩子的雙親似乎總是如影隨形，影響力到處可見。致使繼父母常有一種被排除在外的感覺，若想要打入原有親子系統中，似需要盡更大的努力。

(四)繼子女分屬兩個家庭，需面對兩套家規與期待

父母再婚後，子女成為「兩個家庭」的成員。多數繼親家庭的子女不僅與目前的家庭有所牽連，也會與未獲得監護權的父（母）親家庭有來往。在此情況下，孩子經常要面對兩套不同的家規與期待。當衝突發生時，子女不是被夾在中間，就是需協助其中一方對抗另一方。結果，不但不能解決實際的問題，只會徒增困擾。

(五)繼親家庭需要較長的調適歷程，並付出較多努力

葉肅科 (2002) 認為繼親家庭的發展任務之一是成員間的相互認同與維護正常的家庭功能。一般而言，若想達成此社會期許的任務與功能，繼親家庭的成員需經歷一段較長時間的調適歷程與付出更多的努力。

㈥繼親家庭成員間的凝聚力較低，但其適應力卻較高

由於子女與親生父母的情感遠濃於繼父母，因此繼親家庭的凝聚力較低於傳統核心家庭，但有些研究卻發現繼親家庭成員的適應力卻較優於生親家庭（葉肅科，2002），這是因為繼親家庭成員經常來往於繼親家庭與原生父母家庭之間，無形中也提昇了他們適應的能力。

㈦缺乏愛的保證，繼父母需常表達愛與關懷

「血濃於水」最能形容一般生親家庭的親子關係，也被用來作為一種愛的保證。但是，繼親家庭似較缺乏對愛的保證。因此，繼父母需掌握表達愛與關懷的契機，以增進家人間的向心力與凝聚力。

繼親家庭的成員型態雖然與一般生親家庭的成員相似（皆有雙親與孩子），然而由於家庭組成原因與家庭成員過去生活史的不同，進而產生許多相異的特質。這些特質不能說是負面，而是一種現象，因此人們應以一種健康、理性的態度來面對繼親家庭的成員，進而對繼親家庭予以適當的期望。

第二節　繼親家庭概況

　　依內政部戶政司民國 96 年的統計資料，96 年登記結婚的新人共有 131,851 對，而當年度辦理離婚的夫妻竟高達 58,410 對。其中初婚率女性為 32.7‰，較 95 年下降 4.23 個千分點；男性為 30.2‰，較 95 年減少 3.21 個千分點；女性再婚率僅 10‰，不及男性再婚率的四成，遠低於男性的 26.7‰，主要係 40 歲以上離婚或喪偶的女性再婚率不及男性之五成，且隨年齡之增加其落差愈大。

　　96 年再婚者再婚（含離婚及喪偶）之平均年齡，男性為 43.4 歲、女性為 37 歲，分較 95 年增加 0.2 歲及 0.1 歲；男性以 35～39 歲者 4,459 人占 20.89% 最多，40～44 歲者 3,847 人占 18.02% 次之；新娘年齡以 30～34 歲者 4,232 人占 25.30% 最多，35～39 歲者 3,181 人占 19.01% 次之。

　　整體而言，當今國人的離婚率較二十年前增加將近四倍，離婚者的比率呈現逐年上升的趨勢。離婚的高峰出現在「剛結婚」、「生第一個孩子」與「孩子已長大了」等三個階段。伴隨著離婚與再婚的比率逐年上升，使得家庭結構變得更加複雜。離婚率攀升所帶來的影響除了單親家庭的增加之外，還有繼親家庭的產生。離婚人口選擇再婚的原因可能來自於兩性情感依附的需求、子女成長角色認同的需求、經濟需求與期待擁有一個完美的家庭需求等。

第三節　繼親家庭的類型

常見繼親家庭的類型共有下列兩種：

一、生父繼母家庭

此種家庭是生父再婚而組成的家庭，家庭成員包含生父、繼母與原生家庭的子女。

孩子的生父在原配死亡或與原配離婚後，或是為了滿足自己的身心需要、或是希望自己的生活起居有人照料、心理有人陪伴，或是希望有人能全心照顧子女而讓自己可以專心投入工作，而選擇再婚。至於繼母可能從未結婚過，或是曾經結過婚但並無子女，因此在婚後可以直接擔負起照顧繼子女的角色。但也有很多繼母在再婚前已有孩子，因此婚後會帶著自己的孩子一起遷入新家庭，結果雙方（繼子女與自己的孩子）可能會為了爭寵或是爭奪家中的有限資源，而形成緊張或不和諧的關係，此皆會造成家庭適應的危機。

此外，生父繼母再婚後，如果沒有再生子女，家人間的相處也許會很快地達到平衡穩定的狀態。相對的，如果繼母有帶來自己的孩子，或再婚後又懷孕生子，則可能會造成家人相處的混亂，使彼此間存有更多的心結、不滿與衝突，此皆會延長或惡化繼親家人間調適的時間。此外，繼母對於自己進入繼親家庭後所要扮演之角色的認知與定位，皆會與未來家人關係和諧程度建立的高低有著密切的相關。

二、生母繼父家庭

　　此種家庭是生母再婚而組成的家庭，家庭成員包含生母、繼父與原生家庭的子女。

　　孩子的生父可能已經死亡或是已與母親離婚，因此母親和繼父結婚後，孩子會和母親及繼父一同居住於再婚家庭之中。至於繼父可能從未結婚、曾經結婚但沒有子女，或是已婚又有自己的子女（隨父遷入新的家庭與生父繼母同住、不隨父遷入新的家庭僅與生母同住、或獨自居住在外、或居住於親戚家），這幾種情形都會左右著新家庭中家人和諧關係建立的程度與時程。

　　通常當生母要再婚前，多會十分在意即將結婚的對象對自己孩子接受的程度，換句話說，如果未來再婚對象與孩子間無法建立親密的關係，或不接受、不喜愛自己的孩子，或不被自己的孩子接納或喜歡，生母皆可能作出不結婚的選擇。相較於生父要再婚時，則較不會把孩子對繼母喜歡的程度列入考慮結婚與否之重要變項，兩者之間有很大的差異。

　　當生母和繼父結婚時，不論繼父有或沒有帶著原生家庭的孩子進入再婚家庭，生母通常會把大部分的生活重心放在新婚姻關係的經營上，若對方有帶來孩子，也會以努力養育或呵護對方的孩子，來強化新配偶對自己的肯定，這些作法對原生子女來說，會覺得母親再婚後，自己在她心中的分量大大降低、越不受重視，因而懷恨在心，甚或遷怒於繼父及其子女。此外，當生母與繼父結婚後，如果再生了子女，亦同樣可能會發生因生母與繼父特別疼愛，引發原生子女的妒嫉與忿恨，而埋下孩子間關係經常紛擾不休的因子，造成整個家庭亦無安寧之日。

第四節　繼親家庭父母的管教行為

　　以往許多量化的研究均發現在不同繼親家庭中，父母採用的管教方式類型，有顯著差異存在（王鍾和，1994，1995）：

一、在父親管教方式方面

　　繼父最常用「忽視冷漠」的方式，那是由於社會對繼父角色該如何扮演並無明確的規定，因此繼父會較少介入子女的管教。若必須要介入管教時，常顯得不知所措，偶爾會以「罵」的方式來管教子女，用權威來肯定自己的家庭地位。

　　而在「繼母家庭」中，雖然有些子女覺得生父常用「開明權威」的方式，但多數子女卻覺得生父常採用「忽視冷漠」的方式。生父再婚前的嚴格管教或不管教，再婚後較多會轉向溫和講理的態度，此原因是由於在單親期間，來自照顧孩童生活起居等繁雜事務的壓力此時由繼母接手，當只負責重大事情的決策時，父親自然較會採取「開明權威」的方式因應。

二、在母親管教方式方面

　　「繼父家庭」的子女覺得他們的生母仍常採用「開明權威」的方式，但也有許多的子女卻常抱怨原先溫和講理的母親，再婚後轉以「忽視冷漠」的方式管教他們，究其原因可能是由於大部分的管教責任仍落在生母身上，她除了要努力經營良好婚姻關係外，且為了向配偶表示自己對孩子的公平性，因此有時會刻意與自己的孩子疏遠。但當繼父管教子女若用打罵的方式或管得太嚴時，生母又會變得比較關心子女。

至於繼母，多數子女均認為她們最常採用的方式為「忽視冷漠」，最少採用「專制權威」，張玉佩 (2002) 的研究發現繼母在管教子女時，較會在意他人眼光，並且害怕破壞與繼子女之間的關係。因此，會儘量避免與子女衝突，將管教權留給先生或公婆。她們會使用適度的處罰，認為給予警惕即可，儘量用講理的溝通方式，對自己的子女與繼子女也儘量採用公平處罰的管教方式。此外，生母因仍會想再去接觸孩子、照顧和關心孩子，因此對孩子的管教反而比生父多。

三、在父母管教方式方面

「繼父家庭」的父母，最常用「不一致」的方式，其次為兩人均採用「開明權威」的方式；至於「繼母家庭」的父母，子女覺得他們也最常用「不一致」的方式，但其次則是兩人均採用「忽視冷漠」的方式（王鍾和，1993, 1995）。

此外，也有一些學者試圖以質的研究方法，探究繼親家庭中父母管教行為的差異，亦獲得一些有趣的現象分述如下（王鍾和等，1997）：

㈠在「生父繼母」家庭中

1.孩子表示生父由再婚前的「嚴格管教」或「不管教」，轉變為再婚後的「溫和講理」方式的比例較「生母繼父」家庭中的生母高。

2.生父對子女行為的「重視」及「偶爾重視」情形略多於繼母。

3.生父與繼母對孩子的重視或關心情形較為一致（有些均重視或均關心，有些均不重視或均不關心）。

4.孩子覺得繼母不關心他們的原因，多半是因為「偏心」及彼此關係「不親密」。

5.孩子表示家中事情決定者多為「生父」。

6.生父與繼母對孩子的要求頗為相當。

7.當孩子達不到父母親的要求時，生父與繼母對孩子的管教方式較為一致，雖有些會採取較為「開明權威」的方式，但多數均採用「負向」的管教方式，且以「罵」居多。

8.當孩子做錯事時，有些生父與繼母會對孩子採取「正向」的管教方式，不過大多數仍採取「負向」的管教方式，且以「罵」居多。

9.較多孩子表示已和父親離婚的「生母」會有介入管教的情形。

10.較多孩子表示期望生父與繼母多採用「寬鬆放任」的管教方式。

㈡在「生母繼父」家庭中 🐦

1.孩子表示生母的管教方式由再婚前的「溫和講理」管教方式，轉變為「嚴格管教」或「不管教」的比例較「生父繼母」家庭中的生父高。

2.孩子覺得生母對他們生活作息「不重視」的情形略多於繼父。

3.生母與繼父對孩子的重視或關心情形較不一致（常為一方面重視或關心，而另一方則較不重視或不關心）。

4.孩子覺得繼父不關心他們的原因多為與他們的關係「不親密」的緣故。

5.孩子表示家中事情決定者多為「生母」。

6.生母對孩子的要求多於繼父。

7.當孩子達不到父母親的要求時，生母與繼父對孩子的管教方式較不一致，但以「忽視冷漠」為最常見；有些繼父比生母較常採用「正向」的管教方式，不過大多數的生母繼父還是採用「負向」的管教方式，且以「罵」居多。

8.當孩子做錯事時，生母與繼父較不會採取「正向」的管教方式，甚至沒有孩子表示他們會採取「鼓勵」的方式，大多數仍多採取「負向」管教方式，且以「罵」居多。

9.孩子對於生母與繼父管教的滿意情形有較大的出入。

10.「繼父」較少會參與管教。

11.多數孩子希望生母與繼父的管教以「維持現狀」就好。

第五節　影響繼親家庭父母管教行為的來源

一、父母的性別

依社會期望而言，父親管教子女本來就是天經地義的事，無論父親是給予子女關愛或責罰，都無太大的爭議。在生父繼母家庭中，父親就是照著社會期望行事，採用開明權威或忽視冷漠的方式管教子女。但在生母繼父家庭中，對繼父來說，卻沒有明確的社會規範說明他們應該如何適切的扮演這個角色，結果常落入多管多錯，甚或被繼子女以「你憑什麼管我」口氣批判的困境之中。為避免發生這些不愉快的事件而傷害了正在萌芽之良好的親子關係，於是將管教孩子的責任交由生母負責，自己則常採用涉入較少之忽視冷漠的管教方式。但在生父繼母家庭中，生父再婚的動機之一，通常就是希望繼母能負起管教孩子的責任，將管教孩子的勞心、勞力的工作交給繼母，生父則可採用較高品質之開明權威的方式，或僅專心投注於自己的事業，對孩子則採用忽視冷漠的方式。

在生母繼父家庭中，生母常會採用自己長期以來一貫的方式管教子女，但對繼母來說，由於和繼子女並無血緣關係，而孩子對生母仍有感情上的牽連，或對生母仍有所懷念，因此對繼母的涉入，常在一開始就不太歡迎，再加上繼母太快肩負起管教的責任，若其對此角色的參與度過高或不高，對繼子女的管教方式都較偏向消極負向，此外，若在與繼子女相處過程中，因小事的不愉快而導致繼子女故意以惡言相向時，會造成繼母心灰意冷而採用更多忽視冷漠或專制權威的管教方式。

二、子女的性別

研究發現在父親單親的家庭中，女兒常扮演著如太太般照顧父親的角色，父親努力工作養家，生活起居的照料及情感的撫慰與支持，則常由女兒予以承擔，但當父親一旦再婚，懸缺之太太的角色就會由繼母取代，此時女兒勢必再回到原先兒女的角色，再加上女兒和繼母對父親和先生關愛的爭寵，皆會造成彼此相處上的緊張，而較難建立融洽的關係。這些不愉快的相處經驗，亦會影響繼母對女兒採用較多消極負向之專制權威或忽視冷漠的管教方式。

至於兒子，在父親單親時，與父親間常發展成朋友的關係，因此當父親準備再婚時，兒子常如「朋友」般的持以樂觀其成、開放的態度，接納父親所喜歡的對象。因此，多數繼母常覺得與繼子比較容易相處，也因此對繼子較常採用積極正向之開明權威或寬鬆放任的管教方式。此外，若繼母帶著自己的子女一併邁入新家庭，只將重心放在自己的孩子身上，根本不想照顧繼子女時，無論繼子女對她的態度如何，繼母所採取的都是消極負向的管教方式，這種過分冷漠的作法，會造成原先對她較持接納態度的繼子，也產生極大的反感。

對於再度成為單身的生母來說,無論是由於先生死亡或離婚,心情都是相當的低落,通常此時能同理母親的這種感受,而給予她們心理支持或情感宣洩的可能都是女兒,因此在生母的單身期間,母女感情會變得十分親密,這種親近的關係導致母親再婚後,女兒會排斥繼父,認為他是削弱自己和媽媽親密關係的介入者,這種抗拒的態度會讓繼父退縮不前,而採用忽視冷漠的態度面對管教的責任。

許多研究發現無論源自於配偶死亡或離婚,母親在單身期間,都會無奈的背負著許多痛苦和責任,她們會將這種不愉快的經驗投射到兒子身上,因此會以較為消極負向的方式管教兒子。因此,當生母準備再婚時,兒子反而會認為也許會有一個對他較好,自己可認同的對象出現,於是兒子較會以緩和接納的態度面對繼父,此會造成彼此間的相處與互動比較和諧,繼父也較願採取積極正向之管教方式。

三、繼父(母)結婚前,與繼子女關係建立的程度

當生父或生母要再婚時,如何向子女介紹繼母或繼父,此會影響他們未來與繼子女關係建立的品質。生父如果能在還沒有結婚前,甚或還在交朋友階段,就先把對方介紹給子女,讓他們有多一點時間相處,從認識、瞭解、接納、到良好關係的建立,且將他們之間相處的和諧程度列入再婚與否的考慮,如此孩子們會覺得受到相當的尊重,父親再婚後,對繼母會較易接受,繼母也會因此較易採用積極正向的方式與繼子女互動。相對的,生父要結婚時,若事前都沒有讓孩子知道,只是在決定後「告知」,這對子女來說,通常會把繼母看成是把父親搶走的涉入者,因此會以消極負向或抵制的態度來面對。結果繼母會因感到挫折與不悅,而採用消極負向的管教方式以為反制。

同理，生母要再婚時，亦應以相同的法則行事。但由於生母
再婚與否的考量，常將孩子接納對方的程度，作為是否再婚的先
決條件，因此較能避免一些繼父與子女相處不和或孩子受到管教
不當的情形。且研究發現，那些最能被繼子女接納的繼父，其實
並不是繼父採用何種的管教方式，而是繼父對他們的母親「好」，
只要能做到此，孩子們也會願意接納與包容繼父的一切作為。

四、父母再婚時子女的年齡

根據研究發現，若父母在孩子九歲前或十六歲後再婚，繼父
母比較容易和繼子女建立積極正向的關係，此會使繼父母也較願
採用積極正向的管教方式。反之，當父母再婚年齡是介於孩子九
歲到十六歲之間時，孩子常會持久且強烈的抗拒父母的再婚，此
會導致繼父母心中十分的不滿，而採用消極負向的管教方式以為
因應。

這種現象的發生，是因為九歲以前的孩子，較渴望得到豐富
與穩定的關愛與照顧，尤其他們的生母（父）不是突然不見（死
亡），就是先與父（母）親長期的爭吵不休，後又離婚遠去，在他
們早期成長的歲月中，來自父母的情愛可謂長期受到剝奪，因此
父（母）親再婚後，繼母（父）若有心扮演好母（父）親的角色，
可以讓孩子所渴望的母（父）愛與各種心理需求獲得滿足，繼親
子間會建立親密穩定的關係，管教策略的採用也會較積極正向。
但若繼母（父）已經進入此家庭兩年，或是由於自己對扮演繼子
女母（父）親角色的抗拒，或是繼子女主觀認定生母角色的無人
可取代而冷漠以對，皆會因無法建立積極正向的關係，使彼此越
行越遠、甚或仇視以對，面對孩子的管教，繼母（父）就可能會
採用忽視冷漠或專制權威的消極方式來對待。

若生父母再婚時子女的年齡是在九歲到十六歲之間，一方面

由於他們與離去的生母或生父間已建立了相當的感情，覺得他們在家中的地位無人可取代，一方面由於他們正值青春期，是個積極建立自我認同的階段，對生父母再婚有一套自己的看法，再加上父母再婚後會做些什麼（如性生活等），讓他們覺得不舒服或在同學面前沒有面子，這些都會造成他們採取消極負向的態度來抗拒，不願接受與承認生父母已再婚的事實，這種頑固、冷漠的態度，自然無法與繼母或繼父間建立良好的關係，遇到行為偏離正軌要給予管教時，專制權威或忽視冷漠方法的採用常無法避免。

對年紀較長十六歲以後的孩子來說，由於已有自己的社交生活，比較容易感受到單身父母的孤獨，此時若看到父母他們有談得來的伴侶想要再婚，孩子會覺得只要他們覺得滿意，對方能夠對自己的父母好，對自己似乎也是一種解脫，會採較贊成的態度，且會以開放的胸襟與繼父母間營造良好的關係，因此，繼父母亦會以較尊重、開放的管教方式與繼子女互動。

五、繼父母自身有無與孩子相處或有無當過父母的經驗

生父母再婚的對象，如果曾有與孩子互動或當過父母的經驗，對扮演繼父母的角色或管教繼子女方法的掌控應會是一個優勢，換言之，他們會較快或較易與繼子女建構良好的互動模式，但若從來沒有相關的經驗，不知如何扮演這個角色時，遭遇挫折及困擾或對管教重責心生抗拒時，都可能會因此而遷怒於繼子女，對他們採用較為消極負向的管教方式。

六、孩子生父母的介入

在我國通常母親再婚後，生父介入原配再婚生活的情形比較少，反之，當父親再婚後，原配常會十分關注他的再婚對象對自

己孩子的管教品質，是積極正向？還是處處找碴、消極虐待？對孩子來說，若有人可隨時聽其抱怨，且與他共商對策時，他會覺得不孤獨，且由於獲得支持而更加囂張，這會造成繼母管教孩子的壓力與不舒服，認為她的努力不但得不到回報，還處處得咎，結果她會以忽視冷漠的方式面對繼子女的管教，甚或採用專制權威的管教方式宣洩其心中的不滿。

七、繼父母有無帶子女遷入再婚家庭

　　父母親再婚後，繼父母有無帶子女一併遷入，會影響他們對繼子女的管教。研究發現當繼母帶著自己的孩子進入再婚家庭時，繼母常會把重心放在自己的孩子身上，行有餘力時才會去照顧繼子女，若因心情不好或體力不支時，繼子女則常成為遷怒或挨罵、挨打的對象，因此，父親再婚後，許多孩子常會抱怨繼母採用消極負向的態度，如專制權威或忽視冷漠的方式來管教他們；相對的，生母再婚時，若繼父有自己的孩子一併遷入的話，生母除了會花較多的時間與新婚配偶建立和諧關係外，也會用心經營與繼子女之間的關係，甚或超越自己的孩子，她們認為即使對自己的孩子關注力減少，他們心中知道自己是愛他們的，至於能儘早與繼子女建立親密的關係，是希望能對新的婚姻關係帶來加分的效果，生母這種作法，會使親生子女覺得母親再婚後，較常採用忽視冷漠的管教方式，而繼子女會覺得她們常採用積極正向如開明權威或寬鬆放任的管教方式。

八、父母再婚後有無再生子女

　　父母再婚後若再生子女，繼親家庭中將會面臨來自原生家庭的子女、繼子女及再生子女的情況，不論是生父（母）或繼母（父）的親職困擾會更加複雜。當繼親家庭中又增加了新生兒時，對繼

父而言，會強化對繼親家庭的依附。而對繼母而言，則常會轉移對原生家庭的子女及繼子女的依附。且在繼親家庭中，不論是繼子女或親生兒女，對生親而言，都代表著「過去的關係」。再婚後再次有了親生的小孩，對第一次生小孩的繼母來說會別具意義，而繼父在擁有自己親生小孩後，表現出「父親」的樣子，會全然不同於只擔任無血緣關係之繼父。

第六節　繼親家庭子女行為表現

過去人們常假設父母再婚會對子女身心帶來傷害。在 70 及 80 年代上半期有關繼親家庭的研究，多以比較繼親家庭及生親家庭子女，在心理及社會適應上的行為表現，但所得到的結果卻不盡相同。

一、心理發展方面

雖然許多研究發現在自我意象 (self-image) 的表現上，繼親家庭子女與生親家庭的孩童間，並無顯著差異存在。父母再婚對子女的情緒失調、行為問題、學業成績表現及偏差行為表現等方面，也無法證實會帶來長期負向的影響。然而，仍有許多研究顯示繼親家庭子女的自尊及自我意象較低、比生親家庭子女表現較多的內在行為問題，如沮喪與焦慮等、生活適應較差，有較多的退縮傾向及神經症狀，心理適應較差。這是由於繼父並未減低兒童長期失父的壓力，反而創造了新壓力的緣故，且繼父家庭男孩的行為表現，較生親家庭的男孩更依賴外控。總之，繼親家庭子女的

個人價值意識及自我概念較差於生親家庭的子女，但成長於繼父
家庭或繼母家庭中的孩子卻並無顯著差異存在。

二、社會適應方面

　　雖然有許多研究顯示繼親家庭子女與生親家庭孩童在友伴關
係、犯罪行為、藥物濫用等社會行為的表現上，皆無顯著差異存
在，但仍有許多研究發現比起生親家庭子女，繼親家庭孩子的社
會化較不完全，會表現出較多不合宜的社會行為，且社會適應較
差，在學校行為的表現方面，繼母家庭子女會出現較多的行為問
題；此外，在適當的社會行為的表現上，成長於繼母家庭男孩會
較差於女孩，且會更差於生親家庭中的男孩。

三、生活困擾方面

　　繼親家庭孩子表示他們的生活困擾多在學習與課業方面。且
不論在繼父或繼母家庭中，孩子自覺的缺點，均以「不良的生活
習慣」為最多，但老師及同學卻認為他們最常表現的缺點是「不
良的教室行為」。來自「生母繼父」家庭的孩子，老師及同學均認
為他們最大的缺點是「脾氣不好」（王鍾和，1993，1995）。

　　繼親家庭孩子對自己的家庭背景頗為介意，多不願告訴他人，
尤其不願主動向人提起，最多只會在他人問起時，被動地告訴對
方，或告訴好友等。

四、偏差行為方面

　　由於父母是孩童學習社會期望行為的角色示範者及價值增強
的來源，婚姻的破裂及家庭的重組，皆會混淆、中斷與傷害孩童
對社會規範的學習。結果，常會造成繼親家庭子女因為社會化的
不完全或不適當，而表現出不合乎社會期望的行為。多位學者均

研究發現，繼親家庭子女的偏差行為表現遠多於生親家庭子女，且在生父繼母家庭中，子女的偏差行為表現會更多於生母繼父家庭中的子女。學校老師及同學亦認為來自「生父繼母」家庭的孩子，最常表現的缺點就是「不良的教室行為」。也許這均與家庭的變遷有關。

第七節　繼親家庭的親子互動關係

一些過去針對繼親家庭親子互動關係的研究結果顯示，不論其與生親家庭間，或繼父與繼母家庭間的親子互動關係，確有顯著差異存在，分述如下：

1.親生父母對子女所表露之親情較繼父母多。

2.繼父家庭中，親子間的親密性最不同於其他家庭結構。

3.繼子女較生親家庭子女常表示對某位父母的偏好。

4.在繼親家庭中，子女常表現對生父（母）較為偏好。

5.繼親家庭中，繼父與子女的情感聯繫、互動關係，皆較差於生親家庭中父母與子女間的關係，而繼母與子女間常存有較多的衝突。

6.繼子女常覺得受到拒絕的待遇。

7.繼母比繼父較難與子女建立關係。

8.繼親家庭子女比生親家庭的孩童，表現出較少的滿意，較差的適應，對繼父較不瞭解，且認為繼父較差且較無權力。

此外亦有多位學者曾研究發現，繼父與繼子女關係間存有較大的壓力，且推測是基於：繼父不知要給繼子女多少的訓誡及親

情表現；繼父與繼子女所習慣使用之家庭常規、活動及做事方法不同；繼子女可能嫉妒繼父，且將他們視為爭取母親較多注意的競爭者；兒童覺得要對生父效忠，如果喜歡繼父，會感到背叛生父而深覺罪惡。

除量化的研究外，筆者亦曾針對不同類型的繼親家庭中的親子互動關係進行質的研究，結果發現：

一、在「生父繼母」家庭中

1. 孩子反映繼母在家情形以「經常在家」者居多。

2. 與生父相處時間很少。

3. 多數孩子表示與繼母相處的時間很少。

4. 孩子多表示其與生母往來情形以「完全沒聯絡」者最多，但與生母的聯絡頻繁度比「生母繼父」家庭中孩子與生父聯絡的頻繁度高。

5. 孩子表示常會和生父一起聊天、看電視及從事戶外活動。

6. 生、繼父母常問的問題大多是「學業」，至於其他問題較少過問，有些生、繼父母根本不會問孩子任何問題。

7. 生、繼父母會給孩子鼓勵的，多集中於「學業方面」。

8. 生、繼父母說話時，孩子最常以「有時聽有時不聽」的方式因應；在「生父繼母」家庭中，較多孩子完全不聽父母親的話。

9. 較多孩子覺得受到父母尊重。

10. 孩子表示未受到父母重視的人數顯著的多於「生母繼父」家庭。

11. 大多數孩子表示只願意以「普通」程度與父母親接近，男孩明顯地較喜歡親近生父，對繼母則較不喜歡。

12. 孩子表示與生、繼父母相處「不愉快」的人數少於「愉快」者，男孩表示與繼母相處「不愉快」者居多。

二、在「生母繼父」家庭中

1. 孩子表示生母在家情形以「很少在家」者居多。

2. 與繼父相處時間很少。

3. 多數孩子表示與生母相處時間很多。

4. 孩子多表示其與生父往來情形以「完全沒聯絡」者最多，與生父的聯絡頻繁度比「生父繼母」家庭中孩子與生母聯絡的頻繁度低。

5. 孩子表示常會和繼父一起聊天、看電視及從事戶外活動。

6. 生、繼父母常問的問題大多是「學業」，至於其他問題較少過問，有些生、繼父母根本不會問孩子任何問題，尤其以繼父最為嚴重。

7. 生、繼父母會給孩子鼓勵的，多集中於「學業方面」。

8. 生、繼父母說話時，孩子最常以「有時聽有時不聽」的方式因應。

9. 較多孩子覺得受到父母尊重。

10. 孩子表示未受到父母重視的人數顯著的少於「生父繼母」家庭。

11. 大多數孩子表示只願意以「普通」程度與父母親接近。

12. 孩子表示與生、繼父母相處「不愉快」的人數，少於相處「愉快」者。

第八節　繼親家庭父母的管教行為與子女行為表現的關係

　　筆者 (1995) 為瞭解在不同家庭結構之繼親家庭中，父母採用管教行為的不同，與子女的個人適應、社會適應、自尊、偏差行為及學業成就表現的差異之關係，曾予以探究，除比較繼親家庭與生親家庭子女各項行為表現外，並比較家庭結構不同之繼親家庭中，子女各項行為表現，結果發現其間確存有顯著差異，分述如下：

一、繼親家庭 vs. 生親家庭

㈠父親管教方式方面

　　1.不論在「生親家庭」或「繼親家庭」中，子女的各項行為表現，不會因父親採用管教方式類型的不同，而有差異。

　　2.在「繼親家庭」中，父親採用「開明權威」的管教方式，比採用「忽視冷漠」者，子女有較佳的「社會適應」，尤其在「社會技能」及「社團關係」等方面的表現更好。

　　3.即使父親均採用「寬鬆放任」的管教方式，來自「繼親家庭」的青少年子女，比來自「生親家庭」者，有較差的「社會適應」。這是由於他們的「社會技能」表現較弱的緣故。

　　4.即使父親均採用「忽視冷漠」的管教方式，來自「繼親家庭」的青少年子女，比來自「生親家庭」者，有較差的「社會適應」。這是由於他們的「社會技能」與「社團關係」表現較不好的緣故。

㈡母親管教方式方面 🐦

1.在「繼親家庭」中，母親採用「開明權威」的管教方式，比採用「寬鬆放任」者，子女會表現較少的「偏差行為」及較佳的「相屬意識」。

2.即使母親均採用「寬鬆放任」的管教方式，「繼親家庭」子女，比來自「生親家庭」者，表現較多的「偏差行為」及較低的「相屬意識」。

3.在「繼親家庭」中，母親採用「開明權威」的管教方式，比採用「專制權威」、「寬鬆放任」或「忽視冷漠」者，子女會有較佳的「社會適應」表現。

4.即使母親均採用「寬鬆放任」的管教方式，「繼親家庭」子女，比來自「生親家庭」者，有較差的「社會適應」表現。

5.即使母親均採用「專制權威」的管教方式，「繼親家庭」的子女，比來自「生親家庭」者，仍有較差的「社會適應」表現。

6.即使母親均採用「忽視冷漠」的管教方式，「繼親家庭」的子女，比來自「生親家庭」者，表現較差的「社會適應」（特別在社會技能與社團關係等方面）。

㈢父母管教方式方面 🐦

1.在「繼親家庭」中，父母均採用「開明權威」的管教方式或採用「不一致」方式，都比均採用「寬鬆放任」者，子女會表現較少的「偏差行為」。

2.在「繼親家庭」中，父母均採用「開明權威」的管教方式比採用「不一致」的方式，或均採用「忽視冷漠」者，子女會有較少的「偏差行為」與較佳的「個人價值意識」、「社會適應」（尤其在社會技能方面）及「學業成就」表現。

3.在「繼親家庭」中，父母均採用「專制權威」者，比均採用「寬鬆放任」、「忽視冷漠」或「不一致」的方式，子女會表現較少的「偏差行為」。

4.即使父母均採用「專制權威」的管教方式，「繼親家庭」青少年子女仍會比來自「生親家庭」者，有較差的「社會技能」及「學業成就」表現。

5.即使父母均採用「開明權威」的管教方式，來自「繼親家庭」的子女，仍比來自「生親家庭」者，有較差的「學業成就」表現。

6.即使均採用「不一致」的管教方式，「繼親家庭」的子女，仍比「生親家庭」者，表現較多的「偏差行為」與較差的「社會適應」與「學業成就」。

7.即使父母均採用「寬鬆放任」的管教方式，「繼親家庭」子女，仍比來自「生親家庭」者表現較多的「偏差行為」及較差的「社會技能」。

8.即使父母均採用「忽視冷漠」的管教方式，來自「繼親家庭」的子女，仍比來自「生親家庭」者，表現較差的「社會適應」及較多的「偏差行為」。

二、繼父家庭 vs. 繼母家庭

㈠父親管教方式方面

1.在「繼父家庭」中，父親採用「開明權威」的管教方式，比採用「專制權威」者，子女有較佳的「家庭關係」。

2.在「繼母家庭」中，父親採用「開明權威」的管教方式，比採用「寬鬆放任」者，子女有較佳的「家庭關係」。

3.即使父親均採用「寬鬆放任」的管教方式，來自「繼父家

庭」的子女，仍比「繼母家庭」者，有較佳的「家庭關係」。

㈡母親管教方式方面 🐦

1.不論在「繼父家庭」或「繼母家庭」中，母親採用管教方式類型不同，並不會影響子女各項行為的表現。

2.在「繼父家庭」中，母親採用「開明權威」的管教方式，比採用「忽視冷漠」者，子女有較佳的「相屬意識」。

3.在「繼母家庭」中，母親採用「開明權威」或「專制權威」的管教方式，比採用「寬鬆放任」或「忽視冷漠」者，子女會表現較少的「偏差行為」。

㈢父母管教方式方面 🐦

1.在「繼母家庭」中，即使父母採用管教方式「不一致」，子女所表現的「反社會傾向」仍少於父母均採用「忽視冷漠」的管教方式。

2.在「繼母家庭」中，生父與繼母均採用「專制權威」管教方式，比均採用「忽視冷漠」或「寬鬆放任」的方式，青少年子女會有較少的「偏差行為」表現。

3.在「繼母家庭」中，生父與繼母均採用「開明權威」管教方式，比均採用「不一致」方式，或均採用「專制權威」或「寬鬆放任」者，子女會表現較少的「偏差行為」。

4.在「繼母家庭」中，生父與繼母均採用「不一致」的作法，或均採用「忽視冷漠」的管教方式，比均採用「寬鬆放任」者，子女會有較少的「偏差行為」表現。

5.即使父母均採用「寬鬆放任」的管教方式，「繼父家庭」子女的「偏差行為」表現，仍較少於「繼母家庭」的青少年。

第九節　繼親家庭親職教育

一、完整繼親家庭的建立與維持

完整的家庭結構會提供給孩童安全感與歸屬感的特質，使他較無後顧之憂的參與學校的學習、各種社交的活動與人際間的交往，這些經驗皆有助於其生活適應及在各種情境中的行為表現。對繼親家庭的子女來說，他們都在非自願的情境下經歷了家庭的變遷，此對其身心發展所帶來的創傷，在短期中很難明確的評估，唯一可確認的是，親生父母若能更用心及努力的經營再婚後的家庭，再提供給孩子一個安全、穩定、充滿溫馨歡樂的家庭環境，則可能會弱化甚或撫平早期的不愉快經驗，對孩子人生的再出發皆會帶來積極的意義。

二、適當管教方式的採用

在「繼親家庭」中，父母採用「開明權威」的管教方式，最有助於子女在「個人適應」、「社會適應」、「自尊」、「偏差行為」及「學業成就」的表現；而「忽視冷漠」的方式，則最有害於上述這些行為的表現品質。而由前文所述，在繼親家庭中，不論是生父或是繼母，還是生母或是繼父，子女均覺得他們最常採用「忽視冷漠」的管教方式。此種方式表現的特質，常是先前對行為並無明確要求或規定的訊息傳遞，當子女行為表現合宜時，亦無回饋，此種作法，不但易使子女對社會規範認知混淆，且會阻礙子女努力求好的動機，最後，子女自然在各種行為上顯現出較差的結果。因此，在繼親家庭中，如何能確切的掌握「開明權威」管

教方式的特質，亦為父母所應積極學習的重點。此外，由研究中還獲知，「繼親」家庭中，母親採用「寬鬆放任」的方式亦有助於青少年「個人適應」、「社會適應」、「自尊」、「偏差行為」及「學業成就」的表現，因此，面對自我意識漸長的青少年，母親採用管教方式的類型亦應作調整，以關懷、溫馨、多溝通與給予回饋之「開明權威」或「寬鬆放任」為主，而避免繼續採用「專制權威」甚或「忽視冷漠」的作法。

三、生父（母）及繼母（父）均參與管教子女的工作

若父母兩人同時參與管教工作，且皆採用「開明權威」的管教方式，對子女良好行為的建立，最能帶來積極的成效；若父母兩人不能均採用此種方式，而其中一人（父親或母親）能採用「開明權威」的方式，仍會使子女有較佳的「個人適應」、「社會適應」、「自尊」、較少的「偏差行為」及較優的「學業成就」表現。這也就表示，當父母兩人均執行管教子女的職務時，若其中一人因自己主觀上的抗拒（如繼母）或不知該如何投入（如繼父），而採用較消極的作法（如忽視冷漠）時，則常會對子女的行為表現帶來許多負向的傷害。但此時若另外一人能及時採用「開明權威」的管教方式，予以調整或補足，則會降低不適管教方式所帶來的負向影響，使孩子的各項行為仍可維持相當的水準。

四、瞭解且重視繼子女對父母所實行管教方式感到滿意的程度

父母採用的管教方式對子女行為的影響，會因子女對此種作法感到滿意程度的不同，而有差異。換言之，即使父母採用積極的管教方式，如「開明權威」，但若子女對此種作法，感到低滿意

時，其在各種行為上的表現，仍會較差於感到高滿意者；同理，即使父母採用的管教方式是消極、負向的，如「忽視冷漠」，但是如果能得到子女的認同、接納或高滿意，則仍會對其行為表現帶來積極的成效。由此而延伸出的一個啟示是：若生父母本身因特殊的理由（如生父因要忙於工作，將管教孩子的職責託付給繼母；生母要努力經營自己再婚的夫妻關係，將管教孩子的職責暫時鬆散等），雖知這些負向、冷漠或過分嚴格的管教，不但有損親子關係，且對孩子人格正向的成長會帶來傷害，但仍無法調整或修正時，若能事先讓孩子瞭解你的無奈或苦心，換言之，若能在事先得到孩子的諒解與接納，如此也許會因增加孩童對你採用管教方式的滿意度，而降低負向管教可能對子女身心帶來的損傷。因此，父母在管教子女時，除了慎重的選擇較合宜的管教方式外，更應該經常藉由觀察與溝通的機會，瞭解子女對自己所採用管教的方式感到滿意的程度，以為因應或調整。

五、繼父母兩人應避免採用「不一致」的管教方式

父母若採用「不一致」的管教方式，對子女的「個人適應」、「社會適應」及「偏差行為」等各項行為的表現，會帶來負向的影響，而且幾乎與「忽視冷漠」的方式無異。在繼親家庭中，除了生父（母）與繼母（父）會採用「不一致」的管教方式外，繼母與孩子的生母間，有時會為了競爭孩子的「愛」、報復或故意找麻煩、炫耀自己等，亦會採取不一致的方式管教孩子，結果使孩子成為犧牲者，而表現出許多適應不良或偏差的行為。因此，如何輔導父母瞭解「不一致」管教方式帶來的危機，尤其是對「繼親家庭」的繼母與孩子的生母間，協助他們達成共識——孩子身心健全發展才是最重要的，此皆為親職教育要強調的重點。

除上述各項繼親家庭父母在實施親職教育過程中所要掌握的

原則外，為提昇親職教育的實施成效，單身父母再婚前及再婚後亦有下列幾項應多費心之處：

一、再婚前

1.澄清自己為什麼要再婚的信念。是為了自己身心需求的滿足？還是為了孩子的成長與家庭？

2.應先與子女做徹底、坦誠的溝通，讓孩子瞭解再婚對彼此及整個家庭的優勢與重要性。

3.有中意對象時，宜儘早介紹給子女認識以培養彼此間的感情。

4.注重再婚對象與子女相處情形，特別是子女是否喜歡再婚對象？再婚對象對子女好不好？若其間存有嫌隙是否有突破的可能？

5.若再婚對象計畫帶子女一併遷入時，提供雙方子女婚前相識與相處的機會，並將相處的品質列入再婚時程及決策之中。

6.尚未結婚前，儘量避免與再婚對象同居於家中，以減少孩子對他們心存負面的看法。

二、再婚後

1.家庭剛組成時，應更注意孩子在家庭、生活、學校及人際關係上的適應情形。

2.費心經營良好的婚姻關係(父母婚姻的滿意度對家庭氣氛、親子互動與青少年行為上皆有良性助益)。

3.原生父母應協助繼父母扮演繼親角色與建立親子間良好的關係。

4.繼親與已離婚的生親間應提供相互支援而非相互較勁。

5.管教方式上宜採用「開明權威」的管教方式，且平日多與子女閒聊及溝通。

6.繼父母自婚前到婚後要花更多心思在「女兒」身上，加強

與她們間的互動，爭取接納與認同。

7.當有繼親的手足一併遷入時,對家規事先應有明確的規定,且父母要公平地對待彼此的子女,以減少相互競爭情形或衝突。

8.父母經常掌握與繼子女雙向溝通機會,多關注並留意繼子女的行為反應與心理需求。

9.以更積極的心態與作為參與繼子女的生活,取代僅採取消極輔助的角色扮演。

10.多花時間與孩子互動,增進彼此的親密感。分享彼此的生活點滴、建立互信以得到繼子女真誠的認同。

11.針對不同年齡層的繼子女,應以不同的方式與他們互動,來增進彼此的關係。

　(1)幼兒: 應增加照顧與接觸機會。

　(2)學齡兒童: 可運用學校舉辦親子活動的機會,藉由一同參與活動增進繼親子之間的關係。

　(3)青少年: 可以採交朋友、互信的原則作為互動的基礎。不必急於想要取代生親的角色,管教方式可適度採用「寬鬆放任」的方式,給予青少年孩子多一點自由與空間。

12.加強留意管教後孩子的滿意度。

第 7 章

→ **隔代教養家庭親職教育**

　　中國傳統的家庭有別於歐美是以大家庭為主，爺爺奶奶、姑嫂、伯舅、父母、兄弟姊妹都住在一起，所以小孩也都隨時有人照顧。但隨著經濟、社會、家庭結構的改變，延展家庭 (extended family)——大家庭快速遞減，取而代之的是核心家庭 (nuclear family)——小家庭。家庭經濟負擔的增加、女性主義的抬頭，皆造成女性在婚後自願就業人口的增加，形成了許多的雙薪家庭，但卻因此疏於對子女的照顧及管教，而交由祖父母來幫忙照料(胡幼慧，1996)。同時國外學者 N. M. Pinson-Millburn (1996) 也指出，早期祖父母多在孫子女之父母死亡、離婚或是托育的情況下，才會負起養育孫子女的任務。然而隨著時代的改變，有越來越多的父母，則常是因為不能 (unable) 或不願意 (unwilling) (例如藥物濫用、遇難、犯罪、情緒或精神失常、服刑在獄等) 照顧孩子，或由於孩子的父母故意遺棄、沒有能力撫養、離婚、對孩子予以身體或性虐待、死亡等因素導致家庭破碎，致使祖父母必須擔負起照顧孫子女的責任。

　　隔代教養是社會變遷以及都市化之下的產物，當父母無法執行教養子女的職責，而必需委託「他人」時，自己的父母常成為第一優先考慮的對象。祖父母或是基於愛護子女的心態，或是平常就依賴子女經濟上的協助與照顧，因此，當子女提出要求時，自然接手承擔成為孩子們的「代理父母」。面對這種社會趨勢，我們有必要對普遍存在的隔代教養家庭做更深入的瞭解及探討。

第一節　隔代教養家庭的特質

一、隔代教養家庭的意義

　　隔代教養家庭，一般又稱為隔代家庭或祖孫家庭，係指小孩因種種原因無法與父母同住，只得與祖父母生活在一起，由祖父母代為照顧子女及負擔教養責任的家庭。隔代教養的意義又可細分為狹義和廣義兩類：

(一)狹義意義

　　指由祖父母擔負起孫子女照顧及教養責任的家庭，父母很少或根本沒有履行親職教育的責任。

(二)廣義意義

　　指祖父母運用部分時間擔負起孫子女照顧及教養責任的家庭，如三代同堂，或夜間父母、週末父母、假期父母等情形，惟父母多少仍在孩子的親職教育角色中扮演著相當重要的角色。

二、隔代教養家庭的類型

　　依據廣義的意義，隔代教養家庭可分成五種不同的類型：

　　1.孫子女日夜均由祖父母照顧,父母根本不回家或很少回家,對子女生活起居也不過問的隔代教養家庭。

　　2.孫子女白天由祖父母照顧,晚上則由父母接手的隔代教養家庭。此種家庭常為三代同堂,或父母就居住於附近的家庭型態。

　　3.孫子女平常寄居在祖父母家中由他們照顧，週末或假期則

由父母帶回自己家或前往祖父母家，由他們親自照顧的隔代教養家庭。此種家庭通常是祖父母居住的地方較遠（如鄉下），或父母工作很忙常需加班或出差的家庭型態。

4.孫子女主要由祖父母照顧，父母不定時回家照顧的隔代教養家庭。

5.孫子女雖居住於祖父母家中，但對其生活起居的照顧及行為的管教則由家中的其他親友，如姑姑、叔叔或大嫂等人照顧。

三、隔代教養家庭形成的原因

隔代教養家庭的形成，導因於許多不同的社會因素，分別說明如下：

(一)父母的工作過於忙碌

父母因工作的要求，經常需加班或出差，對孩子的照顧或管教的品質常無法維持，從承諾由自己負責，到請外傭或委由褓母或托育中心代理，直至孩子出現經常生病或種種適應不良的行為徵候時，祖父母常成為拯救者（自願投入）或被託付的對象。

(二)因父親或母親死亡，或父母離婚而形成之單親家庭

在父親單親的家庭中，父親要忙於工作，常無暇顧及孩子的養育或管教，若再加上對此工作的不熟悉，自然會選擇尋求「代理者」的解決方案，自己的父母則成為首選求助的對象。至於在母親單親的家庭中，經濟的壓力成為她們心理困難最大的來源，努力工作賺錢為維持生活水平的唯一選擇，在每日早出晚歸精力極端耗損之下，對孩子養育或管教的品質自然大打折扣，甚或帶來損害，因此求救於自己父母的協助，亦成為無法避免的抉擇。

(三)身體健康欠佳

照顧孩子的工作，自懷孕到孩子出生，一直都在父母的期盼之中，也因此對孩子的養育策略早已規劃完全，且依計畫行事，但也許因為懷孕、生產過程中的生理失調，或日夜照顧孩子的壓力太大，致使身體健康發生問題，無法繼續對孩子提供高品質的照料，因此，祖父母就成為能被其信得過的代理者。

(四)躲避債務

父母因為積欠債務無法償還，擔心對方至家中騷擾而傷害孩子，因此父母只有離家躲避，在外面東奔西跑地躲藏，對孩子無法給予適當照顧，而且孩子有就學問題，因此會請祖父母暫時擔負起照顧孩子的責任。對祖父母來說，突如其來的責任或任務其實並沒有很大的意願來接受，但礙於是自己的子女經濟發生問題，也只有將此工作承擔下來。

(五)經濟問題

父母為了維持家庭經濟開支，要花許多時間、精力在工作上，對孩子的生活起居或行為管教或課業輔導常有心而無力，為免對工作太投入而影響孩子的養育品質，因此將照顧孩子的問題委託他人，有些父母會將孩子委託褓母來照顧，但對那些經濟有壓力的父母來說，又將是額外的一筆開銷，無疑是雪上加霜。因此，託付給自己的父母似乎是較為省錢與安心的作法。

(六)遠赴外地或國外工作

目前面對國家經濟型態改變，很多公司移往大陸或東南亞地區，對父母來說可選擇資遣，或選擇與公司一同移至外地執行原

來工作。在經濟不景氣的當下，另謀職業雖然可以留在國內與家人在一起，但似乎又是另一難題。因此在不得已的狀況之下，父母其中一人甚至兩人皆移往國外工作，到國外工作時生活尚未安頓，而孩子在國內可能已就學，突然中斷學業可能會對孩子的學習造成嚴重打擾，因此父母通常會選擇讓孩子留在國內繼續就讀，此情況之下，祖父母成為當然且安心的託付對象，等到父母有假期時，再回來探視兒女。

(七)欠缺照顧小孩意願

有些父母雖然已經生育孩子，但自己的個性一直未安定下來，除了上班的時間，閒暇時他們還是喜歡邀約朋友到處玩樂；即使不用上班，他們也覺得照顧孩子是個讓生活沒有情趣的工作，這些父母如果經濟狀況許可，會將孩子託付給褓母，或是在家中聘請外傭照顧，因此孩子對他們來說只是一個偶爾供他們玩樂的對象罷了，但對真正的養育或管教的職責，他們是完全沒有興趣投入的。但是當家庭經濟不是這麼寬裕時，祖父母又成為一個讓他們覺得安心又不必考慮經濟因素的對象，對這些父母來說，到底祖父母們照顧孩子有些什麼壓力、意願或是需要額外支出多少金錢，可能從來不想去問也懶得去問，只是認為孩子是他們的孫子女，他們就該替自己照顧子女。對他們來講，探望孩子也不是他們定期必須做的工作，想要跟孩子玩就來玩，所以在孩子的成長過程中，孩子腦中的父母其實是祖父母，而真正的父母卻是天天見不著面的人。

(八)惡意遺棄子女

這種情形實際上最常見的是不負責任的父母，有的時候父親或母親本身有了外遇而不告而別，他們並不在乎子女由誰照顧；

有的也許夫妻一方遺棄孩子，另一方卻無力照顧，例如媽媽遺棄家庭，爸爸卻無力照顧孩子，或是爸爸遺棄家庭，而媽媽必須要去賺錢也沒有時間照顧孩子；甚或其中一方遺棄子女，而另外一方心中不平，不想承擔這種勞力的工作，也把孩子遺棄。在這種狀況之下，子女要由誰照顧？社會福利單位通常會將孩子託付給其他親人，祖父母常常是首先詢問的對象，為了自己的骨肉，他們也會承擔起這個責任。

(九)父母失能（智能異常或精神耗弱等）

　　通常有兩種情況，其中一種是父母之中有一人或兩人是智能異常，依衛生教育的建議，通常這類型的人最好不要結婚或生育，但當他們一旦結合後，由於較無法做出明確的判斷，結果還是生育了孩子，而所生育的孩子亦可能照樣具有基因上的缺陷。有的時候是只有一方為智能異常，例如太太，而先生要賺錢養家，而太太又無法養育孩子，這時可能就要找幫手，人選通常就是祖父母。除了這種以外，一對夫妻剛結婚時可能是正常的，生育後也是正常的，但某一方突然遇到重大事件導致精神耗弱，例如罹患憂鬱症，或是精神疾病被誘發，配偶要照顧另一半需要花時間和精力，更遑論還要照顧正在成長中的孩子，無論是生活或是課業學習、行為管理等等，為了使這個家庭的生活還能繼續經營下去，或是恢復生活水平，孩子便需要找人臨時託付，祖父母就承擔起此種角色。

(十)未婚懷孕

　　最常見的就是青少年的未婚懷孕，有時因為懷孕時間已超過可人工流產的階段而無法墮胎，或是父母也不忍將生命扼殺，就把孩子生下來，有些父母會請別人領養，有些則認為把骨肉送給

別人不道德，也說不過去，希望女兒生了孩子後仍舊回到生活的正常軌道，由祖父母照顧孩子。一般而言，在老一代的觀點中，都認為未婚懷孕還是一個比較不適合聲張的事情，因此在照顧孫子女時，背負了很多怨恨與羞恥，也造成了祖父母管教以及與子孫相處上不利的因子。

(十二)鄰近無適當托育服務機構

有時因為父母工作的地點附近或是路途周邊並無法找到褓母、幼稚園或適當托育的地方，而家中又必須兩個人一起工作，那麼該由誰來照顧孩子？此時往往會將孩子託付給遠在他縣或鄉下的父母照顧，將自己所賺的部分薪水交付給父母作為額外的金錢支出，通常對父母來說這種選擇是不得已的，多半只要有空甚至每週有時間都會儘量回到祖父母家中探視孩子。

(十三)吸毒、酗酒或犯罪服刑中

這種情形最常見到的就是父母雙方或是某一方有吸毒、酗酒或正在服刑，在這種情況之下，兩人常無法照顧孩子，例如太太入獄，先生常無法照顧孩子，或是先生入獄，太太要去賺錢養家維持生活的正常開支，因賺錢養家需要時間及勞力，薪水也不是那麼多，在此種狀況下，照顧孩子的品質無法維持，因此尋求支援是必然要做的決定，祖父母也常成為支援系統中的首選。

(十三)特殊處境（異國婚姻、外籍新娘等）

現在許多家庭中，無論是為傳宗接代而娶了外籍新娘，或是因為在國外唸書工作，認識不同國籍的異性而結成的婚姻，都會面臨共同的問題，就是養育孩子的人是否具有好的語言能力來教導孩子？與孩子對話、管教、教導課業、輔導等工作，能否做好？

近來研究發現外籍新娘尤其是東南亞籍者，其孩子的語言學習因為母親中文程度的問題，而遠落後於一般家庭的孩子。當父母面對這種困境，如何突破不要讓語言障礙阻礙孩子健全身心的發展，請祖父母幫忙或託付，常成為選擇之一。

(齿)祖父母生活過於孤寂希望有孫子女陪伴

現在年輕人通常離鄉背井到都市工作，祖父母在家中隨著年紀增加，也慢慢退休，生活顯得單調，主動期盼要求子女生了孩子後，將孩子託付給自己來照顧。他們的理由多半是認為年輕人要打拼事業，與其將孩子交給外人照顧，不是沒有愛心就是容易感染疾病，不如交給自己照顧，並承諾會盡心盡力照顧好孫子女。對很多年輕父母來說，當祖父母提出要求時，是心存喜悅的，就怕祖父母不開口，如此一來既有信得過的人，又可給孩子高品質的照顧，而且有些父母不在乎提供金錢支援，亦不在乎和孩子互動的時間，認為以後相處時間還很長，即使暫時與孩子分離，親子關係應不會受到太大的影響。但是後來可能會出現其他的問題，就是當父母發現祖父母過於寵愛孩子，而孩子因此形成不良生活習慣時，他們會想將孩子帶回自己管教，但祖父母面對他們的孫子女要離去時，通常會百般阻撓，最後雙方妥協下的條件，是要父母再生一個來交換，而祖父母對其仍是過分寵愛，先前所發生的事情再度發生，此種情形如何達到平衡值得關注。

在上述各類形成隔代教養家庭來源中，對國小階段的孩子來說，排名第一的是父母工作過於忙碌，其次為父母離異，至於父母喪偶則排第三；而國中階段的孩子，排名第一的為父母離異，其次為父母工作過於忙碌，至於父母喪偶也排在第三。

第二節　隔代教養家庭概況

依內政部 (1996) 相關數據顯示，我國的離婚率自民國 70 年的 0.8‰ 升高至民國 84 年的 1.6‰。以美國為例，近十年來美國人口中與祖父母一起同住的小孩，激增了 40%。「美國退休人員協會」(American Association of Retired Persons, AARP)(1994) 亦調查發現，預估全美約有 72 萬 3 千個破碎家庭，其中未成年小孩的照顧、養育、管教、社會化的工作，幾乎完全交由祖父母負責。在臺灣，隨著醫療品質的精進、人們對衛生保健之重視，老年人口已有快速增長的趨勢。依行政院主計處 (1997) 臺灣人口統計資料顯示，我國國人之生命期望值 (life expectation)，男性高達 72 歲，女性高達 78 歲。至民國 85 年為止，臺灣 65 歲以上的人口，占全國總人口數的比率為 7.85%，且依行政院主計處之估計，在西元 2000 年時，臺灣地區之老人人數，將達到全國總人口數之 8.4%，相對地，由於人口政策之影響，使得青少年之比率出現逐漸下滑的趨勢。這些資料似說明了兩項事實，其一、老人人口比率與生命期望值之增加，可預測我國成年人，將來成為祖父母的年數會增長；其次，會有越來越多的人口比數將會成為祖父母。A. B. Smith (1991) 亦明確地指出，約有 70% 的中年及老年人將會為人祖父母，且約有長達二十五年 (占生命週期的三分之一) 的時間，將扮演祖父母的角色。此外，由於現在人的健康情形及教育程度都較以往佳，也較願意花時間在孫子女身上，因此，祖父母扮演主要養育者的現象將會持續的成長。

此外，根據內政部的資料顯示，我國隔代教養家庭在目前社會中，由民國 90 年的 75,175 個家庭，增長至民國 93 年的 81,799

個家庭，呈現逐年增加及普遍化的現象。在國中及國小中來自隔代教養家庭的學生比例約占總學生數的 5.38%，其中國小生的平均比率約為 7.12%，較高於國中生的平均比率 3.64%。若以全臺灣各縣市隔代教養家庭的分布視之，除花蓮縣外，幾乎所有的縣市均是國小來自隔代教養家庭的學生比率，較高於國中來自隔代教養家庭的學生比率。

　　且在全國各縣市中，都市化程度越低的地區，隔代教養家庭的比率亦越顯著。此外，來自原住民家庭的國中小學生，由隔代教養家庭中祖父母照顧的比例（國中：8.12%；國小：26.28%），遠多於來自客家（國中：5.61%；國小：10.49%）、外省（國小：5.61%）及閩南（國中：2.72%；國小：5.37%）家庭的孩子。且原住民家庭的國小學童，由隔代教養家庭中祖父母照顧的比率 (26.28%)，遠多於原住民家庭的國中學生 (8.12%)。

　　若以家長職業類別觀之，家長職業為工人的，子女來自隔代教養家庭的比率最多，占來自隔代教養家庭總人數的 62.44%；家長職業為務農的次之，占總人數的 21.34%；家長職業為公教人員及軍人家庭的最少，分別占總人數的 0.33% 及 0.17%。

　　自家長的學歷背景分析，父母學歷為國中畢業的，子女來自隔代教養家庭的比率最多，占來自隔代教養家庭總人數的 56.33%；父母學歷為國小畢業的次之，占總人數的 25.47%；再其次為父母學歷為高中畢業的，占總人數的 17.39%；至於父母學歷為專科或大學畢業的人數比例則最少，分別占總人數的 0.65% 及 0.16%。

第三節　隔代教養家庭祖父母的管教行為

由於隔代教養主要是由祖父母代理父母執行教養的責任，祖父母在年紀、體力、文化刺激和經濟條件各方面都較不足，因此在管教上常會面對下列幾項壓力：

㈠情感、情緒方面

這類問題較常因為祖父母面對新角色而產生，容易產生悲傷、沮喪、生氣、挫折、失望、焦慮等情緒。

㈡生理健康方面

祖父母扮演隔代教養的代理父母角色之後，因責任加重，生活作息紊亂，既難勝任該有的任務，且常因無法充分運動與就醫，故而容易影響生理健康。

㈢社會孤立方面

祖父母因為責任，改變原有的工作、休閒、與朋友的關係，減少與親密朋友的接觸，易造成社會的孤立。

㈣經濟與工作需求方面

因應新的責任與任務，祖父母需要更多的金錢來源與資助，於是產生經濟和工作需求。

㈤教養方面

祖父母再次擔任父母的角色，由於時間的間隔或時代的轉變，

使祖父母在教養孫子女的過程中，包括溝通方式與管教方法的採用、對孫子女的身心發展與需求的理解、價值觀念變遷、文化刺激的獲得等方面均將面臨困境。

因此，若以「要求或規定」和「回應」（含溫馨的關愛、正向的回饋、坦誠的溝通）作為區分祖父母管教孫子女方式的向度，區分為：高要求高回應的管教方式為「開明權威」；低要求高回應的方式為「寬鬆放任」；高要求低回應的方式為「專制權威」；及低要求低回應的方式為「忽視冷漠」等四種方式（圖 7-1）。在隔代教養家庭中，祖父母會因為上述幾種困擾，而較常採用下列三種管教方式：

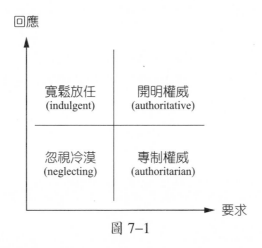

圖 7-1

1.寬鬆放任

因為體力及文化刺激不足，有些祖父母不是沒有體力管，就是不知道該如何管孫子女，再加上對第三代孫子女的疼愛，管教時，只注意到他們開不開心、滿不滿意，至於合不合規範，則多半不是他們關心的重點。

2.忽視冷漠

對那些根本沒有意願照顧孫子女的祖父母來說，當初是迫於無奈或情勢才接下這個任務，因此對孫子女的管教，常抱持著較少聞問之忽視冷漠的作法。

3.專制權威

有些父母迫於現實因素無法親自照顧子女，當祖父母承擔此角色後，認為自己必須幫子女養育好下一代，因此在求好心切下會嚴格管教孫子女，再加上自己成長於較為保守或傳統的年代，受到所接受之管教方式的影響，常會對孫子女採取專制權威的管教方式。

這三種教養方式，以前兩種較為普遍，而這兩種管教方式也比較容易造成管教上的問題，以至於造成社會大眾對於隔代教養多持負面看法，其實只要祖父母有意願且條件許可，祖父母在養育孫子女時，會提供較穩定的愛及生活環境，甚至會比先前原生父母所提供的還多，以補償他們失去的父母關愛及照顧。

第四節　隔代教養家庭的祖孫互動關係

人們除了關心在隔代教養家庭中，祖父母會採用何種管教方式外，祖孫間的互動關係也常成為關注的議題，筆者與郭俊豪(2000) 曾針對在孫子女心中，對他們影響最大的祖父母類型、祖孫常參與的活動、與影響祖孫關係的變項及其預測力進行研究，結果發現：

一、影響最大的祖父母類型方面

1.對孫子女而言，影響他們最大的祖父母類型，依序為（父系）祖母、（母系）祖母、（父系）祖父、及（母系）祖父。

2.孫子女認為祖母對他們影響較大者較多於祖父。

3.孫子女認為（父系）祖父母對他們較重要者較多於（母系）祖父母。

4.在不同類型的祖孫家庭中，對孫子女影響最大的祖父母亦有顯著差異：

　　⑴在「非同居型」祖孫家庭方面

最具影響力的祖父母類型為「母系祖母」，其次為「父系祖父」，再就為「父系祖母」，最少的則為「母系祖父」。

　　⑵在「三代同堂型」祖孫家庭方面

最具影響力的祖父母類型為「父系祖母」，其次為「母系祖母」或「父系祖父」，最少的則為「母系祖父」。

　　⑶在「隔代教養型」祖孫家庭方面

最具影響力的祖父母類型為「父系祖母」，其次為「父系祖父」或「母系祖母」，最少的則為「母系祖父」。

二、祖孫常參與的活動

1.青少年孫子女和祖父母最常作的活動依次是閒聊、清潔打掃做家事、討論事情、拜訪親戚、購物、散步、回顧照片、從事戶外運動或旅遊、下廚、宗教事宜、爭執吵架、照顧小寵物、唱歌玩遊戲、園藝、釣魚、閱讀刊物等。

2.男生和女生與祖父母在一起共同參與的活動有差異。

3.在不同祖孫家庭中,孫子女與祖父母一起從事的活動有差異：

　　⑴在「非同居型」的祖孫家庭中，孫子女和祖父母一起聊

天的機會比其他祖孫家庭類型都高。

⑵在「三代同堂型」的祖孫家庭中，祖父母和孫子女在一起時，較常作的活動為回顧照片、宗教事宜、唱歌、閱讀刊物等活動。

⑶在「隔代教養型」祖孫家庭中，祖孫常一起從事清潔打掃做家事、購物、下廚、爭執吵架、照顧小寵物的機會，較其他祖孫家庭類型者高，且特別是在爭執吵架方面。

三、影響祖孫關係的來源及其對祖孫關係的預測強度

㈠整體祖孫家庭方面

1.「採用反應的管教方式」及「祖孫居住地理位置的接近性」為預測「祖孫關係整體表現」的重要變項，且預測力可達 32.2%。

2.「採用反應的管教方式」、「對祖父母設定的要求或規定感到滿意」、「祖孫居住地理位置的接近性」及「祖父母與孫子女父母親的關係」等四項，為預測祖父母執行親職行為表現的重要項目，預測力可達 53.7%。此又包含下列幾項：

⑴「採用反應的管教方式」、「對祖父母設定的要求或規定感到滿意」、「祖孫居住地理位置的接近性」、「祖父母與孫子女父母親的關係」及「祖孫關係為安全依附型」等五項，為預測孫子女對祖父母滿意度的重要項目，預測力可達 49.8%。

⑵「採用反應的管教方式」、「對祖父母設定的要求或規定感到滿意」及「祖父母與孫子女父母親的關係」等三項，為預測祖父母「成功」表現親職角色的重要項目，預測力可達 46.1%。

(3)「採用反應的管教方式」、「祖孫居住地理位置的接近性」、「祖父母的年齡」及「對祖父母採用反應管教方式感到滿意」等四項，為預測祖父母「教導」孫子女行為表現的重要項目，預測力可達 43.7%。

3. 「隔代教養型」、「三代同堂型」及「祖父母身體健康」等三項為預測祖父母「關懷」表現的重要項目，預測力可達 9.4%。此又包含下列幾項：

(1)「對祖父母採用要求管教方式感到滿意」、「祖孫關係為焦慮矛盾依附風格」及「祖孫間的接觸頻率」等三項，為預測祖父母執行親職角色過程中，「遭遇困難」因應行為表現的重要項目，預測力可達 9.4%。

(2)祖父母家庭類型為「隔代教養型」，為預測祖父母執行親職角色過程中，面對「挫折」表現的唯一項目，但預測力僅達 3.0%。

(3)「重視要求或規定的管教方式」、家庭類型為「隔代教養型」、「對祖父母採用反應管教方式感到滿意」及「祖父母的年齡」等四項，為預測祖父母「對管教或養育訊息需求」的重要項目，預測力可達 17.7%。

(二)「非同居型」祖孫家庭方面 🐦

1. 「對祖父母採用反應管教方式感到滿意」、「祖父母身體的健康情形」及「重視要求或規定的管教方式」等三項，為預測「祖孫關係整體表現」的重要項目，且預測力可達 44.0%。

2. 「採用反應的管教方式」、「對祖父母採用反應管教方式感到滿意」、「重視要求或規定的管教方式」及「祖父母的年齡」等四項，為預測祖父母執行親職表現的重要項目，且預測力可高達 64.8%。此又包含下列幾項：

⑴「採用反應的管教方式」、「對祖父母採用反應管教方式感到滿意」、「重視要求或規定的管教方式」及「祖父母的年齡」等四項，為預測孫子女對祖父母表現「滿意度」的重要項目，且預測力可高達 59.4%。

⑵「採用反應的管教方式」及「對祖父母採用反應管教方式感到滿意」等兩項，為預測祖父母「成功」表現親職角色的重要項目，且預測力可高達 50.8%。

⑶「採用反應的管教方式」、「重視要求或規定的管教方式」及「祖父母的年齡」等三項，為預測祖父母執行「教導」表現的重要項目，且預測力可高達 59.2%。

3.「採用反應的管教方式」、及「祖父母身體的健康情形」等兩項，為預測祖父母對孫子女顯露「關懷」表現的重要項目，唯預測力僅達 9.8%。此又包含：「重視要求或規定的管教方式」及「祖父母的年齡」等兩項，為預測祖父母「對管教或養育訊息需求」表現的重要項目，且預測力可達 16.4%。

㈢「三代同堂型」的祖孫家庭方面

1.只有「採用反應的管教方式」可以有效預測「祖孫關係整體表現」的重要項目，且預測力可達 16.6%。

2.「採用反應的管教方式」及「祖父母與孫子女父母親的關係」等兩項，為預測祖父母執行親職行為表現的重要項目，且預測力可達 45.4%。此又包含下列幾項：

⑴「採用反應的管教方式」及「祖父母與孫子女父母親的關係」等兩項，為預測孫子女對祖父母表現「滿意度」的重要項目，且預測力可達 38.2%。

⑵「採用反應的管教方式」及「祖父母與孫子女父母親的關係」等兩項，為預測祖父母執行親職角色過程中，「成

功」表現的重要項目，且預測力可達 45.7%。

⑶只有「採用反應的管教方式」可以有效預測祖父母執行
「教導」表現的重要項目，且預測力可達 25.1%。

3.沒有任何項目可以有效預測祖父母對孫子女整體「關懷」
上的表現。此又包含下列幾項：

⑴「採用反應的管教方式」及「祖父母身體健康的情形」
等兩項，為預測祖父母在執行親職角色過程中，「遭遇困
難」因應表現的重要項目，且預測力可達 20.6%。

⑵「對祖父母採用反應管教方式感到滿意」可以有效預測
祖父母在執行親職角色過程中，對「尋求管教訊息」表
現的重要項目，且預測力可達 17.0%。

㈣「隔代教養型」的祖孫家庭方面 🐦

1.只有「採用反應的管教方式」可以有效預測「祖孫關係的
整體表現」，預測力為 18.4%。

2.「採用反應的管教方式」、「對祖父母採用要求或規定的管教
方式感到滿意」、「重視要求或規定的管教方式」、「祖父母身體健康
的情形」及「祖父母年齡」等五項，為預測祖父母執行親職行為表
現的重要項目，且預測力可高達 57.7%。此又包含下列幾項：

⑴「採用反應的管教方式」、「對祖父母採用要求管教方式
感到滿意」及「重視要求或規定的管教方式」等三項，
為預測孫子女對祖父母表現「滿意度」的重要項目，且
預測力可高達 50.6%。

⑵「採用反應的管教方式」及「對祖父母採用反應管教方
式感到滿意」等兩項，為預測祖父母「成功」表現親職
角色的重要項目，且預測力可高達 35.1%。

⑶「對祖父母採用反應管教方式感到滿意」、「採用反應的

管教方式」、「孫子女的性別」及「祖父母的身體健康」
等四項，為預測祖父母執行「教導」表現的重要項目，
且預測力可高達 44.7%。

3. 「祖父母與孫子女父母親的關係」可以有效預測祖父母對
孫子女「關懷」的表現，唯其預測力僅有 7.5%。

(1)「對祖父母採用要求管教方式感到滿意」及祖孫的依附
風格為「焦慮矛盾型」等兩項，為預測祖父母在執行親
職角色過程中，「遭遇困難」因應表現的重要項目，且預
測力可達 16.6%。

(2)「對祖父母採用要求管教方式感到滿意」可以有效預測
祖父母在執行親職角色過程中，遭遇「挫折」因應的表
現，預測力達 11.7%。

(3)「祖父母與孫子女父母親的關係」及「採用反應的管教
方式」為預測祖父母在執行親職角色過程中，對「尋求
管教訊息」表現的重要項目，預測力達 12.3%。

第五節　隔代教養家庭中子女的行為表現

《商業周刊》曾針對全臺灣國小一年級及六年級的級任老師
進行隔代兒與單親兒趨勢調查，結果發現，單親及隔代兒在學業
及品行的表現，的確均較雙親家庭孩童略遜一籌，《商業周刊》以
同儕關係、品行、學業、情緒管理及自信心五項指標，請老師們
評估學生目前的整體表現，發現有 61.9% 的國小級任老師認為，
一般學生整體表現較隔代兒好。若再深入分析五個影響整體表現

的細項，可以發現，學業是隔代兒跟一般學生差距最大的項目，有高達 62.2% 的小一老師認為隔代兒的學業不如一般學生；差距最小的則是同儕關係，認為不如一般學生的老師為 38.5%。

其實每個孩子都是一個獨立的個體，不論是經由父母或祖父母教養，皆會受到周遭環境及照顧者的影響，而發展出不同的個性。以下就四個方面來說明成長於隔代教養家庭中孩子的心理特質及行為表現：

一、情感、情緒方面

隔代教養家庭的孩子從原本跟父母在一起的「核心」小家庭，轉換成僅和祖父母生活在一起的隔代家庭，不論導致此種改變的原因為何，均會使孩子覺得自己被親人拋棄或背叛，在情緒上深感失落、憤怒與害怕，降低對他人的信任感，拒絕接受他人的友善接觸或關愛，故也較難與祖父母建立良好的關係。例如：在父母死亡的家庭中，若孩子對於父母的突然缺席，沒有得到完整與適當的說明時，往往容易在人群中產生退縮的傾向；父母入獄，會使子女怕被他人知道而被標籤化，易感到羞恥而常自我孤立，這種痛苦的經驗常久久無法恢復，成為其終生的夢魘；而那些遭父母虐待或惡意遺棄的孩子，則較會產生憂鬱之精神疾病徵候或自殺的行為；父母濫用酒精及藥物之孩子，則可能產生精神或情感失序的問題。這些早期的創傷經驗帶來的傷害，多會增添祖父母養育孫子女的困難，若無法有所掌控或突破，會更激化孫子女情感、情緒方面的問題。

二、行為方面

研究發現成長於隔代教養家庭的孩子，行為出現問題如偏差行為的比例，高於來自一般家庭的孩子，這種現象的發生與祖父

母的年紀較大、體力不足和採用之管教方式有關，當然也跟孩子的情緒和感情上的失落有關。例如：孫子女有不當行為出現時，祖父母較無法像父母那樣強勢的加以制止，不是視而不見以免討氣生，就是只會嘮叨卻束手無策，甚或傾向縱容孫子女。

此外，學者研究發現因父母濫用藥物或酒精，而將孩子託付給祖父母撫養的孩子，長大後除了亦可能會濫用藥物或酒精外，青少年還可能會有未婚懷孕的問題。那些遭受父母虐待或遺棄，特別是性虐待或生理及情感虐待，而由祖父母撫養的孩子，成長後較容易出現行為失序，及缺乏對不適當誘惑抵制的技巧，且較欠缺獨立生活的技能。這些行為上的偏離正軌，對管教現代青少年知能較為缺乏之祖父母來說，若未能適當因應，只怕會更惡化了孫子女的行為表現。

三、生理健康方面

祖父母的經濟來源多依賴於：社會福利、子女或親友及自己的儲蓄等，由於來源有限，加上社會並未對隔代教養家庭的祖父母，提供額外的經濟援助，所以祖父母若因教養孫子女而帶來加重的經濟負擔時，對孫子女的健康照護也會連帶受到影響。書田醫院小兒科醫生丁綺文就曾指出，祖父母照顧孫子女時，最常遇到的問題就是意外傷害，因為小孩一歲以後，會跑、會跳，老人家行動比較緩慢，一不小心就容易發生意外傷害。除經濟不佳、年邁體弱外，祖父母自己容易生病、活動力降低等，對孫子女的健康照護也往往是心有餘而力不足。

此外，學者研究發現因受藥害、酒精中毒，或是遭遺棄或虐待而託付給祖父母撫養的孩子，易患有氣喘、其他呼吸問題、免疫系統問題、吃睡障礙、過動或出現生理障礙等問題。這些身體功能的缺陷，會更加重了祖父母養育孫子女工作的負擔，若稍有

失誤只怕會對他們的生理健康帶來更多的傷害。

四、教育適應方面

　　研究發現有些來自隔代教養家庭的孩子，由於對祖父母或不常在家的父母有過度依賴的依附行為，而顯得任性驕縱；但也有的孩子，由於缺乏與祖父母或父母間安全或穩定的依附關係，而顯得對人較有敵意、自卑及不善表達內心的情感或情緒，這兩類孩子的行為表現都會影響他們在學校的師生關係與同儕關係。此外，有些祖父母受限於對現代知識的掌握及自己教育程度的不足，無法給予孫子女學業功課上的協助，而對他們學業成就的表現帶來影響。對於學校舉辦的親師活動，多數的祖父母亦較少參與，這樣也會對孫子女學校生活的適應帶來影響。

　　除上述幾項特質外，有些研究亦發現當祖父母成為代理父母後，有些人有感於孫子女的不幸遭遇，而對他們過分溺愛，結果養成孩子驕縱、任性的習慣，成為難以管教的小孩；但也有些祖父母為避免孫子女因無法獲得穩定、充足的父母愛而身心受創，則會儘可能的補足，提供比親生父母更穩定的愛及生活環境給孫子女。另外，如果祖父母是在不得已的情況下擔負起照顧孫子女的責任時，他們失落、沮喪的情緒，會使孫子女解讀為自己是個不被歡迎的對象，此會使他們以後很難與其他成人發展出信任的關係。若是孩子在不得已的情況下必須與祖父母同住時，他們會較容易產生發展上的危機與情緒及行為的困擾。但是如果孫子女表現出樂於與祖父母同住的想法，則會得到較好的照顧及安全感，但在想到自己的親生父母，仍免不了會有失落、沮喪與憤怒的情緒出現。

第六節　隔代教養的影響

對於隔代教養的影響，許多學者都曾經提出看法，呂清發 (2003) 認為家庭結構缺陷是學生偏差行為之根源，隔代教養之缺失會腐蝕青少年的身心。蔡松瑜 (2003) 認為不同型態的家庭中，以隔代教養家庭之國中生的偏差行為最多。

其實單親及隔代教養的家庭並不是問題家庭，但很現實的問題是，不論是照顧或教養的量與時間、家長的財力，都至少少掉了一半，在乏人照顧之下，學業表現自然較不容易突出。且當學業表現不好時，會間接影響孩子的自信心，在學業與品行表現不佳的惡性循環之下，會越來越不利其未來身心的發展。雖然許多的研究，多站在負面的立場來看隔代教養家庭的孩子，但是實際上隔代教養家庭也有其正面的功能，以下就隔代教養家庭的正面及負面的影響分述：

一、正面影響

1. 替代父母執行親職的功能。協助他們照顧子女，減輕工作及家務的負擔。

2. 家庭價值觀的傳承。重視對孫子女的教育，要求他們以誠實、負責、獨立自主的態度處理事務，並希望他們可將所經驗的教養知能傳承下去。

3. 傳承與完成生命的任務。祖父母將自己的人生經驗傳輸給下一代，發揮 E. H. Erikson (1997) 所謂的創造與貢獻的能力。

4. 親職功能的再修正。在養育孫子女的過程中，有再一次的機會將自己過去的教養方式予以調整或修正。

5.家族生命的傳承。由於有兒孫在側，祖父母不僅看見自己生命的延續，生命也有了新的目標和寄託。

6.建立新的兩代或三代關係，促進家庭和諧。

7.由祖父母協助撫育孫子女，因有較多的時間陪伴小孩，可給予孩子有較多的安全感。

8.母語的傳承。由祖父母使用語言的習慣，在教養孫子女的過程中，較有機會將母語傳承下去。

9.祖父母可作孫子女的好老師，可以在不被評量又沒有壓力的情況下，學習很多課本上學不到的事物，例如編織、種花、寫毛筆字等，並可藉此建立良好的祖孫關係。

10.祖父母可作為父母與孫子女衝突時的溝通橋梁與調停者。

11.祖父母可作為孫子女對老年人建構正確認知的楷模。家中有祖父母的小孩，對老年人會有正確實際的看法，而且如果他們和祖父母相處的經驗愉悅時，會覺得老年人是仁慈、幽默、健康的，而不是嗜好嘮叨、不健康、討人厭的。

二、負面影響

1.體力上的問題。由於祖父母年紀較大、體力較差，常無法勝任教養孫子女的責任。另外，由於社會變遷快速，許多兒童或青少年所面臨的社會問題，如暴力、青少年未婚懷孕、藥物濫用及愛滋病等，大多數的祖父母，對於要如何協助其孫子女解決他們所面臨的問題，不僅無心也無力去學習，因此，在管教的成效上就會大打折扣。

2.語言溝通問題。由於祖父母與孫子女年代相隔較久，所處外在社會環境也不同，祖孫間的語言溝通可能會有落差。

3.價值觀的差異問題。祖孫分別處於不同的年代，彼此所形成的價值觀念常有所不同，如「年老一代的價值觀念多趨於保守，

而年輕一代則多傾向開放」，此會造成祖孫間溝通的障礙，甚或引發衝突。

4.管教態度與技巧的問題。由於世代間的差異，祖父母與孩子的父母處在不同的環境下，管教孫子女／孩子的態度與技巧會有差異；此外，婆媳間的爭論與不和，亦會反映在孫子女／孩子的管教品質與問題上。另外，調查結果顯示 89% 的學校老師認為祖父母之管教態度與技巧較不理想，致使管教的成效亦大受影響。

5.文化刺激的問題。由於社會的快速變遷，隔代教養的祖父母常被認為是文化刺激較弱的一群，即使過去有豐富教養孩子的經驗，有 61% 的教師認為以祖父母的經驗，不見得能給予孫子女完善的照顧，94% 的教師認為他們無法給予孫子女課業上的指導，85% 的教師認為他們無法提供孫子女較多的文化刺激。

6.相關資源網絡的問題。祖父母對於孫子女之照顧常處於封閉的情境中，欠缺有效的支援網絡，特別在教養孫子女能力的支援與建構可運用的技巧方面。

總之，雖然隔代教養具有正面的功能及負面的影響，但大多數國小及國中老師均認為隔代教養的正面功能相當少，反倒是負面影響情形極多。如國民小學老師評估約有 89% 的祖父母管教不當；62.1% 的祖父母不能給予孫子女完善的照顧；94% 的祖父母無法指導孫子女的課業問題；46% 的祖父母無法給孫子女充足的文化刺激；83% 的祖父母與孫子女間易有代溝的問題；48.2% 的孫子女易產生逃家輟學的問題行為。至於國中老師則發現約有 89% 的祖父母常反映對孫子女的管教不易掌控；94% 的祖父母無法指導孫子女的課業問題；83% 的祖父母無法給孫子女充足的文化刺激；92% 的祖父母與孫子女間易有代溝的問題；77% 的孫子女易產生逃家輟學的問題行為。

由上述的敘述，大致可以看出隔代教養可以使孩子較尊重家

中的長輩，能傳承家庭傳統的價值觀和優良品德、傳遞母語，也可補足父母受限於主客觀因素而無法執行教養的缺憾。但不可否認的，祖父母受限於體力、經濟、文化刺激、管教技巧各方面的弱勢，很容易產生管教不足或不當的情況，針對這些缺失，有賴親職教育之實施來補足。🌱

第七節　隔代教養家庭的親職教育

㈠當父母要委託自己的父母來擔任管教子女之責時，必須先要明確瞭解管教孩子應是自己的職責，祖父母只是扮演協助的角色，而且要將管教孩子的職責說明清楚並達成共識。既然父母將管教孩子的職責交給祖父母，父母就應當完全尊重他們的決定，而給予正向的回饋、少給負向的批判，以免因管教作法上的爭論而使關係惡化。除此之外，當父母要委託祖父母擔任管教職責時，事先要加以評估祖父母身體健康狀況及心理的意願，以免造成因身心無法擔負此重責，而對孩子管教的品質大打折扣。

㈡對祖父母來說，無論是自願或被動而必須要承擔管教孫子女之責時，應要先瞭解現代孩子的想法，再來定位自己管教策略的拿捏，祖父母千萬要避免承襲過往的作法，因為孩子的想法與資訊已經不同，無論是強制管教、嘮叨或過分溺愛對孩子的成長來講都不是適當的作法，這些常是祖父母會犯的過錯，才剛開始就造成管教品質上的瑕疵。

㈢祖父母要多利用機會營造和孫子女間的良好關係，對孫子女來講可能是被迫待在祖父母家，心中對祖父母的接納和歡迎度

是存疑的。要有好的開始，要先以營造良好關係作為起步，包含沉澱自己的情緒、坦然對孩子關心接納，儘量找時間與他們相處，多賦予他們關愛，常常閒聊和溝通，瞭解他們、給他們合理的期望及無條件的愛，這些都是一個良好的起步。

㈣祖父母應多採用開明權威的管教方式，讓孩子能瞭解社會期望或家庭規範，並且當孩子表現好時給予正向回饋，當孩子的行為不合期望時，多和孩子討論與溝通，換句話說，這種方式較能將孩子的行為導向正途，也能維持溫馨和諧的交流。如果孩子本身已是青少年，可能先前經歷過一些家庭問題或被遺棄的經驗，以致於具有不安全感、行為偏離正軌、憤世嫉俗等情況發生，這時祖父母要給予耐心，包容他們、瞭解他們對於社會期望良好行為的看法是否有落差，並重新導正回來。當這些青少年已瞭解社會期望後，再將作法改為寬鬆放任。

㈤祖父母要多找機會與孫子女溝通閒聊談心，一方面能夠傳達對他們的關愛，一方面也可以瞭解他們對事情的看法，並且更應把重點放在他們對於祖父母的管教是否滿意，以拉近彼此距離。

㈥祖父母實際上應尋找社會資源，因為他們的年齡與孫子女已差了兩代，可能對於孩子的想法不太瞭解，社會資源可以在他們有問題時提供協助，例如社福單位或學校裡的老師，都是良好來源。祖父母除了被動地被老師找之外，也可主動留下導師電話，一方面瞭解孩子，一方面在遇到問題時可立即尋求協助。祖父母的身體狀況可能無法擔負勞累，如有親友或可運用之社工人員等，需要時可尋求幫忙，無論是身體或心理層面。如果家庭經濟許可，可以讓孩子補習或請家教，這也是良好的社會資源應用。

㈦祖父母實際上不要認為對孫子女要事必躬親，尤其是自己的年齡已大，只要盡責作好管教的角色即可，從旁給予精神上的支持、生活起居的支援協助，讓孩子擔負責任。祖父母不要認為

自己隨時隨地都要準備好，才不會造成身體勞累及心理負擔。換言之，祖父母要設法把身體鍛鍊好，沒有健康的身體，是無法管教孫子女的。

（八）祖父母要相互支援，不要讓管教孫子女成為某一方的責任，祖父母對不同性別的孩子有不同的功能存在，但是最重要的是兩者間要有一致的管教作法。

臺灣有句傳統的諺語說：「作豬，就要吃餿；作嬤，就要帶孫。」儘管字裡行間隱約訴說著宿命的無奈，卻一語道盡傳統觀念中托育責任的歸屬。隨著社會的變遷和都市化的影響，隔代教養家庭的比例逐年升高，時代的趨勢，賦予祖父母新的責任和義務。但在實施隔代教養時必須考慮下列因素：考量祖父母身心狀況及意願；祖父母不會溺愛孫子女；祖父母能給孫子女足夠的文化刺激；祖父母的體力能夠負擔；祖父母的管教方式能夠適宜。

假若以上條件皆能配合，在父母與祖父母間取得共識後，才能將子女託由祖父母教養，以免造成日後孩子成長的問題，或兩代間的不愉快。此外，在隔代教養的過程中，父母仍須留意以下幾點：父母的愛是他人無法取代的，對孩子應更加留意、關心；多抽空陪孩子，並參與他（她）的活動；和祖父母溝通好管教子女的方法；和孩子的老師保持良好而密切的聯繫；提供正確的教養資訊給祖父母；祖父母未能協助孩子課業的部分，委由他人幫忙（如安親班或其他親人）。

孩子的成長只有一次；孩子的童年亦只有一次。這個道理每個作父母的都知道，只是在面臨多重角色的抉擇時，似乎常忘了它的存在。因此，不管社會如何變遷、家庭結構是如何的改變，我們在面臨不能避免而必須選擇隔代教養時，父母的責任仍不可因此而豁免，唯如何在其中取得較佳的平衡點，乃是值得我們正視的問題。

第8章

➔ 外籍配偶家庭親職教育

　　本章所指之「外籍配偶家庭」，即為現在一般所稱之「新移民家庭」。2003 年，婦女新知基金會舉辦了一場正名活動，由來自東南亞的外籍配偶及大陸配偶選出她們最喜歡的名稱，「新移民女性」獲選為最高票，這些女性希望社會能這樣稱呼她們。從此，許多官方機構及民間團體便以「新移民」，來稱呼以婚姻形式來臺的大陸及外籍配偶，而這些新移民女性所產下的第二代，即為當今媒體所稱的「新臺灣之子」。在本章各節中仍以外籍配偶家庭稱謂之。

第一節　外籍配偶家庭的意義

　　臺灣社會跨國婚姻形成的因素有著時間進程的演變，最早可能基於留學、移民或工作因素而形成，近來則源於國內一群處於婚姻邊緣化的未婚男性基於「傳宗接代」的世俗觀念所導致。

　　自 70 年代起，便有東南亞籍新娘引進臺灣，早期迎娶外籍新娘之男性，主要集中在以農業發展為主的地區或者都市邊緣地區，這些男性娶妻生子的主要目的為傳宗接代，因而，外籍新娘嫁到臺灣後，隨即面臨生兒育女的責任（黃森泉等，2003）。90 年代政府「南向政策」及「開放大陸探親」發展衍生跨國通婚風潮，至今，外籍新娘在臺灣已有三十多年的時間，隨著 1994 年政府的南向政策，鼓勵臺商至東南亞投資，也因此增加了臺灣男性與外籍新娘結婚的機會。

　　目前國人與東南亞各國籍暨大陸人士結婚的人數逐年增加中，這群外籍配偶中，大多因成長環境、宗教、文化風俗、生活

習慣及語言溝通的差異懸殊，嫁到配偶家後因而衍生出頗多問題，隨著外籍配偶量遽增，外籍與大陸配偶所生子女的數量逐年升高，據內政部統計 2005 年出生嬰兒數約 20 萬 6 千人，其生母國籍為外國地區者占 8%、大陸港澳地區者占 4.9%，即非為本國籍者合占 12.9%。

2001 年的「教育改革之檢討與改進」會議中，已將「外籍配偶」列為因為家庭結構、語言文化而導致學習不利的因素，視其子女為教育上的「社會弱勢者」，希望「健全社會弱勢者的教育政策，落實教育機會均等」。國內許多研究都發現大部分處於低社會階層，其子女的身心發展、學習與生活適應問題頗多，因此這些「新移民之子」的學習、生活適應與外籍家長的親職教育，已成為教育之重要議題。

截至目前為止，為數 30 幾萬人次的外籍（含大陸）配偶來臺落地生根，所衍生的親職教育之需求與子女養育之輔導，益發突顯外籍配偶家庭子女教育議題的時代意義，而適時的親職教育介入協助與整合社會資源的力量，皆為協助其子女教育問題的關鍵。由於在跨國婚姻中，外籍配偶一方面要調適異國結合的婚姻關係，另一方面又要適應不同文化背景的臺灣生活，風俗文化與民情差異大，加上語言的隔閡，價值觀的不同，使得異國婚姻夫妻關係淡薄或衝突、婆媳或妯娌不和睦、打罵教育造成親子關係緊張或溝通不良、夫妻雙方教養觀念迥異等等困擾。林林總總擾人的問題對於異國婚姻的個人或家庭而言，都面臨了很大的挑戰，更是政府與民間單位要持續關注與共同輔導的長期投資。

「外籍配偶」一詞由「外籍新娘」演變而來。過去相當多的研究曾針對「外籍配偶」下定義：

1.外籍配偶是嫁給臺灣男性的外籍女性，大多指利用不同婚姻管道，尤其是透過婚姻仲介進入臺灣地區的東南亞或大陸籍女

子（蕭昭娟，2000）。

2. 來自東南亞地區，與臺灣籍男子結婚的女子。在媒體的報導中，常常被認為是未受過高等教育、來自貧困家庭，其結婚對象多半是在臺灣無法娶得老婆的男性，她們的婚姻往往被簡化的定義為「買賣婚姻」，因而是臺灣社會問題的製造者（夏曉鵑，2002）。

3. 以原國籍為東南亞地區，包括越南、印尼、菲律賓、泰國、柬埔寨等地區女性，嫁給臺灣男性，婚齡兩年以上，且目前與臺籍丈夫仍維持婚姻及同居關係。「新娘」並非意指新婚，而是目前為止沒有更恰當的其他稱呼。因此，「外籍配偶」的稱呼，並無褒貶（顏錦珠，2002）。

4. 「外籍新娘」是指藉由跨國婚姻的仲介進入臺灣生活，在臺灣養家育兒的女性（洪藝真，2006）。

「外籍配偶家庭」一般意指包括與大陸地區和東南亞各國聯姻之家庭，即新郎或新娘一方為外籍人士。而本章中所指稱的「外籍配偶」即意味著那些透過各種婚姻管道，合法進入臺灣地區婚配給中華民國國民的東南亞外籍配偶以及大陸配偶。

第二節　外籍配偶家庭概況

　　依內政部統計資料顯示截至民國 96 年底止，我國外籍與大陸配偶人數約達 39.9 萬人，其中外籍配偶（含歸化取得我國國籍者）占 34.2%，大陸及港澳地區配偶占 65.8%。在民國 96 年國人與外籍、大陸人民結婚登記計 24,700 對，占全年總結婚對數之 18.3%，分別較民國 95 年的結婚對數增加了 3.2 及 1.5 個百分點，其中以大陸、港澳地區配偶人數增加了近 1 萬 5 千人最多，東南亞地區增加了約 7 千人次之，兩者共占了全部外籍配偶約九成的人數。

　　至於民國 96 年出生嬰兒生母國籍（地區）為非本國籍者占 10.2%，其中生母平均年齡以東南亞籍 26 歲最低，大陸港澳地區 28.6 歲次低，本國籍者則為 29.8 歲。且生母為本國籍者，年齡在 25～34 歲之間及教育程度為大專以上者，占全部人數的 41.9% 為最多；而國籍為大陸港澳地區，年齡在 25～29 歲之間、教育程度為國中程度者占 16.2% 為最多、高中職程度的則占 13.3%；國籍為東南亞籍，年齡在 20～24 歲之間及教育程度為國中程度者則占 20.5% 為最多、教育程度為國小以下者則占 16.8%。

第三節　外籍配偶家庭中父母的管教行為

　　對學齡前幼兒而言，正值學習模仿的階段，許多動作或語言的學習來自生活周遭的環境，父母在家庭中透過管教子女的態度與行為，傳遞其內在的價值觀，此會在孩子成長後反映在其人格與社會行為當中。由於外籍母親是家中幼兒的主要照顧者，因此外籍母親對幼兒所採用之管教方式，將會對幼兒日常生活的行為表現，帶來直接的影響。

　　在臺灣，來自文化背景不同的外籍母親，對幼兒採用的管教方式亦呈現不同的面貌，有些學者針對不同國籍的母親訪談或調查她們採用之管教方式，茲依據所得結果，歸納出下列特質，分別說明如下：

一、處罰的管教方式

　　㈠國籍為東南亞籍的母親經常對幼兒採用打罵的管教策略，如體罰、嚴厲、權威、專制……等較偏向傳統式的教養方法，也就是說，她們施以管教的情境與方法的抉擇多以成人的意見為主，親子間的溝通多屬於單向式的，彼此間的關係也多是有階層的。在親子互動過程中，父母到底會扮演何種的角色，常依子女行為的表現而定。唯大多數的東南亞籍母親在現實生活壓力的逼迫下，常選擇較為權威的教養方式（陳美惠，2006）。

　　㈡柬埔寨籍母親，對學齡前子女的教養方式，深受其早年家庭經驗的影響。在柬埔寨的家庭中，母親多扮演著主要照顧者的角色。但臺灣大多數東南亞籍外籍配偶的先生，多從事以勞工為主的工作，因此，在平時她們除了必須照顧自己家庭中的家務雜

事、孩子的養育之外，還要想辦法分擔夫家的各種雜事，如打掃、燒飯、洗衣、照顧老人家和自己遠在柬埔寨娘家的各項生活開支等，生活壓力之大，可想像之。因此，當子女不依順其意表現時，她們會以責打的方式壓迫子女學乖，要求孩子必須儘早獨立不能太依賴，學習品質若有差錯也多採以嚴管的方式予以回應。此外，由於夫家對他們的孩子較常採用放任疼愛的管教方式，這與其母國主張對孩子應採用權威的教養方式不同，讓柬埔寨籍母親在面對子女教養時，常覺得無所適從，為避免與夫家親友為子女教養方式的採用發生衝突，她們常會在夫家親友不在家時，才給予孩子嚴格的責罰（張齡友，2004）。

㈢越南籍母親，管教學齡前子女的方式會受自己成長經驗的影響而採用放任的方式，她們自認對孩子沒有太大的期望，會抱怨照顧孩子很辛苦，不喜歡小孩去吵她們，平時做事多只憑自己的喜惡作決定，生氣時會對孩子打罵（李湘凌等，2005）。

㈣多數印尼籍母親要求子女乖巧聽話、對其言行採用不可鬆懈的監督態度。當子女表現不正當的行為時，強調立即的修正，常採用的管教方式包括：體罰、引起會感到焦慮的罪惡感、忽視、回收對子女的疼愛、強權制止，以及管教後向孩子說明理由等方式，但當子女表現合宜的行為時，有時也會給予精神鼓勵或物質鼓勵（莊麗玉，2005）。

㈤研究發現，在外籍配偶家庭中，父親多傾向採用獨裁專制、不寬鬆放任的方式管教子女；而外籍母親多採用權威民主、卻不寬鬆溺愛之方式來管教子女（方淑寬，2006）。

二、保護的管教方式

有些外籍母親在養育子女時，深怕他們在學校會受到同儕的歧視，平時與孩子溝通時，特別關注同學及老師對他們說話的方

式與內容，若有任何不滿意時會立即反映，甚或到學校爭論，平時常要求老師在處理她們孩子的問題時，給予特別的關照（陳雅鈴，2004）。

三、放任的管教方式

有些外籍母親會採取放任的方式管教子女，這可能是由於她們擔心自己的能力不足，而將子女的課業學習及生活教養方面的問題，全部委託給孩子的老師處理（陳雅鈴，2004）。另外，有些印尼籍的母親會採取放任子女發展的管教方式，儘可能提供孩子物質的需求滿足，作為疼愛他們的管教方式（莊麗玉，2005）。

四、民主的管教方式

㈠在外籍配偶家庭中，父親採用「開明權威」管教方式的比例最高，其次依序為「忽視冷漠」、「專制權威」，最少的為「寬鬆放任」。至於母親管教方式方面，採用「忽視冷漠」方式所占比例最高，其次則依序為「開明權威」、「寬鬆放任」，最少採用的為「專制權威」（黃明華，2006）。

㈡外籍配偶多採用「恩威並重」的管教方式，當子女做錯事情時，會給予懲罰，但當他們達到父母要求的目標時，也會給予獎勵和鼓勵（田閔如，2005）。

總之，歸結上述相關研究可知，在外籍配偶的家庭中，母親多半扮演主要照顧者的角色，對孩子的管教方式，質的研究發現，她們多採用體罰、嚴厲、權威、單向溝通、說教的管教方式，少數也有採用較為放任、保護的管教方式。但也有一些量化的研究發現，外籍配偶多採用權威民主、恩威並重或忽視冷漠的管教方式。外籍配偶的夫家通常也會協助照顧小孩，但常因和外籍配偶教養孩子的理念不同，而常有爭吵的情形發生。

第四節　影響外籍配偶家庭父母管教行為的 來源

　　當探討外籍母親對幼兒採用的管教方式時，哪些因素會影響外籍母親採用的管教方式，一直讓人深感興趣。過去曾有多篇研究探討在外籍配偶家庭中，哪些因素會影響父母採用管教孩童的方式，結果發現：教育程度、家庭的經濟狀況、外籍母親的中文程度、來臺時間的長短、母親的國籍、年齡、結婚的年數及就業情形等變項，及子女的年紀、性別、幼兒入學年數等，皆具有不容忽視的影響力，擬分項說明如下：

一、父母方面

(一)教育程度

1. **在外籍配偶家庭中**

　　(1)父親教育程度為研究所、大學或大專的，比教育程度為小學或不識字者，採用較多反應的管教方式，此亦會影響外籍母親對反應管教方式的採用。

　　(2)外籍母親教育程度為研究所、大學或大專的，比教育程度為高中職、國中、小學或不識字者，父親會採用較多反應的管教方式。

　　(3)外籍母親教育程度為研究所、大學或大專的，比教育程度為高中職、國中、小學與不識字者，會採用較多反應的管教方式。

　　(4)外籍母親教育程度為研究所、大學或大專的，比教育程

度為高中職和國中者，會採用較多要求的管教方式（張
美珍，2007）。

㈡家庭的經濟狀況

新移民家中的經濟狀況會影響父親與母親採用要求和反應的
管教方式。那些經濟狀況較良好或富裕之新移民家庭的父母，會
比家庭經濟狀況不佳或普通者，對子女採用較多要求或規範及給
予子女較多關愛、正向回饋及雙向溝通的反應（張美珍，2007）。

㈢外籍母親的中文程度

中文識字能力不同的外籍母親，在家中對子女認知信念的教
導、生活中人際間互動的教養有顯著差異，換言之，中文識字能
力較強之外籍母親比中文識字能力較弱者，較重視這些方面的管
教（柯麗貞，2006）。且中文程度越好的外籍母親，在幼兒生活常
規的訓練上，越會採用獎勵的管教方式，而中文程度普通的外籍
母親，面對孩童不依規定行事（特別在生活常規和人際互動方面）
時，較會採用處罰的管教方式（徐玉梅，2006）。

㈣來臺時間的長短

來臺時間長短不同的外籍母親，在家中對子女在生活中人際
間互動的教養，及對孩子行為管教的親自參與，有顯著差異存在。
換言之，來臺時間七年以上的外籍母親比來臺時間七年以下者，
較重視這些方面的管教（柯麗貞，2006）。

㈤母親的國籍

不同國籍的母親對子女的管教方式有顯著差異。大陸籍的母
親比東南亞籍的母親，採用較多獎勵的管教方式（黃明華，2006；

徐玉梅，2006）。

㈥年齡

　　年齡不同之外籍母親管教子女的方式有顯著差異，年齡在 31 歲以上的外籍母親比 30 歲以下者，常採用較多獎勵的管教方式（蔡秀莉，2006；徐玉梅，2006）。

㈦結婚的年數

　　結婚的年數不同的外籍配偶，管教子女的方式有顯著差異。結婚年數六～十或十一～十五年的外籍配偶，均較結婚年數五～十年者，由於教養經驗豐富，會越常採用正向積極的管教方式（蔡秀莉，2006）。

㈧就業情形

　　外籍配偶有無工作，對子女管教的方式會有顯著差異。有工作的外籍配偶比無工作者，對子女較常採用正向積極的管教方式（蔡秀莉，2006）。

二、子女方面

㈠年紀

　　在外籍配偶家庭中，父親對七年級國中生，採用要求的管教方式，多於九年級國中生；至於外籍母親對七年級國中生，採用要求的管教方式多於八年級和九年級國中生（張美珍，2007）。

㈡性別

　　外籍母親管教性別不同子女的態度會有差異（黃明華，2006）。

㈢幼兒入學年數

研究發現幼兒入學年數的多少，會對外籍母親採用的管教方式帶來影響。入學兩年的幼兒比入學一年的幼兒，感受到外籍母親採用較多獎勵和處罰的管教方式（徐玉梅，2006）。

第五節　外籍配偶家庭中子女的行為表現

一般而言，外籍配偶子女的行為表現大致可分為發展遲緩、學習適應、生活適應及人際適應等方面的問題，多位學者曾針對此四方面進行研究，所得結果分述如下：

一、發展遲緩問題

國內高雄長庚醫院曾調查發現，外籍配偶在產前常出現普遍產檢次數不足，因而產出早產兒、體重過輕、遲緩兒的機率較高於一般婦女（《聯合報》，2001）。唯內政部 (2003) 全國性的調查報告卻指出，受訪之外籍與大陸配偶的子女，健康情形良好者共153,671 人，占全國外籍配偶子女總人數的 99.6%，發展遲緩者共154 人，占總人數的 0.1%；身心障礙者共 308 人，占總人數的0.2%；重大傷病的共 154 人，占總人數的 0.1%。由此數據得知，大部分外籍配偶所生的子女健康狀況是良好的，但仍有 0.5% 的兒童（約 616 人）有發展遲緩或身心障礙等問題，這是不容被忽視的。

二、學習適應問題

㈠東南亞籍配偶子女就學後的問題，大多是集中在國字的認識與語言的表達上，此與外籍母親的語言能力有相當大的關係（臺南縣教育局，2002）。

㈡臺北市國小一年級至六年級之外籍及大陸配偶的子女中，約有三成三的學童有學業適應不良的問題（王文英，2003）。

㈢外籍配偶子女的語言發展較為遲緩，學業成就較為低落（劉秀燕，2003）。

㈣外籍配偶子女課業的學習速度較班上其他同學緩慢，學習成就也較低落，特別是在拼音能力、口語表達及國語科成就方面更顯不足（盧秀芳，2004）。

㈤外籍配偶子女在學校中，常與老師或同學有語言溝通的障礙（陳碧雲，2004）。

㈥外籍配偶子女學業適應不良多發生在國小一、二年級，甚至學前，尤其以語言的學習及語句的結構較差最為明顯，其次則為數學的學習成果較差，整體而言，他們認知科目的學習均需要加強（蔡榮貴等，2004）。

㈦東南亞籍配偶子女的「學習適應」及「學業成就」，均較大陸籍配偶子女表現得差。

三、生活適應問題

㈠臺北市國小一年級至六年級外籍及大陸配偶的子女，生活適應表現欠佳者，占外籍及大陸配偶子女在校總人數的 20.83%（王文英，2003）。

㈡外籍配偶子女表現較多負向行為，如打架、遊蕩等（劉秀燕，2003）。

㈢外籍配偶子女從小就出現不能遵守團體規範的現象，且生活自理能力較差，例如在校的私人置物櫃常是亂七八糟、凌亂不堪，作業也時常缺繳，這造成教師相當多的困擾（盧秀芳，2004）。

㈣來自外籍母親家庭的幼兒，在班級中常未能遵守團體規範，較易在課堂上出現愛說話、不當的肢體動作及好動的行為，常需要教師一再的提醒才會停止，生活中缺乏自理的能力，挑食、衛生習慣不佳，常成為幼教老師教學上的困擾（陳碧雲，2004；林雅婷，2005）。

㈤外籍配偶子女在學校中常見較內向害羞、依附行為較強、缺乏自信、甚或有暴力傾向等適應不良的情形（陳碧雲，2004）。

四、人際適應問題

㈠外籍配偶子女在學校中，因說話帶有特殊的口音或腔調，易被他人取笑，並受種族歧視或標籤化，致使他們對自己也無法認同，缺乏自信甚而感到自卑，在人群中顯得退縮與疏離（蔡榮貴等，2004）。

㈡外籍配偶子女因語言腔調問題，受到其他同學訕笑，咬字不清更影響其與同學的溝通，衛生習慣較差，也影響與同學間的互動，若再加上外型或膚色的特殊性，易受到同學的排擠，而產生自卑心理（許靜芳，2003）。

㈢外籍配偶子女在和老師互動的過程中，略顯退縮，語言的表達常有障礙，以致經常需要老師從旁協助。在和同儕相處上，較不會主動參與同儕的活動，常用肢體動作代替口語交流，和同學之間偶爾也會出現摩擦及被排擠的現象（盧秀芳，2004）。

㈣外籍配偶子女對於新事物的接受程度較慢、敏感度較低，以致在人際關係中不太能夠融入團體（李怡慧，2004）。

㈤雖然外籍母親家庭的幼兒鮮少主動與同儕互動，但當同儕

需要幫助時，他們多會適時的提供協助，偶爾也能表現出利社會的行為（吳柏姍，2005）。

（六）雖然外籍母親家庭的幼兒會主動參與遊戲與同儕建立關係，但與同儕的互動模式，較偏向自我中心，較少利他行為，甚或偶有攻擊情況的發生（林雅婷，2005）。

（七）外籍配偶家庭子女「整體自我概念」的發展尚稱良好，但在「負向社會行為」方面的表現卻有偏高的傾向，如「脾氣大」、「常與人爭執」，此會對他們人際間的良好適應帶來傷害（施奈良，2005）。

（八）外籍配偶家庭的男學童在學校適應與人際溝通的表現上，都顯著的較差於本國籍配偶家庭的男學童。

（九）外籍配偶家庭子女在「對族群的認同」與「自我概念」間，呈現顯著正相關。換言之，他們對父母雙方族群的認同程度越高，自我概念也會越正向積極。🌱

第六節　影響外籍配偶家庭子女行為表現的因素

一、家庭的社經地位

根據內政部 2003 年外籍與大陸配偶生活狀況調查報告指出，外籍與大陸配偶的工作狀況，以無工作者 21,282 人最多，占 69.16%，有固定工作者 6,196 人，占 20.14%，臨時性工作者 2,946 人，占 9.57%，但即使有固定的工作者，其參與之行業多以服務

業及工業為主。且這些外籍與大陸配偶之國人配偶的身分，為榮民、身心障礙、原住民、低收入戶的共 34,583 人，占全體人數的 19.7%。由此可知，大部分的外籍配偶家庭多屬於低社經地位的。

過去許多研究均發現，家庭社經地位的高低，會對兒童學習適應的優劣，帶來直接的影響。低社經地位的外籍配偶家庭，僅能提供給孩子基本物質需求的滿足，至於額外的教育資源，例如電腦、網際網路、書報雜誌、兒童課外讀物等則較顯不足，因此，供給子女的教育資源則深受限制。也許這就是家庭社經地位較低的外籍配偶子女，在口語表達、識字及造句的能力，均較差於家庭社經地位較高子女的緣故（黃婉玲，2005）。

在這樣的家庭中，父親往往要投注大量的心力在工作上，無暇照顧及管教子女，當發現子女有學習上的問題時，他們深知以外籍配偶語言能力的限制，必無法給予協助，因此，若經濟尚可維持，只能安排子女到安親班上課，以強化其不足之處，但到底學習成效如何，也很少聞問。

此外，迎娶外籍配偶的國人，不乏是身心障礙者，再加上外籍配偶嫁到臺灣來後，因生活適應上的問題，累積了許多壓力，相對的也衍生出不少心理上的疾病，這些皆會影響子女智能與生理的發展，而出現學習發展遲緩及生活適應的問題。

二、教育程度方面

內政部 (2003) 資料顯示，外籍配偶教育程度以國中程度最多，占 34.6%，其次為自修或小學，占 31.9%。大陸籍配偶的教育程度亦是以國中程度最多，占 40.6%，其次為高中、高職，占 27.5%。就整體而言，大陸籍配偶的教育程度較外籍配偶高。而在她們國人配偶的教育程度方面，以高中、高職最多，占 35.9%，國中次之，占 34.6%。由此得知，在外籍配偶的家庭中，無論是

外籍配偶或是國人配偶的教育程度皆普遍較為低落。

　　如自人力資本的觀點視之，在勞動的市場上，一個人的教育程度越高，代表所學得與經濟生產力相關的專業技能與知識也就越多。換言之，人力資本越高者，生產的工作效率也會越高，因而得到的金錢回饋也會越多（黃毅志，2000）。是故，在家庭中主要負責照顧家庭者的學歷若越高，其收入就可能越好，如此則能提供給孩子較佳的學習或生活所需的資源（黃婉玲，2005）。由於外籍配偶家庭中的父母多屬低教育程度，因此所能提供給孩子的各種資源較受限制，此亦會對孩子健全身心發展帶來間接的影響或傷害。

三、語言能力方面

　　除了大陸籍配偶外，東南亞籍的外籍配偶來到臺灣，在語言上幾乎都是重新開始學習，無法熟悉且流暢的使用國語，成為其在教養子女過程中遇到的最大阻礙。據統計，在臺灣，外籍配偶中僅有七分之一上過識字班，換言之，保守的估計約有 8 萬左右的外籍配偶目前仍處於不識中文字的狀態。

　　研究顯示，女性結婚生子後，如果識字能力沒有提昇的話，將來會嚴重影響孩子的識字水準和學習成就。有上過識字班之外籍配偶，其子女的語言表達能力比沒有上過識字班者，有較好的表現，且對國字運用能力的掌握，也較為精確（黃婉玲，2005）。換言之，在外籍配偶家庭中，主要照顧孩子者的語言能力，會直接影響他們早期語言的發展與學習，若至孩子入學為止仍不見改善的話，影響層面會更擴散至孩子的身心健康、師生關係、甚或偏差行為的顯現。

　　在兒童成長過程中，父母是直接影響其語言發展的重要他人。但在東南亞籍配偶家庭中，父親通常為了生計的忙碌而早出晚歸，

與子女相處時間較少，若外籍母親國語能力掌握不足，在缺乏其他家庭成員，如祖父、祖母等提供語言的刺激與孩子互動之下，其子女的語言發展就會受到很大的影響。對於口語的表達較一般學童差的事實，外籍母親雖一再的被學校老師告知，但她們也覺得相當的無力（黃婉玲，2005）。

外籍配偶語言的問題，不僅影響其子女語言表達的品質，也間接導致孩童學業、生活及人際適應上的困難。在學校教育中，識字及拼字能力是所有學科中的基礎。外籍配偶家庭的孩子，因母親識字及語言表達能力差的結果，致使他們因這些能力的不足，而影響他們在其他學科上的表現。再者，在生活適應及人際關係方面，由於在臺灣的學校中，國語仍為大多數人交談時主要使用的語言，在外籍配偶子女語言理解及表達能力均較差的情況下，會較難與同儕溝通，也較易與同學因溝通不良產生誤會或發生摩擦而受到排斥。此外，在和老師的互動上，也會因為不太理解老師所講解的內容，而產生退縮或是不遵守團體規範等情形。

四、婚姻狀況方面

中國人特別重視子嗣繁衍的觀念，所以會透過婚姻的結合來達到這個目的。然而，隨著臺灣女性自主權的提高，處於臺灣結構中較弱勢的男性，通常是從事農業、漁業等經濟所得較不穩定、教育程度較低的弱勢族群，他們在婚姻場域中通常也較難尋找到適合的結婚對象。近年來，由於國際婚姻管道的開放，迎娶外籍新娘的比例也就大幅的提昇。

但是，在這種狀況下，嫁到臺灣的外籍新娘，所產生的問題卻不勝枚舉，如為了要傳宗接代，夫家不但把外籍新娘「物化」成生育的工具，還要求她們必須生育到合乎夫家滿意的子女數或性別為止，對政府一再宣導之「間隔生育」及「優生保健」的觀

念，卻故意視而不見。此外，由於對於與她們原生文化不同之我國文化，尚在學習及設法調適的階段及語言隔閡等因素，外籍配偶往往比國內婦女更容易受到婚姻的暴力。許多的外籍配偶在語言、文化差異的衝擊下，身心壓力頗大，常會出現孤寂、焦慮、擔心、悲傷、憂鬱，有時甚至還會出現自傷或自殺的情形（蘇容謹，2005）。上述種種負面的現實條件，將會成為外籍母親照顧子女的不利因素，結果會導致外籍配偶子女適應不良的情形發生。

　　總之，由上述得知，外籍配偶語言能力的不足，似乎已不再是單純的個人議題，而是會嚴重的影響她們子女生活及學習適應上的問題。在學校教育中，家長與教師之間溝通管道的暢通，對孩童的輔導是相當重要的，但這又成為外籍配偶較難克服的障礙，也更增加了輔導孩童行為的困難度，因此，到底該如何突破上述困境是個不容忽視的議題。

第七節　外籍配偶家庭中父母管教行為與子女行為表現的關係

　　對於影響外籍配偶家庭中子女各項行為表現因素，除了上述各項外，父母採用之管教行為是否在其中也扮演著相當重要的角色？一直被許多學者專家所關注。根據學者研究發現：

　　㈠在「東南亞籍」的外籍配偶家庭中，父親即使工作再忙，仍積極參與孩子的管教，並努力營造良好之親子關係的，子女會有較佳的學習表現及生活適應（井敏珠，2007）。

　　㈡那些「不會聽說也不會讀寫中文」的外籍母親，在教養孩

子過程中，若親子間有較佳的互動，子女會將此經驗運用在學校中，與同儕建立較好的關係（柯麗貞，2006）。

㈢越南籍母親，若採用嚴格打罵的管教方式以及對孩子的學習表現過度憂心，會使孩子在幼兒園的學習態度出現逃避、退縮的情形（林雅婷，2005）。

㈣外籍母親越採用獎勵的管教方式時，幼兒的整體生活適應會越好，尤其在常規適應和人際關係方面的表現；反之，若採用越多處罰的管教方式，孩子的整體生活適應會越差，特別在常規適應方面（徐玉梅，2006）。

雖然研究所得資料不多，但由前述得知，外籍母親較常採用嚴厲的、忽視冷漠或過分保護的管教方式，這些管教方式的採用，會對孩子的生活適應及身心健康的發展帶來傷害（王鍾和，1993，1995）。「嚴厲」的管教方式，會讓孩子長期生活在矛盾、焦慮、不安的情境中，母親對他們來說是給予關愛、照顧的對象，願意與他們親近的，但當他們表現不好、惹母親生氣時，嚴格的打罵與責罰，又讓他們非常害怕，有時他們甚且不明白到底做錯了什麼，長期下去，母親對他們來說，似乎也變成了讓他們感到焦慮、不安的對象，且他們由母親身上學得，可以用暴力去懲處那些讓自己感到不高興的對象，這種不正確的認知，會逐漸擴及未來生活中的權威者如老師，或讓他感到不開心的同學或朋友身上，也許這就是外籍配偶家庭中的子女會出現較多焦慮、擔心、悲傷、憂鬱、打架或暴力行為的緣故。

至於「忽視冷漠」管教方式的採用，會造成子女的「個人適應」較差──會有較弱的自我獨立性、對自我的評價較低、較無法自由決定個人的意念或抉擇、在人群中有較多的退縮傾向及神經質症狀；「社會適應」也較差──會對社會（學校）期望之行為標準認知不清、較缺乏人際交往的社交技巧、會表現較多的反社

會行為，與在家庭中、學校中及社團活動中皆顯露較差的關係；對「自我的接納」程度較低；表現較多的「偏差行為」；在學校中的「學業成績」表現較為落後。這些行為在外籍配偶家庭子女身上皆常出現。而父母採用「過分保護」的管教方式，最讓人擔心的是，會剝奪了子女學得社會期許行為及分辨是非善惡的機會。

總之，據此推論，在外籍配偶家庭中，父母採用的管教方式，與子女之各項行為表現，似存在著相當密切的關係。唯未來有待更多的實證研究予以確認。

第八節　外籍配偶家庭親職教育

(一)提昇外籍配偶的中文程度

外籍母親在管教子女時，遇到最大的困難是中文能力的問題，由於中文程度低落，無論在與孩子溝通或是輔導課業上，都會出現困難，且在這些問題發生時，管教子女的責任常常落在公婆或先生的身上，此對生養孩子的外籍母親來說，心情的無奈與鬱悶更會影響與孩子的互動。因此，若要提昇她們親職教育的能力，中文能力的提昇實為刻不容緩之事。

(二)教導外籍配偶管教孩子的原理、知識與技能，及親子溝通的技巧

外籍母親採用嚴懲、忽視冷漠或保護放任的方式遠多於開明權威，此種專斷或放任的態度，對孩子社會期望行為的建立，皆

會帶來阻力。因此，針對外籍配偶管教知能的不足，應開設相關的課程，以提昇她們面對孩子的犯錯行為的預防與因應之道。

(三)加強對不同背景的外籍配偶中文及管教知能的培訓

三十歲以下、婚齡比較少或沒有工作、教育程度較低、社經水準較低的外籍配偶，在管教上多採消極、負向、沒有準則的方式，此皆會影響她們管教孩子的品質，因此，針對這些背景的外籍配偶，除了加強她們的中文能力外，更應對她們管教孩子的知能予以專案設計及積極投入。

(四)社工師功能的強化

社工師應經由家訪,對外籍配偶與家人互動的概況深入探究，明確瞭解他們是以何種態度及作法與外籍配偶相處，並讓他們瞭解孩子的母親是外籍母親，因此管教孩子的職責應由外籍母親支撐起責任，不能因為她不懂中文而剝奪其職責。家人應協助外籍配偶在語言上或作法上，能儘快擔負起應盡的責任。也許在早期外籍配偶語言能力還不是那麼流利時，由家人暫時代理管教或照顧孩子的責任，但當其語言能力漸能進入軌道後，即應將此職責逐漸轉移，而家人退居到觀察及協助的地位才是。

(五)在外籍配偶家庭中的家人，管教上要採一致的作法

不論是夫妻之間或家人之間，都應當經常的溝通，儘量少在孩子面前以歧視的口吻，直接批判外籍母親的作法不合時宜或國情，不論由誰先給予孩子管教，在事後，要找機會充分溝通此種作法的壓力何在，應如何調適才合乎社會的期望，如此家人間積極的互動與溝通，對管教原則的掌握，必定會越趨一致。

(六)為外籍母親建構社會支持的系統

　　就硬體而言，學校方面對於外籍母親的孩子，可以尋找合適的認輔志工，除對孩子不合社會期望的行為予以導正外，並加強他們的課業輔導，以補足外籍母親語言或能力上的不足。此外，當學校提供給外籍配偶上課的機會時，無論是學中文或是學習管教子女的知能，宜設法尋找適當的人力支援其在工作上的需要。此外，學校應該提供一些管教子女的諮詢單位，當外籍配偶在管教子女上遇到問題時，可藉由電話或網路向這些單位提出諮詢，如果可能的話，單位裡能有與她們語言相同的人直接溝通，以便針對她們的問題對症下藥解決疑難。

(七)提昇外籍配偶家庭中父親對親職角色的認知與認同

　　研究發現在外籍配偶家庭中，父親若能在忙碌工作之餘，抽空多參與孩子的活動，如此，不但能增進親子關係，且能提昇孩子在學校中的人際關係。也許就是在與孩子互動的過程中，父親不但傳遞了關愛、與孩子閒聊與溝通、示範出人際交往的技巧，更重要的是當孩子表現出違規犯過的行為時，立即予以約束或導正。其實不論外籍母親是否能以中文與孩子溝通或管教，父親對親職工作的參與，都有其重要性與必要性，但在外籍母親還不會說國語時，或語言表達能力還不如此流暢時，父親對子女行為管教的積極參與，就越形重要了。

第 **9** 章

→ **資優兒童家庭親職教育**

第一節　資優兒童的定義

　　世界各地對於資優學生或是具有特殊能力與傾向的孩子有著不同的形容詞，在臺灣我們耳熟能詳的是「資賦優異」，簡稱「資優」的稱謂；而在香港稱之為「天才」；日本稱之為「英才」；新加坡叫做「高才」；大陸則稱之為「超常」；美國用 "talented, gifted" 來表示天資聰穎的兒童；歐洲則是用 "high ability" 來稱呼這些聰明的小孩（吳武典，1997）。資賦優異的人至少包含三種特質：高於平均水準以上的能力、超高的創造力及堅強的毅力，當這三種特質產生交互作用時，個體即傾向表現出資賦優異的行為（如下圖所示）（蔡典謨，1996）。

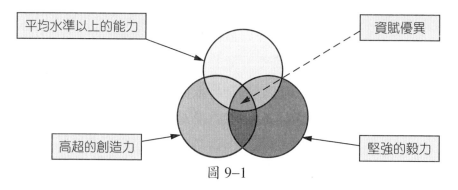

平均水準以上的能力

資賦優異

高超的創造力

堅強的毅力

圖 9–1

　　在資優的定義方面，美國是公認資優教育最發達的國家，起步最早，法令也最完備，對資優有明確的定義：「資優乃是在學齡前或中小學階段，經過鑑定，在以下領域有卓越表現或高度潛力者，包括一般能力優異、學術性向優異、創造能力優異、領導才能優異、視覺及表演藝術能力優異等。」

　　我國於民國 87 年 10 月通過訂定之「身心障礙及資賦優異學生鑑定基準、鑑定原則」，將資優定義為六類：一般智能優異、學術性向優異、藝術才能優異、創造能力優異、領導才能優異、其他特殊才能優異。

　　由此可以看出，我國對資優的定義大致上沿襲美國，前四項定義幾乎一樣，只將美國定義的第五類視覺及表演藝術，區分成藝術才能與其他特殊才能。

第二節　資優兒童的類別與早期徵兆

一、資優兒童的類別

　　S. J. Kokot (1994) 依資優兒童的不同能力區分為以下幾類：

(一)展現極佳的智力潛能

　　智力型的資優兒童，他們的特徵是功課傑出，記憶力強及有抽象思考能力。在我們的教育制度下，這種兒童特別容易被辨認出來，通常也會顯現所有典型的資優徵兆。

(二)對特定的學科顯現出異常的態度和興趣

　　這類型的兒童在一個特定的學科上表現異常的能力、成績或態度，例如數學能力或語文能力特別傑出，這類型的兒童在別的學科上或許只有中等的成績。很多人認為這種兒童是天才，不是資優。

㈢從思考內涵或是透過美術或音樂的表現，顯現非凡的創造力和潛能

這些兒童通常顯得想法活潑、獨立、不輕易苟同、相信自己的想法，並且以不尋常的方式觀看世界和解決問題，同時也流露出驚人的敏感、知覺與直覺，結果造成自我面對許多特別的挑戰。和一般兒童不同的是，資優兒童呈現出較多的擴散性思考(divergent thinking) (Christensen & Janis Ruth, 1997)。

㈣表現出非凡的領導潛能

這是指有影響別人的能力。就兒童而言，這種情形通常在同儕團體裡運作。資優兒童的領袖氣質在早年時就會表現出這種特殊的才華，他們有自然的權威風采，不時的展現人際處理技巧，譬如他們跟人來往時所表現出的機智與領悟。這種性格有時被稱為「社交資優」，而且早在學齡前就會自然流露。他們對別人的利益顯出格外的關懷與敏感。

㈤對表演藝術顯出不尋常的才華，包括歌唱、音樂、芭蕾舞、戲劇

這項資優可能與創造力重疊，這方面資優的兒童會自然地表達情緒，同時經由表演或透過藝術媒介的運用去滿足他們的內在自我。他們也經常被視為高度的天才。這些兒童在學校的時候經常會提出申請，要求進入一些當代有名的芭蕾舞、戲劇、藝術學校等。

㈥在速度、強度、協調、柔性、控制等方面，顯現出超凡的心理動作能力

　　屬於這項資優的兒童常常在體育方面的表現十分傑出，他們會刷新國內的記錄，終而晉身國際型的比賽。這種兒童的智力都有中上程度，但卻不一定絕頂聰明。他們是我國與世界各國各種資優團體裡最幸運的一群。他們的才華備受喜愛，往往被重金禮聘，不乏後援。

二、早期的資優徵兆

　　如何在孩童的早期，就能識別他為資優兒？Kokot (1994) 認為可由下列行為觀察之：

㈠早用複合語言

　　語言發展快速是高潛能的跡象，語言超前的現象可以從兒童講話句子的長度、字彙數量、與用字遣詞的準確性來判斷。例如：多數的兩歲幼兒會說：「有一隻狗。」但一個有資優潛能的兩歲兒童可能會說：「院子裡有一隻棕色的狗，正在聞我們家的花。」

㈡觀察敏銳和好奇

　　一個有資優潛能的兒童可能會問一連串相關的問題及有智慧的問題，例如：「為什麼膠帶一邊黏一邊不黏？」、「為什麼飛機會浮在空中？」此外，他們也明察秋毫，可以記住玩具擺放的位置並正確的歸位。

㈢記住許多訊息

　　資優兒童能夠記住事情的細節，並回憶過去的經歷。例如在

參觀博物館之後，可以精準的畫出所看到的陳列品。

(四)精神專注的時間

一個具有資優潛能的一歲幼兒，能夠坐上五分鐘甚至更久，專心聆聽父母講的故事，年紀大一點的資優兒，甚至會全神貫注在一本書或是一個想法，而忘記周遭的事物。

(五)懂得複雜概念，理解事物間的關聯，並能客觀思考

例如要描述窮人的生活時，一般的學生會寫：「餓肚子」或「錢不夠用」，但資優的學生可能會寫：「假如人人都不窮，那麼生活的窮困就會是個問題；如果每個人生活都很窮而買不起東西時，物價就可能會因而下跌。」

(六)興趣廣泛且善變

資優兒童通常很容易對事物著迷，例如一個月沉迷於恐龍，接著下個目標變成一個完全不同的事物，如賽車。

(七)嚴厲的批判思考和自我批評

資優兒童不僅會評估自己，也會評估別人，他們會注意一般人言語跟行為之間的差距，也會嚴以律己。

(八)藝術方面展露特殊才華

例如在音樂、繪畫、韻律等其他領域展現出特殊的潛能。

第三節　資優兒童概況

　　我國目前到底有多少兒童被鑑定為資優兒童，以及他們的分布概況如何，或許可由我國 96 學年度各級學校中，已被提出且已接受資賦優異教育的學生人數推估之，分述如下：

(一)國民小學階段

　　依教育部調查，96 學年度全國小學生總數共 1,753,930 人，資優人數為 16,163 人，占總人數的 0.92%。其中一般智能為 5,506 人 (34.07%)、學術性向 193 人 (1.19%)、藝術才能 10,683 人 (66.10%)、其他特殊才能 140 人 (0.87%)、創造能力及領導才能 0 人。

(二)國民中學階段

　　96 學年度全國中學生總數共 953,324 人，資優人數為 21,144 人，占總人數的 2.22%。其中一般智能為 4,025 人 (19.04%)、學術性向 5,531 人 (26.16%)、藝術才能 11,397 人 (53.90%)、其他特殊才能 191 人 (0.90%)、創造能力及領導才能 0 人。

(三)高中職階段

　　96 學年度全國高中職學生總數共 752,054 人(高職 339,497 人、高中 414,557 人)，資優人數為 3,056 人，占總人數的 0.41%。其中一般智能 11 人 (0.36%)、學術性向 1,852 人 (60.60%)、藝術才能 1,193 人 (39.04%)，而其他特殊才能、創造能力及領導才能皆為 0 人。

㈣大專以下總計 🐦

接受資賦優異教育學生數共 40,363 人，而在學學生共 3,459,308 人，接受資優教育的學生約占㈠～㈢階段總人數的 1.17%。

表 9-1　接受資優教育學生分布統計概況（96 學年度）

	國民小學	國民中學	高中職	總　計
資優教育生	16,163	21,144	3,056	40,363
在學生	1,753,930	953,324	752,054	3,459,308
資優生比例	0.92%	2.22%	0.41%	1.17%

🎼 第四節　資優兒童的行為表現

一、資優兒童的特質

研究發現，資優兒童的認知特質有：學習快、記憶強、觀察微、善理解、知識豐、思想奇、疑問多、策略靈等；情意的特質有：理想多、期望高、自信強、要完美、喜冒險、易堅持、樂獨立、少順從等；至於生理的特質有：精力旺、作息繁、感覺銳、風格異。他們具有豐厚的學習潛能，要求完美的傾向，與旺盛的精力。

K. Dabrowski 以「過度敏感」為一種發展的動能，資優者自幼即精力充沛、活潑好動，有時可能會被認為是過動兒，但也因這種特質，使其對感興趣的事物能夠持續專注地投入。他認為資優生有以下五種過度敏感的特質：

表 9-2　資優生過度敏感的五種特質

	特有的行為
心理動作	說話快、動作快、冒險性強，但精力旺盛而有強迫性多話的傾向或神經質的表現。
感　官	對聽覺、視覺、嗅覺、味覺等的感覺敏銳，但為紓解內在的緊張而尋求感官的滿足，不能忍受噪音、不美好的事物。
智　能	渴望知識、好問、追求真理、思考獨特，但不滿現實與權威，批判或反抗性強烈。
想像力	想像力豐富，善用視覺表徵，但喜歡幻想、作白日夢、注意力不集中。
心理（情緒）	人際關係敏感，關心他人及社會，但常有強烈而複雜的感受，因此對感情的記憶深刻鮮明，關切死亡問題、憂慮社會，可能產生心身性反應，如胃痛、焦慮、抑鬱等。

　　父母應該瞭解資優兒童的這些過度敏感的特質，才能有效處理他們的問題。唯有掌握這些發展潛能，才能滿足資優子女的心理和教育的需求。身為資優生的父母應該把這五種過度敏感的特質當成資優兒童的一部分，而非將之視為有心理問題。

二、資優兒童可能面對的問題

㈠資優兒童常見的行為問題 (Strop, 1983)

1. 自我概念不健全。

2. 情緒常處於不穩定的狀態。

3. 同儕過度競爭。

4. 手足間易競爭與比較。

5. 責任感過重。

6. 人際關係不佳。

7. 隱藏才能。

8. 對學校課程興趣低落。

9.生涯抉擇困難。

10.不滿現實。

11.因父母師長設定較高的目標，加上完美主義作祟，因而害怕失敗，產生沮喪 (Schuler, 1999)。

(二)資優兒童最關心的八個問題

1.與人維持良好的關係。

2.對於別人所說、所做過分敏感。

3.不知如何選擇適合的生涯。

4.希望能具有放鬆與減除緊張的能力。

5.與兄弟姊妹和諧相處。

6.能有包容他人的能力。

7.克服完美主義的困擾。

8.避免厭煩枯燥的感覺。

(三)資優生的情意需求 (Van Tassel-Baska, 1994)

1.瞭解自己，悅納自己。

2.尊重他人，欣賞他人。

3.瞭解個別差異，扶攜弱小。

4.學習人際關係技能，增進溝通能力。

5.善用敏覺力，建立良好的人際互動關係。

6.善用幽默感，營造良好的團體氣氛。

7.運用策略，提高壓力調適的能力。

8.區分理想與現實，訂定適當的抱負。

9.瞭解自己的興趣、性向，選擇適當的生涯。

10.瞭解人類的價值體系，建立正確的人生目標。

11.關懷他人與社會的需求，培養服務的人生觀。

第五節　父母教養資優兒童的壓力與衝突

　　許多父母常擔心不知該如何教養資優兒童，可分為以下幾方面來討論：

一、認知方面

　　1.父母對資優兒童的成就顯現深切的關心與焦慮。

　　2.容易過分要求孩子學習超出年齡之事。

　　3.較少提供孩子自我選擇、自然成長的機會，呼應孩子需求感受。

　　4.父母自覺平庸、無法妥善教導孩子。

　　5.對於需隨時符合特殊孩子的需求，感到無力。

　　6.父母和學校的互動關係常發生問題：

　　　⑴對自己在其中該扮演的角色感到困惑；

　　　⑵不知能對學校期望什麼。

二、規範、學習方面

　　1.缺乏適當訓練孩子行為的方法。

　　2.不知該如何與孩子溝通。

　　3.不知如何幫助孩子適應外面的世界。

　　4.除課業學習外，不知該提供給資優兒童何種的休閒娛樂。

　　5.未關心孩子與同儕的相處情形，致使孩子易感到孤單與被拒絕。

　　6.父母缺乏相互支持、引起共鳴的團體或資源，除可交流合宜之教養方式外，因家有資優兒而產生之家庭問題，亦可共同尋

求解決之方法。

三、情感交流方面

1.父母得知孩子被鑑定為資優時，常有最初感到興奮、驕傲，之後卻產生無法適應的煩惱情緒，包含：與孩子溝通、互動相處及學業成就的指導等。

2.養育孩子缺乏耐心與勇氣。

3.資優生父母常會發現孩子是傳統破壞者，孩子不願墨守成規遵循傳統模式，喜歡有自己創新的想法，雖然這可能為資優生帶來獨立、創意的優勢，但卻會激怒父母，認為其權威未受到尊重，而孩子也可能會被那些認為傳統有益者疏遠。

4.無法瞭解孩子心理的需求及困擾的根源。

5.因求好心切而忽略了給予孩子正向、積極的鼓勵。

6.易對孩子產生比較、否定等的負向心態，結果破壞了手足間的良好關係。

7.父母常無法撫平資優兒童的失落情緒，易造成孩子沮喪、挫敗的心情。

8.父母無法承擔或接受資優兒童常出現意志消沉、沮喪與無助感強烈，以及令人憤怒、抗拒等的異常行為。

第六節　父母管教資優兒童的行為

㈠低成就資優兒童的父母多採「忽視冷漠」或「專制權威」管教方式

　　Barbara Clark (1992) 綜合針對高智商、低成就學生所做的國外研究文獻指出，家庭因素對這類學生的學業成就影響深遠。一般而言，這些學生常過於依賴母親、與其父親不親近、父親與孩子的關係不良、父母給予孩子不切實際的目標、父母對孩子的成就吝予獎勵、孩子不認同父母、家裡有嚴重的社會或情緒問題、父母不關心孩子學業、父母對孩子缺乏支持、孩子的成就被視為一種威脅、父母少與孩子分享情感與想法、親子間互不信任、父母嚴格限制及嚴厲處罰孩子等。

　　至於國內量化研究則顯示，低成就資優兒童的父母常使用不當的教養方式，其中以「忽視冷漠」的不當管教方式為最多數。至於蔡典謨 (2001) 的質性研究則發現，低成就資優兒童的父母多不重視教育、缺乏鼓勵孩子追求學問的態度、對孩子的期望過低或過高、沒有灌輸勤勞或努力的價值觀、沒有持續給予社會刺激。

㈡高成就資優兒童的父母多採「開明權威」管教方式

　　相對於前述「忽視冷漠」或「專制權威」的管教方式，多篇研究發現高成就資優兒童的父母多採「開明權威」的管教方式。舉例來說，陳昭吟 (2002) 針對音樂班的資優兒童進行研究，研究發現，母親的管教方式為開明權威的兒童，他們的音樂成績比母親管教方式為忽視冷漠、專制權威者高。

第七節　影響父母管教資優兒童的因素

對資優子女家庭而言，影響父母管教方式的變項，經由文獻的蒐集與歸納，主要分為「跟子女有關的」和「跟父母有關的」。

一、跟子女有關的

(一)資優的特質

父母的教養方式及對孩子的知覺會受到孩子資優與否的影響(Cornell, 1983)。家有資優兒似乎是件光榮與值得高興的事，然而，由於父母、教師與一般大眾普遍對資優生存有許多迷思，例如：認為資優兒童是小大人、他們在學校中一定名列前茅、他們有能力選擇並在任何一條生涯路上表現傑出、他們應該為他人承擔額外的責任以及他們喜歡做其他兒童的榜樣等。

如果上述這些迷思不加以更正，父母在管教資優子女的態度上會不同於非資優子女或對資優子女予以不當的期望，有研究指出相較於非資優手足，父母對資優手足較感到自豪與親近，並給予他們較多的自主機會，而給予資優子女這些特殊的待遇，會使父母因對非資優子女照顧或投入較少而較感到愧疚；此外，有許多父母反映較無法瞭解資優子女的情感與需求，有時會對資優子女的言行有較多的約束與限制，這些作法都將會影響資優生各方面的發展與適應。另外，也有些父母會因過度注重孩子的智能與學習上的栽培，而忽略了孩子社交技巧的培育。

(二)性別 🐦

有些研究結果發現父母對於不同性別的資優子女，會有不同的管教方式。舉例來說，陳貞蓉 (1994) 針對不同性別資優生在日常生活和學習生活上的差異研究發現，在學習生活方面，父母對於男資優生較偏向「溺愛型」，對女資優生則較屬「接納型」；而在學習生活方面，父母對男資優生仍較傾向「溺愛型」，對女資優生則傾向「權威型」。此外，David (2005) 以香港地區資優生為研究對象，結果發現男資優生知覺到較多的父母期望。

然而，有些研究結果則發現父母的管教方式不因兒童的性別而有所差異。國內研究方面，劉逸瑩 (2000) 以國小資優生為研究對象，其研究結果指出父母對於不同性別的資優子女，不會採用不同的管教方式。陳昭吟 (2002) 以國小音樂班資優兒童為研究對象，其研究結果亦相同。

二、跟父母有關的

(一)性別 🐦

從過去的研究發現中，顯示資優兒童的母親通常比父親花更多心力管教孩子。陳昭吟 (2002) 以音樂班的資優兒童為研究對象，由研究結果得知父親陪孩子參加音樂會、陪孩子練琴、看孩子音樂表演的次數都遠少於母親。林梅琴 (2005) 採用質性研究方式，以五位國小資優生為研究對象，訪談結果發現父親對資優兒童的實質上指導比母親來得少；此外，在情緒輔導方面的投入情形，母親的投入亦高於父親。唯 Seokh 與 Yeuhong(2005) 發現，父親參與教育資優兒童的程度較高時，孩童的身心問題較低。

㈡家庭關係（氣氛）

相關研究指出家庭氣氛是否和諧，會影響子女的各方面行為表現。許多低成就資優兒童的家庭氣氛常是不太和諧的，此會對孩子的情緒與親子關係帶來傷害。舉例來說，父母經常吵架、家庭氣氛憂慮緊張、父母沒有時間與孩子相處、父母管教方式不一致等，會讓孩子在情緒上持續處於缺乏安全感，造成孩子的心靈無法健康地成長，亦無法專心於其他發展學習上，例如學業方面，因而導致低成就的結果。

此外，家庭結構、親子互動歷程與環境等，常會對資優生的身心發展帶來影響。換言之，良好的家庭結構、親子互動關係及父母的管教態度等等，對於資優生的學習與成長是有相當程度的幫助，因此如何協助資優家長建立正確教養觀念、引導資優家長塑造良好家庭氣氛等，成為推動資優生親職教育相當重要的部分。

另一方面，資優家長的態度、期望等等也都是影響資優生學習、成長的關鍵因素，因此我們要協助資優家長瞭解建立合理期望的重要性，同時也應讓其明白父母管教態度一致對於資優生的影響。如此應可避免資優生低成就之情形發生。

在年齡差距方面，當資優生與手足間的年齡差距較小時，手足間的競爭與衝突越高。而出生序為老大的資優生在衝突與競爭方面也會高於出生序為老二的，其原因為出生序為老大的資優生期望自己繼續獲得父母的強烈關注，因而對其他手足產生較高的衝突與競爭。由於手足關係是親子關係外，家庭結構、親子互動歷程中相當重要的一個環節，因此資優家長應當重視資優生與手足間的互動關係，並建立起一個和諧、良好的互動模式，讓資優生與手足皆能在適性的家庭環境中成長。同時也要重視資優生與手足間年齡差距、互動所造成的影響，應避免對於資優生或手足

的標籤化效應，或是對資優生與手足間有不合理的期望或要求，如此一來才能在家長、資優生與手足間創造三贏的局面。

第八節　父母管教資優子女與其行為表現的關係

一、「忽視冷漠」的管教方式

　　父母管教資優子女時常採用忽視、冷漠的方式，由於缺乏對子女的關愛，以及較少給予明確的規範與正向的回饋，往往使子女缺乏讚美與肯定，導致子女表現較多的偏差行為。且因讀書的意願不高，致使其學習成就的表現遠低於實際資優能力所能達到的水準，換言之，有低成就的現象。因此，父母若採用忽視冷漠的管教方式，會使資優子女有學業低成就、較易出現行為偏差、自我概念差、低估自己的能力及人際適應力較低等的行為表現。

二、「專制權威」的管教方式

　　由於資優子女擁有較優的推理與批判思考能力，這使他們對父母採用「專制權威」的管教與要求，常予以爭論或反駁。「權力」鬥爭，往往成為專制型家庭最常見的問題。在此種家庭中，資優子女常將心思放在與父母鬥嘴、操控父母、逃避責任，而非實際課業的鑽研上，因此常導致學業成就較落後的結果；此外，當他們覺得缺乏權力或不被尊重時，會設法控制父母。總括來說，父母若採用專制權威的管教方式，資優子女可能會產生親子間的權

力鬥爭、低成就、自我概念差、低估自己的能力及反社會行為等的行為表現。

三、「開明權威」的管教方式

開明權威型家庭的父母管教方式較為開明，當發生意見衝突時，父母與子女會各自提出可能的解決方法，親子雙方都從「公平」與「合理程度」兩個角度去審核評估每種方法，待獲得雙方都滿意的結果時才定案。因此，父母若採用開明權威的管教方式，資優子女可能在能力、成就、社會行為的發展、自尊心及心智健康等方面的行為表現較好，批判思考與解決問題的能力亦會有較佳的表現。

總括而言，「忽視冷漠的管教方式」、「專制權威的管教方式」以及「矛盾、分歧的管教方式」往往會造成高能力低成就的資優兒童。此外，由於資優子女的性格通常較為敏感，所以「如何維持情緒穩定」是他們最常遇到的問題。父母正向積極的管教方式，能疏導子女朝較正向積極的情緒反應，培養出來的資優生通常行為或情緒問題較少，學習成就也較優異。

第九節　資優兒童家庭的親職教育

一、父母應建立正確管教資優兒童的觀念與價值觀

根據國內外的研究，許多學者與教育工作者對父母提出教養

資優兒童的建議。一般而言，他們皆認為父母應對資優兒童的人生觀以及在學校與社會上的期許有正向的認知，時時檢視及建立正確的個人價值觀，並充分瞭解資優兒童的特質以及相關迷思。父母應當瞭解聰明與智慧的不同，抓住機會進行隨機教育，協助孩子發展健全的人格，以及建立正確的目標與人生觀。

此外，父母也應保持謙虛的態度，不炫耀孩子的資優，避免給孩子太大的壓力，使孩子保持平常心，不認為自己是高人一等的。這也是家長身教的一種表現，以教導孩子謙虛的美德，也不會因此刺激其他家長對他們的孩子加以譴責，並施加壓力。因此，家長應當抱持著平常心來對待孩子的資優，視孩子為家中一員，而非家人的中心，也不因孩子的資優，而在日常生活的常規及管教上可以享有特權，同時也不過度注意和保護孩子。

身為孩子的重要他人與認同的楷模，父母應當以身作則，抱持正向思想與態度，進行道德示範、檢視與改善個人不良的人格特質、建立適當的成就動機與態度、培養正向的行為。此外，父母該認真檢視與摒棄個人非理性信念，放棄事事力求完美的苛刻態度，以免孩子從中學習，帶給自己過重的心理負擔。

此外，由於一些資優生並無顯著不同於一般孩子的表現，家長應當在平時多加留意孩子是否屬於資優，以便能提早鑑定與及早預防低成就。此外，除了盡力栽培資優子女外，對於非資優子女的各方面也應予以重視，尤其應避免將其成就與資優子女比較。為了提昇自身的父母效能，父母應當不斷地學習，也可參加資優子女的父母成長團體，並與學校緊密合作。

二、父母親的管教態度需一致，並且對資優兒童有合理期望與要求

資優子女的父母在採取管教態度方面常常出現不一致的現

象。因此，父母教養方式應一致，以積極教養的方式如認可、鼓勵與增強，來取代負面管教如嚴厲懲罰，換言之，父母應給予孩子足夠的愛與關懷。此外，父母可採用一些方法來增進親子關係，如：少嘮叨、改善親子溝通、不挖苦或諷刺孩子、積極傾聽、多瞭解孩子、接納孩子、不拿孩子和他人比較、與孩子一同從事有趣的休閒娛樂活動，以及儘量協助孩子對父母與家庭建立信賴及安全感。本文進一步建議父母一起實踐下述的適當管教方式：

(一)訂定行為規範，並確實執行

對於孩子的行為，應該設下明確且彼此能瞭解的規則、範圍和期望，以建立他們的安全感和穩定感。這點對於年紀小的資優兒童尤其重要，因為他們即使是資優，仍然缺少可賴以作為判斷基礎的經驗，而明確清楚標出行為的範圍，可提供他們一個安全的地帶，使他們在此範圍內盡己所能地創造和發展，並減少他們用來檢視行為邊界的時間。然而，給予資優兒童的約束可以較一般兒童少些，提供的界限應允許他們有足夠的成長和實驗的空間，避免他們產生受監禁的感覺。此外，規則訂定後，必須徹底嚴格地執行。而當孩子測試訂下的規定時，無須過分訝異，因為資優兒童通常對於是否能夠一致執行約定感到好奇，但他們最終會遵守所訂定的規則。

(二)以讚美來教養孩子

讚美是一種很有力量的獎勵，它傳遞出父母認為孩子是能幹的訊息。可用來讚美資優兒童的辭彙如：「謝謝你的幫忙、我以你為傲、我為你今天的表現感到驕傲、很好繼續保持下去、你的建議很好、謝謝你替我把這件事做得這麼好、真有創造力、和你在一起是件快樂的事、我欣賞你的細心……」。

㈢培養孩子做選擇的能力

培養孩子做選擇的能力相當重要，做選擇的過程可給予孩子發展自尊和信心的機會。在各種情形下，儘量給予孩子選擇的機會，並鼓勵他們為自己和自己的選擇負責任，但是要給他們「真實」的選擇機會，舉例來說，不要問「要不要去打掃房間?」而問「你要吃完點心再打掃，還是先打掃再吃點心?」

㈣對孩子的需求而非他的負面行為做反應

瞭解子女行為背後的理由，才能做積極有建設性的反應並可避免使情境更加惡化的反應產生，然而瞭解子女的需求並不是意謂著必須接受、甚至忍受他的行為。有時候行為的動因是來自於矛盾的情感，有時孩子的行為問題是因為情感受到壓抑所導致，如果能夠仔細覺察行為背後的情感，而非只對外顯行為反應，那麼處理的結果會更成功。

㈤檢視對孩子的期望

資優兒童在某些方面的發展超過其年齡水準，這可能使家長對他們有更多的期望，父母們可能因他們在某些領域顯現出的成熟水準，而要求他們在所有的領域，隨時隨地也表現出同樣的水準。家長應觀察同齡孩子的表現，或者閱讀一些兒童發展書籍，以瞭解一般兒童的發展行為，這樣可以建立對孩子更合理的期望。舉例來說，有個七歲的孩子，在多數情況下，雖已有十歲孩子的行為能力，但若他因表現七歲孩子的行為而遭到處罰，就不合理。

㈥傳遞「相信孩子能夠明智行動」的訊息

資優兒童特別需要學習信賴自己的評價，如果他們覺得父母

信任他們，就越能做好自我評價。父母應明白地表示欣賞孩子的獨立、自主和負責，鼓勵他為自己的行為做決定和負責任，以使他覺得前途是操之在我，命運是掌握在自己的手中。

三、父母應重視與資優兒童間的溝通，並且瞭解與孩子學習、生活適應之相關訊息

資優兒童在成長的過程中，可能會面對較一般孩子更多的壓力，父母應耐心傾聽，讓孩子感覺到被接納，同時也協助其澄清非理性信念及情感的矛盾，並引導其以正向的方式表達或宣洩情緒。父母也可以教導孩子如何適應壓力，適度留意孩子是否正面對過重壓力、瞭解壓力的來源、對壓力產生的過程及其影響有所知覺，與孩子討論並協助孩子解決或做出調整，以及增加孩子因應壓力的能力，如自我覺知的能力、解決問題的能力、自我調適、放鬆、宣洩的方法，並教導孩子將眼光放遠。除此之外，父母可教導孩子人際溝通的技巧、示範適當的社交行為、灌輸正確人際交往的態度、鼓勵孩子尋求夥伴，或參加社團活動等。

四、父母應提供資優兒童自主學習空間、接納包容的家庭氣氛，並鼓勵資優生發展自己的獨特才能與理想

身為資優子女的父母仍應該尊重孩子興趣與意願，給予孩子合理的發展空間，不處處強迫孩子或事事干預，多與孩子協商，並遵從吳武典 (1998) 提出的「順其自然，略加催化」原則，切勿揠苗助長、無視孩子年齡、能力、體力與興趣。父母也可協助孩子有效規劃其生活、培養孩子良好的學習行為、協助孩子建立合宜的成就期望、啟發孩子的高層次思考與實踐能力、鼓勵孩子發展其特殊潛能、拓展孩子的生活經驗、協助孩子做生涯規劃，並

支持孩子的休閒娛樂與遊戲。

五、增加父親角色的責任，鼓勵父親多主動參與資優兒童的活動與學習過程

多數研究發現資優子女的父母在管教的表現上有差異存在，大體來說，母親似乎都比父親投入較多的心力在管教子女，而父親則很少參與資優子女成長學習的過程。雖然國內研究對於此方面沒有太多著墨，但是根據國外研究的經驗，我們應當正視「父親」對於資優兒童教養的責任。因此在推廣資優生親職教育時，也要讓家長意識到「父親」角色的重要，同時透過親職教育方案的推行，協助「父親」能順利進入資優生的親職系統中，因此可從成立資優生雙親家長團體、資優生父親團體等等作起，同時也要透過親師座談或是平時的聯絡管道中，建立起師長與母親、「父親」的溝通管道，以便瞭解「父親」在資優生親職教育中是否發揮其角色與功效。

六、資優兒童的父母應多瞭解他們心中的困擾，並給予適切的協助

國外學者 J. Strop 曾提出資優生最關心的八個問題，分別是：與人維持良好的關係、對於別人所說與所做過分敏感、不知如何選擇適合的生涯、希望能具有鬆弛與減除緊張的能力、與兄弟姊妹和諧相處、能有包容他人的能力、克服完美主義的困擾、避免厭煩枯燥的感覺；此外該名學者亦提出資優兒童可能面對的問題，如：自我概念不健全、情緒常處於不穩定的狀態、同儕過度競爭、手足競爭比較等。身為資優兒童的父母，必須確切瞭解孩子所擁有的獨特需求與問題，進而以最適當的方式幫助孩子健全成長。

七、資優兒童的父母在管教過程中應避免下列幾項作法

(一)不要利用孩子的優點作為懲罰他的工具

避免用孩子的優點作為批評的一部分，這樣會傷害孩子的特殊專長，例如，對孩子說:「你不是很聰明嗎? 為什麼連倒垃圾這碼事都記不起來!」這傳給孩子的訊息是: 如果你不聰明的話，就不會挨罵。

(二)不要挖苦或譏笑孩子

資優兒童對譏笑和諷刺特別敏感，而且容易為之所傷，如果他們經常遇到這種情形，不僅受到傷害，他們也以之為應對他人時的武器，破壞了彼此間的關係。

(三)避免嚴厲、不一致的懲罰

這是最具傷害性，也是最沒有效的管教方式，這樣的懲罰將引起憤怒、不信任和對權威的反抗，也會使孩子覺得世界是不可預測的，沒有安全感。在這種環境下長大的孩子，自我概念消極，也較悲觀，而且嚴厲、不一致的懲罰將助長青少年違規和犯罪的行為。

第 10 章

親職教育的規劃與實施
——問題與破解之道

在現今社會中，不論是來自部令的規定或學生行為表現的偏離正軌與親師互動或溝通的壓力，親職角色的導正與強化，一直是近年來各級學校越來越重視及年度規劃的重點項目之一，唯雖然努力的想要落實，但實施的成效仍令人不全然滿意，之所以無法達到預期的目標，主要是在推行的過程中有些理念未先予以澄清，致使實施結果有落差，下面即由各級學校實施親職教育過程中常見的問題予以剖析，並提出破解之道。

一、親職教育的實施內容及定位為何？

目前各級學校實施親職教育時，多以知識的傳遞為主，唯在選擇主題時則較偏向時事性（即在發生重大與青少年有關之事件後，要提醒父母管教子女上宜再強化的部分）、方便性（辦活動時請自己熟識的長官、朋友或教授來擔任主講者，有時甚或根本未考慮演講者的專長就要其隨興為之，若遇講者對已安排之講題有意見時，則要其自訂主題與內容）或隨機性（隨意訂定題目，反正活動有辦就好）。以此種方式辦活動，有時我們稱之為亂槍打鳥型，對參與活動的家長來說，最好的也只學會了在某些特殊情境下管教的良方，但要自己開創出新的作法或能舉一反三的運用在不同情境或行為表現上，則較困難。

其實，親職教育內容的實施有其順序性，應先教導父母管教子女方法上所應掌握的基本原則，再教他們運用所學知識於不同的子女犯錯行為或親子互動產生壓力的情境。換言之，正如在第三章中所提及之經典的親職教育課程，如 STEP（有效能父母系統化訓練法）所強調之，應先自親子間良好關係的建立與維持、管教的目標、管教的原則、一致的管教、鼓勵、自然合理的結果、親子溝通等方面，教導父母管教子女的適當作法，再教導他們當遇到親子互動發生衝突或面對子女的犯錯行為時，要如何應用這

些知識,並經常剖析自己想法或作法上的謬誤及該努力修正之處,如此知識的傳遞,才是實施知識親職教育內容所應掌握的重點。

二、親職教育該以何種方法實施?

目前各級學校實施親職教育採用的方法,有透過學年初的大型親師互動的活動中兼辦親職演講、或成立父母成長團體規劃系列的主題於年度中辦理,此外有些學校亦會編撰親職文宣(報紙或書籤)……等,其實這些皆是一些不錯的作法。

唯讓人較感壓力的是,方法的選擇似應取決於辦理之活動想要達到什麼目標,及參加活動對象的學識知能,能否瞭解活動中所傳輸的內涵,及參加活動的需求能否獲得滿足。換言之,主辦親職活動者在活動主題已經確認後,為求目標的達成,就要開始構思,何種方法才能達到最大的效益。其實對知識水平較高者,任何的演講活動、刊物文章的介紹、甚或讀書會的舉辦,參與的父母皆會自其中獲得能自我成長或突破的知能。唯對那些知識水平較低或一些新移民的家長來說,活動方法的選擇,就要花多一點的心思,如影片欣賞與討論、生活實作、親子互動困境、管教瓶頸的研討、角色扮演或演練、親子溝通技巧的學習……皆為不錯的作法,重要的是在每次活動後,都要評量此次方法抉擇的優劣,並以此作為下次活動方法選擇的參考才是。

三、親職教育應由何單位負責?該如何負責?活動的計畫、執行、考核該如何進行?

親職教育活動的承辦,開始時由於它是一項新的業務(因鑑於青少年犯罪率連年遞增、犯罪年齡逐年下降,而讓人警覺到唯有親職功能的提昇,才為釜底抽薪之計),學校的教務、學務等行政單位,由於各有自己忙碌的業務,除非教育部或教育局來函指

定由其承辦此親職教育的活動，否則多以事不關己來因應，再加上此項業務的內涵與青少年及其父母的輔導有關，無形中就歸類為輔導處或輔導室的業務，問題是近年來學校輔導工作日益繁重，輔導專業人力不足，每日必需要完成的項目皆應付不及，更遑論再新增業務，也許就在此無奈的選擇下，對此業務的用心規劃與執行也較不深入，甚至認為隨便辦個活動也就可交差了事，也許這就是各級學校親職教育實施成效不佳的可能來源之一。

唯從另一個角度來深思，親職教育工作的推行與落實既有其必要性與急迫性，輔導主任就應承擔此使命，深入構思欲達成目標的最佳策略，主任可指定輔導組應承接此業務，若組員們工作均已飽和無法再作增添時，其他資源的尋求則為另一途徑，但即使委請其他機構或團體代辦，也別忘了原承辦者或單位在事先應多關注（主題或活動要如何規劃）與支援（適合的講員來源與邀請或場地租借及事務性的安排等事宜），活動舉行時必親臨現場因應不時之需（此因其為校內職員，遇緊急狀況，較知資源在何處、應如何處理），此外最重要的事是活動辦理完畢後，必須立即行事後考核的工作（如自評活動目標有無達成、委辦方式是否可行、承辦單位是否盡責、相互配合的瓶頸與突破等），將所有的資料包含計畫，執行過程與結果及考評所得，均建檔儲存，以為未來活動再辦理的參考依據。

四、誰該接受「親職教育」的知能？是所有父母或僅是行為表現偏差學生的家長？

在過去甚或現在許多學校在辦理親職教育活動時，鼓勵參加的對象仍多以行為表現有問題或偏差學生的父母為主，就是因為如此，許多活動主題的設計亦多與學生經常表現不合社會期望的行為有關，希望參與的父母能將活動中所學之管教知能運用於孩

子身上，以提昇他們在學校中的生活適應及減少人際衝突，由於這些活動多有特殊的針對性，被邀請的父母不是根本不關心，要不就是怕被標籤化，因而很少或根本不參加。反之，有些對學校辦理的活動皆十分熱心參與的家長，參加後不是覺得活動中所傳授的知能自己早已知道，就是覺得自己的孩子從不會如此做，而沒興趣再參加，也許這就是學校辦理親職教育活動時，參與的人數總是不夠多的原因之一。

其實，話說回來，難道真的只有行為表現偏差孩子的父母管教知能不足？即使那些學行成績表現均優的學生，相信也沒有人有絕對的把握他們父母角色的扮演是無可挑剔的，更何況偶有新聞報導，那些因為想不開而自殺或自殘的資優生，常與父母的不當管教有關。由此觀之，需要接受親職教育的對象應該是所有的父母。如果所有的父母在孩子進入小學以後或之前，均接受過PET（父母效能訓練）或STEP等有系統化的父母管教方式訓練，相信如此不但能孕育出行為表現合乎社會期望的孩子，更能在與孩子互動過程中，提早洞察出孩子犯錯行為背後的潛在動機，並予以破解與導正，相信唯有此才能真正達到預防重於矯正的目的。

五、教師在「親職教育」中扮演的角色為何？

若有機會詢問你身邊的教師朋友或親人，他們對親職教育知能的瞭解及他們自認為在其中所應扮演的角色為何，相信多數人皆認定自己是扮演推廣的角色，除了將親職教育的知能傳達給家長外，當家長詢問與孩子管教有關的問題時，能予以剖析、並給予正確的答案，此外若由學生週記中，獲知親子發生衝突且關鍵者在父母時，亦可適時導正他們的理念或作法。甚至，有些教師亦會認為這些親職教育知能的增加，會有助於他們自己管教孩子的品質，並提昇親子關係。

讓人覺得好奇的是，真的只有上述這些優點嗎？其實還有一項最重要的特質，那就是任何一位教師在教室中，面對他所教導的學生，不論是專業的學習、生活常規的導引、行為的管教或是人際衝突的化解，他在其中不正扮演著一個單親爸爸或媽媽的角色，由此思考所有親職教育知能的獲得，似乎又到了另一更為溫馨、更有價值、且更有急迫性的層級，當教師的角色轉變成父母時，與學生（孩子）間的互動，會有更多關愛、包容與溝通，教師會逐漸以更為積極的方式導引或輔導不合教室常規的行為，並儘可能避免再運用原先較偏向冷漠、訓斥的管教方式，結果，不但營造了良好的班級氣氛、提昇了孩子喜歡上學的意願，並建立孩子良好生活習慣、行為舉止、人際相處與解決問題的能力，此項成效正與教師教學是為了達到替國家孕育良好國民的最終目標不謀而合！

六、對那些該來而不來參與親職教育活動的父母，應該如何實施親職教育？

目前各級學校在辦理親職教育時，所遇到之最大的困擾，多在於學校極力邀約的父母，常以各種推託之辭避不現身，而那些其實已經把孩子教得很好的父母，卻有活動必到。其實對於那些該來而不來的父母,若說他們全無上進的心或沒資格被稱做父母，此種以偏概全的論述，似又批判得太嚴重了些，在那些該來而不來的父母中，其實有三種不同的類型，其中一類為想來而不敢來，第二類則為想來而不能來，最後一類則為根本不想來。換言之，對於前兩類的父母，若我們能選擇合適的方法，仍能傳遞正確的親職知能給他們，而對於第三類的父母，因為他們根本沒有求知的意願，我們也只有另覓他方。

對於那些想來而不敢來的父母，其實他們最大的心理障礙是

在於自信心太低或膽子太小，即使有些活動主題他們覺得很有興趣或亟需此方面的知能，但總覺得跨出家門走進學校是非常困難的事，因此，此時學校如果能運用班親會的組織，組織中的每個委員均分配幾個經常互有來往或聯絡的家長，如此當學校有活動時不但可邀約一同前往參加，且在事後還可交換感想與心得，相信這對那些不敢參加的父母突破其心理障礙必定有所助益。

對於那些想來而不能來的父母，其實他們最大的困難常在於工作，他們亟需要那份收入，因此即使知道學校辦理的親職教育活動是自己所亟需的，也只有放棄。這種情形最常見於單親母親，她們生活中最大的困難就是經濟，為維持家庭日常開銷及孩子的教育支出，她們所從事的常是時間長、費勞力、待遇低的工作，請假對她們來說真是比登天還難，因此，任何的親職活動即使她們再有興趣，也只有無奈的冷漠以對。對於這類家長，班親會的委員們則要擔負起親職教育知識輸出、父母管教問題的解答與個人經驗交流的職責，換言之，班親會的委員對於自己負責常聯絡的父母，應主動造訪建立情誼，無論是美髮店或自助餐店，為了與那些父母有接觸的機會，皆成了自己常光顧的場所。由於這些父母生活的限制，使他們無法參加親職教育的活動，因此，班親會的委員們就應主動積極的參加各次活動，並將演講所傳授的知識精華，傳遞給這些父母們，此外，平時在與他們閒聊管教孩子或親子相處的問題時，如果遇到自己也無法給予正確答案的子女行為或親子互動的困境時，則可在親職活動中向演講者請教，再將所獲得之因應策略告訴他們，相信此種間接學習的方法，對那些想來而不能來的父母所需要之親職知能，多少也給予了協助。

至於那些根本不想來參加親職教育活動的父母，常是學校行政單位及老師最感頭痛的人物，在他們眼中多半只顧自己，他們不是無暇顧及孩子的問題就是覺得與他們無關，且認為那都是學

校該負的責任，面對這樣的家長，筆者深深覺得與其和他們糾纏不清，還不如為孩子的福祉著想，另尋合宜之愛心人士來扮演親職的角色，如此孩子的生活起居、課業學習、生活常規的建立與導正，才較能達到積極的成效。

七、對親職功能表現不彰之父母，學校應該如何積極開發親職代理人力？

直到目前為止，學校中面對親職功能表現不彰之父母，仍多以苦口婆心的方式，希望能激發起他們為人父母的良知與責任，如此，不但能對孩子的生活給予照應，並能導引他們的行為避免走向歧途。只是讓人深感遺憾的是真正自其中獲得深省，願意調整自己作為的父母真是少之又少，面對這些讓人深感無力的家長，或許該思考是否仍鍥而不捨地繼續輔導父母，還是為孩子的福祉著想，另闢他途。

尋覓校內外對親職教育代理工作有意願及興趣的人士，包括校內教職員工、熱心的家長、已退休的老師或同仁、校外熱心公益的人士等，除積極加強他們的親職知能外，並從旁觀察代理者與需受照顧學生相處的概況，及時予以協助，若能在有需求時，順利的建構起良好的親子關係，對那些長期失去父母關懷與愛的孩子來說，不啻是一次新的契機與希望，因此，積極開發有愛心的人士參與此親職代理者的工作，乃學校推行親職教育工作時，另一項該努力積極投入的重點。

八、親職教育的實施是否僅在國中小？還是應擴展至各級學校？

建構父母正確管教子女的知能及技巧，提供父母與身心急遽變遷青少年的和諧相處之方，以及當孩子犯錯行為發生時，積極

處理策略的知能，以上幾點，常成為國小及國中親職教育實施的重要工作。

唯或是因為少子化、父母過分保護，或是因為現代父母對孩子未來發展的關注，只要與孩子生活有關的訊息，父母皆不願錯過，甚或十分投入，結果，也許是因為資訊不足、或承接自媒體錯誤的報導、或是子女的行為表現與父母的期許有落差，不但親子關係日益惡化，且錯失了親子共同思考未來生涯規劃的關鍵時刻，如此對親子雙方皆造成無法挽救的遺憾。有鑑於此，目前有越來越多的高中職及大專院校亦開始舉辦親職教育，一方面讓父母瞭解在此學程中，學校或科系的教學內涵、培育學子的重點與目標，及孩子未來立足社會的優勢與銜接，再者讓父母瞭解即使孩子的身體已漸發育成熟，在其生活技能的學習、人際間的相處、異性交友、對生活壓力的因應與處理、生涯規劃等方面，仍須父母多給予關懷與導引，如此不但能防範生活危機的發生，且一旦遇到挫折時，亦可及早發現與積極處理。

九、對於有親職困擾的父母，應自何處尋得專業的協助？

目前對許多父母來說，當他們在管教子女遇到困擾時，最常請教的對象就是孩子的老師，有時親戚朋友或社輔機構輔導人員亦為諮詢的對象，唯讓人較感壓力之處，就是這些提供資訊者，是真正瞭解親職教育知能，還是只是依據自己的經驗法則？讓人關心的是，那些無法自己尋求答案的父母，常無法過濾所得知識是否正確與合用，而將所得之親子間或孩子問題的解決策略，幾乎完全照章行事，也因如此，提供資訊者就應更加謹慎與小心。

為能滿足父母在執行親職角色中所遇困擾的需要，面對父母的第一線工作者——教師或導師，就應更積極的攝取這方面的知

識及接受訓練，除提供給父母不時之需外，遇到較棘手或經自己多次輔導仍效果不彰的問題時，則轉介給學校輔導室的專業人員——輔導老師或社工師皆為適當的人選，當然若經他們介入問題仍無法解決時，則應轉介給更專業的人員或機構，如具家庭親子關係專長的教授、心理學家、諮商心理師或醫師，這皆為足以勝任此角色的合適對象。當然對這些專業人員來說，如何提昇及更新自己親職的專業知能，則為他們責無旁貸該持續努力的職責。

十、 特殊境遇家庭（單親、繼親、分居、通勤、外籍配偶等家庭）的親職教育該如何實施？

即使到目前為止，許多學校親職教育的實施，仍多只以一套教材針對所有的父母，但是由於社會的變遷，特殊境遇的家庭類型，如單親、繼親、分居、通勤、外籍配偶等家庭越來越多，在這些家庭中，親子互動或父母管教子女的問題有其獨特性。國內近年來已有多篇研究，係針對這些家庭的親子互動關係品質、父母管教特色及困擾予以調查研究，只可惜尚未將研究所得結果，編入針對這些家庭實施親職教育的教材中，為彌補此缺失，在本書的相關章節中已將這些資料補足，並據此提出在這些家庭中，實施親職教育所應掌握的重點，希望這些內容的提供，能滿足有此需要之父母、教師及輔導專業人員。

參考資料

一、中文部分

井敏珠 (1995)。〈從親職教育之理念論國民中小學親職教育之實施〉，
　　《輔導季刊》，31，13～20。臺北：中國輔導學會。

井敏珠 (2007)。〈新移民之子學習、生活適應與外籍家長親職教育之研
　　究〉。載於國立政治大學幼兒教育研究所舉辦之「2007 幼兒教育
　　專業、品質與卓越：幼兒語文之教與學」學術研討會論文集 C，
　　A-3-1～A-3-35。

內政部統計處 (1995)。〈臺閩地區少年兒童生活狀況調查摘要分析〉。
　　臺北：行政院內政部。

內政部統計處 (1999)。〈臺閩地區少年身心狀況調查分析摘要〉。臺北：
　　行政院內政部。

內政部統計處 (2003)。〈內政部統計通報〉，2003 年第 25 週。2005 年
　　12 月 4 日。取自：http//www.moi.gov.tw。

內政部統計處 (2005)。〈93 年（底）外籍與大陸配偶人數統計〉。2005
　　年 3 月 2 日。取自：http://www.moi.gov.tw/stat/index.asp。

內政部統計處 (2007)。〈內政統計月報〉（2007 年 11 月底現住原住民
　　人數）。取自：http://www.moi.gov.tw/stat/。

內政部統計處 (2008)。內政部統計資料服務網。臺北：行政院內政部。

文教報 (2003)。〈新娘識字班雙語教材不強制〉。2005 年 12 月 16 日。
　　取自：http://chienhua.com.tw/examinfo/dailynews/9202/92022605.
　　htm。

方淑寬 (2006)。〈國小學童個人因素、父母管教方式及級任教師領導行

為對學校生活適應之探討——以臺北縣雙和區外籍配偶子女為例〉。臺北：銘傳大學教育研究所碩士在職專班碩士論文。

王以仁 (2000)。〈家庭生命週期與家庭教育〉,《家庭教育學》。臺北：師大書苑。

王光宗 (2004)。〈臺南縣東南亞外籍母親在子女入學後母職經驗研究〉。嘉義：國立嘉義大學家庭教育研究所碩士論文。

王宏仁 (2000)。〈階層化的「生產力」移動：婚姻移民與國內勞動市場〉,發表於臺灣社會學年會。

王良芬 (2004)。〈臺北縣外籍配偶生活適應之探析——以板橋市中山社區為例〉,《社區發展季刊》, 105。臺北：行政院內政部。

王怡又 (1999)。〈祖父母照顧的幼兒如何表達情緒〉。臺中：靜宜大學青少年兒童福利研究所碩士論文。

王連生 (1995)。《親職教育——理論與應用》。臺北：五南。

王舒芸 (1995)。〈現代奶爸難為乎？——雙工作家庭中父職角色之初探〉。臺北：國立臺灣大學社會學研究所碩士論文。

王雅芬 (2005)。〈臺北市外籍配偶社會支持之相關研究〉。臺北：國立臺灣師範大學社會教育學系碩士論文。

王瑞壎 (2004)。〈大陸和外籍新娘婚生子女適應與學習能力之探究〉,《臺灣教育》, 626。

王德琳 (1994)。〈繼親家庭父母管教方式對國中生自我概念與偏差行為之比較研究〉。臺北：中國文化大學家政研究所碩士論文。

王鍾和 (1992)。〈繼父家庭、繼母家庭及完整家庭子女的生活適應及親子關係之比較研究〉,《國立臺北護專學報》, 9, 169～217。

王鍾和 (1993)。〈家庭結構、父母管教方式與子女行為表現〉。臺北：國立政治大學教育研究所博士論文。

王鍾和 (1996)。〈繼親家庭子女生活適應及親子關係的探討〉,《學生輔導》, 36, 34～45。

王鍾和 (1998)。〈繼親家庭與親職教育〉,《學生輔導》, 59, 26～43。

王鍾和、郭俊豪 (1998)。〈祖孫家庭與親職教育〉,《學生輔導》, 59,
　　50～61。

本間美穗 (1996)。〈異國情、異域結──在臺臺日通婚的現況及問題之
　　探討〉。臺北: 國立臺灣大學新聞研究所碩士論文。

田閔如 (2005)。〈在臺大陸女性配偶生活適應與第二代子女教養狀況
　　之探討──以臺東縣為例〉。花蓮: 國立東華大學公共行政研究所
　　碩士論文。

石玲惠 (2004)。〈低社經地位家長的親職教育〉,《師友月刊》, 448,
　　71～73。

伍韋韋 (2003)。〈繼親家庭父母管教方式與親子互動之質性研究〉。臺
　　北: 中國文化大學生活應用科學研究所碩士論文。

朱玉玲 (2003)。〈澎湖縣外籍新娘生活經驗之探討〉。嘉義: 國立嘉義
　　大學家庭教育研究所碩士論文。

朱慧平 (1989)。〈資優生和重要他人資優知覺與資優生創造力、學業成
　　就及生活適應關係之研究〉。臺北: 國立臺灣師範大學特殊教育學
　　系碩士論文。

江世大 (2003)。〈原住民國民中學實施親職教育之研究〉。臺北: 國立
　　政治大學教育學系研究所碩士論文。

行政院原住民族委員會 (2006)。〈94 年臺灣原住民就業狀況調查報
　　告〉。臺北: 原住民族委員會。

何華國 (1996)。《特殊兒童親職教育》。臺北: 五南。

吳秀照 (2004)。〈東南亞外籍女性配偶對於發展遲緩子女的教養環境
　　與主體經驗初探──從生態系統觀點及相關研究分析〉,《社會發
　　展季刊》, 105, 159～175。

吳佳蓉 (2002)。〈隔代教養兒童與非隔代教養兒童學校生活適應之比
　　較研究〉。花蓮: 國立花蓮師範學院國民教育研究所碩士論文。

吳佳蓉、張德勝 (2003)。〈隔代教養學生與非隔代教養學生學校生活適應之比較〉，《花蓮師院學報》，16，109～134。

吳季芳 (1993)。〈男女單親家長生活適應及其相關社會政策之探討〉。臺北：國立臺灣大學社會學研究所碩士論文。

吳美賢 (2002)。〈國小資優學生生態環境系統之研究〉。彰化：國立彰化師範大學特殊教育研究所碩士論文。

吳清山 (2004)。〈外籍新娘子女教育問題及其因應策略〉，《師友月刊》，441。

吳新華 (1988)。〈資賦優異學童之自我概念與生活適應〉，《臺南師院學報》，2，1～70。

吳毓瑩 (2005)。〈新移民女性的學校參與之直接與間接影響〉，《學生輔導》，97，28～37。

呂美紅 (2001)。〈外籍新娘生活適應與婚姻滿意及其相關因素之研究——以臺灣地區東南亞新娘為例〉。臺北：中國文化大學生活應用科學研究所碩士論文。

呂清發 (2003)。〈受保護管束少年親子關係與偏差行為之研究〉。嘉義：國立中正大學犯罪防治研究所碩士論文。

李玉冠 (2000)。〈隔代教養祖孫關係之探討——以臺北縣低收入戶為例〉。臺中：靜宜大學青少年兒童福利研究所碩士論文。

李玉冠 (1999)。〈隔代教養家庭祖孫關係之探討——以臺北縣低收入戶為例〉。臺中：靜宜大學青少年兒童福利學系碩士論文。

李有村 (1998)。〈單親家庭的親職教育〉，《測驗與輔導》，151，3147～3149。

李玟臻 (2002)。〈外籍新娘的社會網絡與生活適應——民雄鄉的研究〉。嘉義：國立中正大學社會福利研究所術士論文。

李宥萱 (2006)。〈通勤家庭未通勤婦女的生活目標、依附風格與幸福感關係之研究〉。臺北：國立政治大學心理學系碩士論文。

李素蓮 (2004)。〈臺南縣外籍配偶學習需求及其相關因素之研究〉。嘉義：國立中正大學成人及繼續教育研究所碩士論文。

李清茵 (2003)。〈家庭互動行為、心理需求滿足、關係滿意度與幸福感之相關研究〉。屏東：國立屏東師範學院教育心理與輔導研究所碩士論文。

李雯雯 (1997)。〈單親家長的社會適應與支持網絡之研究〉。臺北：國立政治大學研究所碩士論文。

沈玉琴 (2007)。〈原住民家庭父職教育方案之設計與評估〉。嘉義：國立嘉義大學家庭教育研究所碩士論文。

汪光慧 (2003)。〈離婚女性單親家庭之國中生親子衝突與因應〉，《屏東師院學報》，19，67～97。

車達 (2004)。〈臺灣新女性移民子女之心靈世界探索〉。雲林：國立雲林科技大學技職教育研究所碩士論文。

林宏熾 (2003)。〈身心障礙學生「轉銜服務輔導評量表」發展——「高中職教育階段轉銜服務評量表」之發展編製研究報告〉。臺北：教育部。

林志忠等 (1999)。〈隔代教養學習型家庭專案推動策略〉。臺北：教育部。

林秀慧 (1998)。《親職教育發展史》。臺北：啟英。

林佩玲 (2006)。〈原住民大專學生知覺親子關係與學校生活適應之相關研究〉。臺北：輔仁大學兒童與家庭學系碩士論文。

林珍妃 (1998)。〈資優生與普通生親子間非理性信念與學生生活適應之研究〉。新竹：國立新竹師範學院國民教育研究所碩士論文。

林虹伶 (2004)。〈父母教養方式與智障者社會適應行為之相關研究〉。彰化：國立彰化師範大學特殊教育學系所碩士論文。

林家興 (1991)。〈如何實施親職教育〉，《諮商與輔導》，63，2～4。

林家興 (1997)。《親職教育的原理與實務》。臺北：心理。

林家興 (2000)。〈親職教育實施方式的檢討與建議〉，《測驗與輔導》，

151，132～135。

林珠琴 (2003)。〈國小資優生 A 型行為與生活適應之關係研究〉。屏東：國立屏東師範學院國民教育研究所碩士論文。

林梅琴 (2005)。〈國小資優生其父母管教方式、A 型行為與生活適應之研究——以五位資優生為例〉。屏東：國立屏東師範學院教育心理與輔導學系碩士論文。

林清江 (1986)。〈親職教育的功能與實施方法〉，《師友月刊》，228，6～10。

林淑玲等 (2004)。〈外籍配偶家庭教育推展手冊（入門篇）〉。臺北：教育部。

林惠雅 (1998)。〈母親信念內涵及其與教養方式的關係〉，《學生輔導》，59，72～85。

林雅婷 (2005)。〈外籍配偶子女幼兒園生活適應之個案研究〉。臺北：國立臺灣師範大學人類發展與家庭教育學系碩士論文。

林璣萍 (2003)。〈臺灣新興的弱勢學生——外籍新娘子女學校適應現況之研究〉。臺東；國立臺東大學教育研究所碩士論文。

林寶山 (1985)。《資優父母與子女》。高雄：國立高雄師範學院。

邱珍琬 (2003)。《親職教育》。臺北：五南。

邱珍琬 (2004)。《變化中的家庭——隔代教養》。臺北：學富文化。

邱珍琬 (2004)。〈隔代教養家庭優勢——一個個案研究〉，《臺南大學學報》，38，33～34。

邱書璇等 (1998)。《親職教育》。臺北：啟英。

侯東成 (2001)。《巨變時代的親職關係》。臺北：教育部。

侯玟杏 (2005)。〈隔代教養家庭孫子女之生活經驗初探〉。彰化：彰化師範大學家庭教育研究所碩士論文。

侯禎塘 (2001)。〈資優教育的理念與實踐〉，《屏師特殊教育》，2，1～9。

施奈良 (2005)。〈異文化交融的危機？基隆市外籍配偶婚生子女國民學

校適應之研究〉。花蓮：慈濟大學人類學研究所碩士論文。

柯淑慧 (2004)。〈外籍母親與本籍母親之子女學業成就之比較研究
　　——以基隆市國小一年級學生為例〉。臺北：國立臺北師範學院幼
　　兒教育學系碩士論文。

柯麗貞 (2006)。〈新移民子女家庭教養與生活適應之相關研究——以
　　三峽鎮為例〉。臺北：臺北市立教育大學教育行政與評鑑研究所碩
　　士論文。

洪藝真 (2006)。〈東南亞外籍新娘來臺適應歷程、教養方式及子女氣質
　　之個案研究〉。臺北：銘傳大學教育研究所碩士論文。

紀李美瑛、紀文祥 (1995)。《父母親自我訓練手冊》。臺北：遠流。

紀幸妙 (2004)。〈隔代教養祖父母健康狀況與生活滿意相關之研究〉。
　　臺北：中國文化大學生活應用科學研究所碩士論文。

胡正文 (1997)。《現代親子觀》。臺北：千代。

范美珍 (1996)。〈原生家庭組型與氣氛對父母管教方式之相關研究〉。
　　高雄：國立高雄師範大學輔導學系碩士論文。

夏曉娟 (2000)。〈資本國際化與國際婚姻——以臺灣的「外籍新娘」現
　　象為例〉，《臺灣社會研究季刊》，39，45～92。

夏曉鵑 (2002)。《流離尋岸》。臺北：臺灣社會研究雜誌。

孫瑜成 (2006)。〈國中資優學生人格特質、壓力調適及其相關因素之研
　　究〉，《資優教育研究》，6(1)，41～68。

孫碧蓮 (2002)。〈雙親家庭父親管教方式與子女行為表現之探討〉。臺
　　北：國立政治大學教育學系碩士論文。

徐玉梅 (2006)。〈外籍母親管教方式與幼兒生活適應之相關研究〉。臺
　　北：國立政治大學幼兒教育研究所碩士論文。

徐如美 (2005)。〈外籍母親親職教育課程之研究〉。臺南：國立臺南大
　　學教育經營與管理研究所幼兒教育學系教學碩士班碩士論文。

翁福元 (2000)。〈隔代教養家庭問題〉，《家庭教育學》，193～202。臺

北：師大書苑。

高淑清 (2004)。〈外籍配偶在臺現象與對社區家庭教育與政策之啟示〉,《社會發展季刊》, 105, 150～158。

高淑清 (2005)。〈同心協力共創佳績──外籍配偶及其子女的教育問題與資源介入〉,《教師天地》, 135, 26～34。

涂金堂 (1995)。〈溝通分析對親職教育的啟示〉,《諮商與輔導》, 120, 35～38。

涂信忠 (2003)。〈原住民學童接受之教養行為與其情緒穩定,學校生活適應相關研究〉。嘉義：國立嘉義大學家庭教育研究所碩士論文。

張美珍 (2007)。〈新移民子女父母管教態度、人際關係及學業成就之研究〉。臺北：國立政治大學學校行政碩士在職專班碩士論文。

張美珍 (2007)。〈新移民子女父母管教態度、人際關係及學業成就之研究〉。臺北：國立政治大學學校行政碩士在職專班碩士論文。

張耐 (2002)。〈老少配、祖孫情──祖父母家庭親職教育方案〉,《師友月刊》, 422, 41～44。

張英陣、彭淑華 (1998)。〈單親家庭的問題與社會政策探討〉,《社區發展季刊》, 84, 12～30。

張高賓 (1998)。〈單親兒童父母教養方式、家庭環境與情緒穩定之關係研究〉。屏東：國立屏東師範學院國民教育研究所碩士論文。

張斯寧等 (2001)。《親職教育與實務》。臺北：永大。

張齡友 (1994)。〈父權體制下女性單親家庭致貧因素之探討〉。嘉義：國立中正大學社會福利研究所碩士論文。

張齡友 (2004)。〈早期家庭經驗柬埔寨籍母親學齡前子女教養之個案研究〉,《幼兒保育學刊》, 2, 139～164。

張鐸嚴等 (2004)。《親職教育》。臺北：空大。

教育部 (2004)。《原住民家庭教育推展手冊：入門篇》。臺北：教育部。

梁雅舒 (2003)。〈祖父母的孩子──隔代教養家庭輔導〉,《學生輔導通

訊》，88，34～41。

莊雪芳 (2003)。〈臺中市母親母職角色信念與教養方式之相關研究〉。
　　嘉義：國立嘉義大學家庭教育研究所碩士論文。

莊麗玉 (2005)。〈印尼籍配偶教養量表之初探〉。臺南：國立成功大學
　　護理研究所碩士論文。

許玉玲 (2000)。〈隔代教養學童的生活世界──一個個案研究〉。新竹：
　　國立新竹師範學院國民教育研究所碩士論文。

許麗美譯 (2003)。《家有資優兒：父母教養指南》。臺北：心理。

許鶯珠等 (2004)。《中學階段的親職教育──創造三贏的親職教育》。
　　臺北：心理。

郭李宗文 (2006)。〈原住民親職教育──從原住民文化觀點出發〉，《幼
　　教資訊》，190，8～13。

郭俊豪 (1998)。〈祖孫家庭相關因素之探討〉。臺北：國立政治大學教
　　育學系碩士論文。

郭靜晃 (2005)。《親職教育理論與實務》。臺北：揚智。

郭靜晃、薛慧平 (2004)。〈外籍配偶母職轉換困境與需求之探討──以
　　東南亞女性外籍配偶為例〉，《社會發展季刊》，105，116～132。

陳李愛月 (2002)。〈高雄市外籍新娘婚姻與家庭生活之研究〉。高雄：
　　國立中山大學中山學術研究所碩士論文。

陳秀惠 (2002)。〈高職生的單親家庭背景與學習生活適應關係之研
　　究〉。嘉義：國立中正大學社會福利研究所碩士論文。

陳明利 (2004)。〈跨國婚姻下──東南亞外籍新娘來臺生活適應與教
　　養子女經驗之研究〉。臺北：臺北市立師範學院國民教育研究所碩
　　士論文。

陳枝烈 (1997)。《臺灣原住民教育》。臺北：師大書苑。

陳青青 (1986)。〈現代父母與教育〉，《社區發展》，35，27～30。

陳昭吟 (2002)。〈音樂班家長管教方式與兒童音樂學習成就之相關探

討〉。屏東：國立屏東師範學院音樂教育研究所碩士論文。

陳美惠 (2002)。〈彰化縣東南亞外籍新娘教養子女經驗之研究〉。嘉義：
　　國立嘉義大學家庭教育研究所碩士論文。

陳貞妃 (2002)。〈祖父母對親職教育需求與參與意願之研究〉。嘉義：
　　國立嘉義大學家庭教育研究所碩士論文。

陳貞蓉 (1994)。〈國中資優班學生家庭環境、親子關係與其人格特質相
　　關之研究〉。彰化：國立彰化師範大學特殊教育研究所碩士論文。

陳訓祥 (1991)。〈加強親職教育，建立美好家庭〉，《社教雙月刊》，43，
　　9～12。

陳雅琴 (2002)。〈「溝通分析親職團體」對國小母親親子溝通及管教方式
　　之成效〉。屏東：國立屏東師範學院心理輔導教育研究所碩士論文。

陳雅楨 (2005)。〈原住民阿美族婚姻感受與共親職之探討——以臺北
　　縣市為例〉。臺北：輔仁大學兒童與家庭學系碩士論文。

陳雅鈴 (2004)。〈新臺灣之子——外籍新娘子女教養問題〉，《幼教資
　　訊》，160，25～27。

陳慈敏 (2003)。〈高山青的故鄉——談阿里山鄉原住民家庭之現況〉，
　　《網路社會學通訊期刊》，43。

陳詩寧 (1997)。〈通勤家庭之父母管教方式與子女行為表現〉。臺北：
　　國立政治大學教育研究所碩士學位論文。

陳嘉誠 (2001)。〈臺灣地區外籍新娘幸福感之探討〉。高雄：高雄醫學
　　大學醫學研究所碩士論文。

陳嘉誠 (2001)。〈臺灣地區外籍新娘幸福感之探討〉。高雄：國立高雄
　　醫學大學醫學研究所碩士論文。

陳碧容 (2004)。〈外籍新娘子女家庭環境與學校生活適應之相關研究
　　——以臺灣地區東南亞籍新娘為例〉。臺北：國立臺北護理學院嬰
　　幼兒保育研究所碩士論文。

陳麗欣等 (2000a)。〈我國隔代教養家庭現況之分析（上）〉，《成人教育

通訊》，2，37～40。

陳麗欣等 (2000b)。〈我國隔代教養家庭現況之分析（下）〉，《成人教育通訊》，4，51～66。

彭柑綾 (2006)。〈從隔代教養家庭探究祖孫對偶關係之生活經驗〉。嘉義：國立嘉義大學家庭教育研究所碩士論文。

曾雪娥 (2005)。〈多元文化教育的再一章——新移民及新臺灣之子的家庭教育〉，《教師天地》，135，50～55。

曾端真 (1991)。〈正視親職教育的重要性〉，《諮商與輔導》，65，14～15。

曾端真 (1991)。〈溝通分析模式的親職教育〉，《諮商與輔導》，71，24～28。

曾端真 (1993)。《親職教育模式與方案》。臺北：天馬文化。

黃伶蕙 (1998)。〈生與養——繼親家庭親子關係之探討〉。臺北：國立臺灣大學社會學系研究所碩士論文。

黃佳儀 (2003)。〈隔代教養學童生活適應之研究——以臺灣北區高年級學童為例〉。臺北：中國文化大學生活應用科學研究所碩士論文。

黃明華 (2006)。〈異國婚姻家庭父母管教態度與其子女生活適應、創意生活經驗關係之研究〉。高雄：國立中山大學教育研究所碩士論文。

黃明華 (2006)。〈單親學齡兒童健康狀況之研究——以主要照顧者為干擾變項〉。臺中：國立臺中技術學院事業經營研究所碩士論文。

黃政吉 (2000)。〈社會變遷中隔代教養與少年非行之關係實務調查研究〉，《警學叢刊》，31(3)，97～109。

黃玲瑗 (2004)。〈國中智能障礙學生父母親職教育需求與成效之研究〉。臺北：國立臺灣師範大學特殊教育學系在職進修碩士論文。

黃英虹 (2003)。〈隔代教養與非隔代教養方式對青少年自我認同影響之比較研究〉。高雄：國立高雄師範大學輔導研究所碩士論文。

黃婉玲 (2005)。〈東南亞外籍配偶子女的家庭環境與學習適應情形之研究〉。臺北：國立臺北師範學院教育政策與管理研究所碩士論文。

黃惠娟 (2004)。〈落跑父母激增〉，《商業週刊》，862，130～136。

黃森泉、張雯雁 (2003)。〈外籍新娘婚姻適應與子女教養問題之探討〉，《社會科教育研究》，8，135～169。

黃琴雅 (1992)。〈不同產序子女之生活適應、學業成就及對父母管教態度知覺差異之比較研究〉。臺北：中國文化大學家政學研究所碩士論文。

黃瑞雯 (2000)。〈繼親家庭青少年之生活適應歷程〉。臺北：國立政治大學社會研究所碩士論文。

黃德祥 (1997)。《親職教育》。臺北：偉華。

黃德祥 (2006)。《親職教育理論與應用》。臺北：華都文化。

黃毅志 (2000)。〈社經背景與地位取得過程之結構機制：教育、社會資源及文化資本〉。臺中：東海大學社會教育研究所博士論文。

黃靜儀 (2002)。〈另類女人：駐防軍人妻子生活經驗之質性研究〉。嘉義：國立嘉義大學家政教育研究所碩士論文。

楊建源 (2004)。〈身心障礙者父母之生活經驗研究〉。嘉義：國立嘉義大學家庭教育研究所碩士論文。

溫清欽 (2006)。〈國民小學外籍配偶學童與本籍配偶家庭學童行為困擾與生活適應之比較研究——以新竹縣為例〉。新竹：國立新竹教育大學人資處輔導教學碩士班碩士論文。

溫清欽 (2006)。〈國民小學外籍配偶學童與本籍配偶家庭學童行為困擾與生活適應之比較研究——以新竹縣為例〉。新竹：國立新竹教育大學人資處輔導教學碩士班碩士論文。

葉思欣 (2005)。〈隔代教養家庭國中學生學校生活適應及自我概念之研究〉。彰化：國立彰化師範大學輔導與諮商學研究所碩士論文。

葉郁菁 (2004)。〈澎湖離島東南亞女性外籍配偶暨子女生活狀況與福利需求調查〉，《兒童及少年福利期刊》，6，55～85。

廖仁藝 (2001)。〈高學業成就原住民兒童家庭因素之分析——以巴拉腦社區為例〉。花蓮：國立花蓮師範學院國民教育研究所碩士論文。

廖正宏 (1984)。《人口遷移》。臺北：三民。

廖宗侯 (1986)。〈親職教育探討〉,《社區發展季刊》,35,41～43。

廖昭銘 (2002)。〈家有青少年的父母親職生活經驗〉。嘉義：國立嘉義大學家庭教育研究所碩士論文。

熊淑君 (2004)。〈新移民女性子女的自我概念及人際關係之研究〉。臺北：國立臺北師範學院教育心理與輔導學系碩士班碩士論文。

劉秀燕 (2003)。〈跨文化衝擊下外籍新娘家庭環境及其子女行為表現之研究〉。嘉義：國立中正大學犯罪防治研究所碩士論文。

劉怡妏 (2001)。〈帶孫行為與相關因素對祖母生活品質之影響〉。花蓮：慈濟大學社會工作研究所碩士論文。

劉亭妤 (2005)。〈東南亞籍跨國婚姻婦女之社會支持網絡與其教養就學子女經驗之研究〉。高雄：國立高雄師範大學成人教育研究所碩士論文。

劉恆佳 (2003)。〈隔代教養高學業成就兒童之學習歷程〉。嘉義：南華大學社會學研究所碩士論文。

劉逸瑩 (2000)。〈國小資賦優異學生生態系統之調查研究〉。臺南：國立臺南師範學院國民教育研究所碩士論文。

劉嘉韻 (2005)。〈全臺國中小學生外籍配偶子女占四萬六千名〉。2006年 1 月 13 日。取自：http://www.epochtimes.com.tw/bt/5/1/12/n778358.htm。

蔡文恂 (1985)。〈親職教育再出發〉,《師友月刊》,216,15～17。

蔡秀莉 (2006)。〈外籍配偶接受創新程度、生活適應與教養子女態度之研究〉。臺東:國立臺東大學教育研究所學校行政碩士班碩士論文。

蔡奇璋 (2004)。〈外籍配偶參與國小子女學習的障礙及其解決途徑之研究〉。嘉義：國立中正大學成人及繼續教育學系碩士論文。

蔡松瑜 (2003)。〈國中生父母親教養知覺、家庭生活適應與偏差行為之關係研究〉。嘉義：國立中正大學犯罪防治研究所碩士論文。

蔡春美等 (2001)。《親子關係與親職教育》。臺北：心理。

鄭雅娟 (2001)。〈高中已婚女教師家庭壓力、支持系統與婚姻滿意度之關係——兩地雙生涯家庭與一般雙生涯家庭之比較〉。臺北：國立臺灣師範大學家政教育研究所碩士論文。

鄭雅雯 (2000)。〈南洋過臺灣：東南亞外籍新娘在臺婚姻與生活探究——以臺南市為例〉。花蓮：國立東華大學族群關係與文化研究所碩士論文。

鄭靜予 (2003)。〈新臺灣媳婦——外籍新娘跨國婚姻的省思〉。2005 年 1 月 13 日。取自：http://www.ccf.org.tw/index/9210–127/03tbch/01.htm。

鄭麗娟 (2004)。〈長子女入小學之親職經驗〉。嘉義：國立嘉義大學家庭教育研究所碩士論文。

鄧秀珍等 (2004)。〈國小學童中外籍新娘子女與本籍婦女之子女生活難題及學習問題之比較分析——以臺南縣外偶為例〉。嘉義：國立嘉義大學「外籍與大陸配偶子女教育輔導研討會」。

盧秀芳 (2004)。〈在臺外籍新娘子女家庭環境與學校生活適應之研究〉。臺北：國立政治大學學校行政碩士班碩士論文。

蕭昭娟 (2000)。〈國際遷移之調適之研究：以彰化縣社頭鄉外籍新娘為例〉。臺北：國立臺灣師範大學地理研究所碩士論文。

戴如玎 (2005)。〈東南亞外籍女性配偶教養子女經驗之探討〉。臺中：東海大學社會工作學系碩士論文。

薛承泰、林慧芬 (2003)。〈臺灣家庭變遷——外籍新娘現象〉，《國家政策論壇季刊冬季號》，236～238。

謝青雲 (1986)。〈親職教育探討〉，《社區發展季刊》，35，41～43。

謝青儒 (2002)。〈父母參與與子女性別角色概念、性格特質、幸福感及學業表現之相關研究〉。屏東：國立屏東師範學院教育心理與輔導研究所碩士論文。

鍾佩諭 (2005)。〈母親教養方式與發展遲緩家庭學習行為及人際互動之相關研究〉。臺北：國立政治大學家庭教育研究所碩士論文。

鍾思嘉 (1997)。《親職教育》。臺北：空大。

鍾思嘉 (1998)。〈親職教育的規劃與實施〉，《學生輔導雙月刊》，59，16～25。

鍾思嘉 (2004)。《親職教育》。臺北：桂冠。

鍾筱萍 (2004)。〈通勤家庭中父母管教方式、親子互動關係與子女憂鬱及焦慮表現之相關〉。臺北：國立政治大學教育學系教育心理與輔導組碩士論文。

顏錦珠 (2002)。〈東南亞外籍新娘在臺生活經驗與適應歷程之研究〉。嘉義：國立嘉義大學家庭教育研究所碩士論文。

羅佳芬 (2001)。〈國小兒童父母管教方式、自我概念、人際關係與利社會行為之相關研究〉。臺南：國立臺南師範學院國民教育所碩士論文。

羅美紅 (2005)。〈東南亞外籍母親對子女教養信念之探討——以大臺北地區為例〉。臺北：國立臺北師範學院幼兒教育學系碩士論文。

蘇容瑾 (2005)。〈外籍配偶對母職之角色覺察與子女教養態度之研究〉。臺南：南台科技大學技職教育與人力資源發展研究所碩士論文。

二、西文部分

Aldous, J. (1975). "The Search for Alternatives: Parental Behaviors and Children's Original Solutions". *Journal of Marriage and the Family*, 37(4), pp. 711–722.

Anderson, S. B. & Ball, S. (1978). *The Profession and Practice of Program Evaluation*, San Francisco, C. A.: Jossey-Bass.

Auerbach, A. B. (1968). *Parents Learn Through Discussion: Principles and Practices of Parents Group Education*. New York: John Wiley & Sons, Inc.

Babcock, D. & Keepers, T. (1976). *Raising Kids OK*. New York: Grove Press.

Baker, D. B. (2000). "Custodial Grandparenting and ADHD". In Bert, H. Jr. & Robin, G. G. (Eds.), *Grandparents Raising Grandchildren*, pp.145–160. New York: Springer.

Baldwin, T. T. & Ford, J. E. (1988). "Transfer of Training: a Review and Rirections for Future Research". *Personal Psychology*, 41, pp. 63–105.

Barber, B. K. & Olsen, J. E. (1994). "Association Between Parental Psychological and Behavioral Control and Youth Internalized and Externalized Behaviors". *Child Development*, 65, pp. 1120–1136.

Barber, B. L. & Lyons, J. M. (1994). "Family Processes and Adolescent Adjustment in Intact and Remarried Families". *Journal of Youth and Adolescence*, 23(4), pp. 421–436.

Barnes, G. G., Thompson, P. & Daniel, G. (1998). *Growing Up in Stepfamilies*. Oxford: Clarendon.

Becker, W. (1968). *Parents are Teachers*. Champaign, III: Research Press.

Blackburn, M. L. (2000). "American's Grandchildren Living in Grandparent Households". *Journal of Family and Consumer Sciences: From Research to Practice*, 92(2), pp. 30–36.

Bowers, B. F. & Myers, B. J. (1999). "Grandmothers Providing Care for Grandchildren: Consequences of Various Levels of Caregiving". *Family Relations*, 48(3), pp. 303–311.

Brand, E. & Clingempeel, W. G. (1987). "Interdependencies of Marital and Stepparent-stepchild Relationships and Children's Psychological Adjustment: Research Findings and Clinical Implications". *Family Relations*, 36, pp. 140–145.

Brown, K. (1984). *Stepmothering in Stepmother and Combination Families: the Strains and Satisfactions of Making the Role of Stepmother.*

Burnette, D. (1998). "Grandparents Rearing Grandchildren: a School-based Small Group Intervention". *Research on Social Work Practice*, 8(1), pp. 10–27.

Carreón, G. P., Drake, C. & Barton, A. C. (2005). "The Importance of Presence: Immigrant Parent's School Engagement Experiences". *American Educational Research Journal*, Washington: Fall 2005, vol. 42, Iss. 3, pp. 465–498.

Chan, D. W. (2005a). "Self-perceived Creativity, Family Hardiness, and Emotional Intelligence of Chinese Gifted Students in Hong Kong". *The Journal of Secondary Gifted Education*, 16(2/3), pp. 47–56.

Chan, D. W. (2005b). "Family Environment and Talent Development of Chinese Gifted Students in Hong Kong". *Gifted Child Quarterly*, 49(3), pp. 211–221.

Chenoweth, L. (2000). "Grandparent Education". In Hayslip, B. & Goldnerg-Glen, R. (Eds.), *Grandparents Raising Grandchildren: Theoretical, Empirical, and Clinical Perspectives*, pp.307–326. New York: Springer.

Cherlin, A. (1981). *Marriage, Divorce, Remarriage*. Cambridge, M. A.: Havard University Press.

Chuang, Y. C. (1992). "Family Structure & Reproductive Patterns in a Taiwan Fishing Village". In Hsieh, J. C. & Chuang, Y. C. (Eds.), *The Chinese Family and Its Ritualbehavior* (2nd), pp. 128–161. Institute of Ethnology, Academia Sinica Monographseries B, No. 15.

Cox, C. B. (2000). *Empowering Grandparents Raising Grandchildren: a*

Training Manual for Group Leaders. New York: Springer.

Crase, S. J., Carlson, C. & Kontos, S. (1981). "Parent Education Needs and Sources as Erceived by Parents". *Home Economics Research Jouranl*, 9, pp. 221–231.

Daniel, P. M. & Philip, W. C. (1986). "Children of Single Parent Families: How They Fare as Young Adults". *Family Relations*, 35, pp. 169–176.

Dannison, L. L. & Smith, A. B. (2002). *Grandparent Headed Families and Head Start: Developing Effective Services*. Washington, D. C.: the 6th National Head Start Research Conference.

DeToldeo, S. & Brown, D. (1995). *Grandparents as Parents: a Survival Guide for Raising a Second Family*. New York: Springer.

Donna, S. Q., Patrick, C. M. & Babara M. N. (1994). "Stepmothers and Their Adolescent Children: Adjustment to New Family Roles". *Stepparenting*, pp. 105–125.

Edwards, O. W. (1998). "Helping Grandkin-grandchildren Raised by Grandparents: Expanding Psychology in the Schools". *Psychology in the School*, 35(2), pp. 173–181.

Emick, M. & Hayslip, B. (1996). "Custodial Grandparenting: New Roles for Middle Aged and Other Adults". *International Journal of Aging and Human Development*, 43, pp. 135–154.

Farris, A. (1978). "Commuting". In Rappaport, R. & Rappaport, R. (Eds.), *Workingcouples*, pp. 100–107. New York: Harper and Row.

Fine, M. J. & Henry, S. A. (1989). "Professional Issues in Parent Education". In Fine, M. J. (Ed.), *The Second Handbook of Parent Education: Contemprary Perspectives*, pp. 3–20. San Diego, C. A.: Academic Press.

Fine, M. J. (1980). *Handbook on Parent Education*. New York: Academic Press.

Fuller-Thomoson, E., Minkler, M. & Driver, D. (1997). "A Profile of Grandparents Raising Grandchildren in the United States". *The Gerontologist*, 37(3), pp. 406–411.

Gaudin, J. M. & Kurtz, P. D. (1985). "Parenting Skills Training for Child Abuse". *Journal of Group Psychotherapy: Psychodrama and Societnetry*, 38(1), pp. 35–54.

Gerstel, N. & Gross, H. E. (1982). "Commuter Marriages: a Review". *Marriage and Family Review*, 5, pp. 71–93.

Ginther, D. K. & Pollak, R. A. (2004). "Family Structure and Children's Educational Outcomes: Blended Families, Stylized Facts, and Descriptive Regressions". *Demography*, 41(4), pp. 671–696.

Glass, J. C, Jr. & Huneycutt, T. L. (2002). "Grandparents Parenting Grandchildren: Extent of Situation, Issues Involved, and Educational Implications". *Educational Gerontology*, 28(2), pp. 139–161.

Goldberg-Glen, R., Sands, R. G., Cole, R. D. & Cristofalo, C. (1998). "Multigenerational Patterns and Internal Structures in Families in which Grandparents Raise Grandchildren". *Family in Society*, 79(5), pp. 477–489.

Goldberg, W. A. & Easterbrook, M. A. (1985). "The Role of Marital Quality in Toddler Development". *Developmental Psychology*, 20, pp. 504–514.

Gongla, P. A. & Thomponson, E. H. (1987). "Single-parent Family". *Handbook of Marriage and the Family*.

Gross, H. E. (1980). "Dual-career Couples who Live Apart: Two Types". *Journal of Marriage and the Family*, 42, pp. 567–576.

Hagestad, G. (1985). "Continuity and Connectedness". In Bengtson, V. & Robertson, J. (Eds.), *Grandparenthood*, pp. 31–48. Beverly Hills, C. A.: Sage.

Hamner, T. J. & Turner, P. H. (1990). *Parenting in Contemporary Society*. Mass: Prentice-Hall.

Harris, H. L. (2002). *School Counselor's Perceptions of Biracial Children: a Pilot Study*. Professional School Counseling Alexandria: Dec 2002, vol. 6, Iss. 2, p.120.

Harris, K. M., Furstenberg Jr., F. F. & Marmer, J. K. (1998). "Paternal Involvement with Adolescents in Intact Families: The Influence of Fathers over the Life Course". *Demography*, 35(2), pp. 201–216.

Hayslip, Jr., B., Shore, R., Henderson, C. & Lambert, P. (1998). "Custodial Grandparenting and the Impact of Grandchildren with Problems on Role Satisfaction and Role Meaning". *Journal of Gerontology*, 53B, S164-S173.

Henderson, T. (2001). "Grandmothers Raising Grandchildren: a Needs Assessment". *Unpublished Doctoral Dissertation Thesis*, The California School of Professional Psychology, Alameda .

Hill, R. (1986). "Life Cycle Stages for Types of Single Parent Families: of Family Development Theory". *Family Relations*, 35(1), pp. 19–29.

Hirshorn, B. A. (1998). "Grandparents as Caregivers". In Maximiliane, E. S. (Ed.), *Handbook on Grandparenthood*, pp. 200–216. Westport, C. T.: Greenwood.

Ishii, Y. K. (1996). "Forward to a Better Life: the Situation of Asian Women Married to Japanese Men in Japan in the 1990s". In Battistella, G. & Paganoni, A. (Eds.), *Asian Women in Migration*, Quezon City: Scalabrini Migration.

Jacob, T. & Johnson, S. L. (1997). "Parent-child Interaction among Depressed Fathers and Mothers: Impact on Child Functioning". *Journal of Family Psychology*, 11, 4, pp. 319–409.

James, H. B., Sandra, H. B. & Carol, L. B. (1994). "Role Integration and Marital Adjustment in Stepfather Families". *Stepparenting*, pp. 69–87.

Jendrek, M. P. (1993). "Grandparents who Parent Their Grandchildren: Effects on Lifestyle". *Journal of Marriage and the Family*, 55, pp. 609–621.

Jendrek, M. (1994). "Grandaprents who Parent Grandchildren: Circumstances and Decisions". *Gerontologist*, 34, PP. 206–216.

Johnson, C. L. (1988). "Active and Latent Functions of Grandparenting During the Divorce Process". *Gerontologist*, 28(2), pp. 185–191.

Johnson, S. E. (1988). "Commuter Family Relationship: Alive and Thriving". *Families Alive*, 7.

Jones, M. R. (1993). *Adjustment of Children Reared by Their Grandparents*. Toronto, Ontario: the Annual Convention of the American Psychological Association.

Joslin, D. (2000). "Emotional Well-being among Grandparents Raising Children Affected and Orphaned by HIV Disease". In Hayslip, B. & Goldberg-Glen, R. (Eds.), *Grandparents Raising Grandchildren: Theoretical, Empirical, and Clinical Perspectives*, pp. 87–106. N. Y.: Springer.

Jun Li(2001). "Expectations of Chinese Immigrant Parents for Their Children's Education: the Interplay of Chinese Tradition and the Canadian Context". *Canadian Journal of Educatio*. Toronto: 2001, vol. 26, Iss. 3, pp. 477–494.

Kaiser, A., Mahoney, G., Girolametto, L., MacDonald, J., Robinson, C., Safford, P. & Splker, D. (1999). "Rejoinder: Toward a Contemporary Vision of Parent Education". *Topics in Early Childhood Special Education*, 19(3), pp. 173–176.

Kaufman, T. S. (1993). *The Combined Family: a Guide to Creating Successful Step-relationships*. New York and London: Plemun.

Koon, J. O'. (1997). "Attachment to Parents and Peers in Late Adolescence and Their Relationship with Self-image". *Adolescence*, 32, pp. 471–480.

Kornhaber, A. (1985). "Grandparenthood and the 'New Social Contract'". In Bengtson, V. & Robertson, J. (Eds.), *Grandparenthood*, pp. 159–172. Beverly Hills, C. A.: Sage.

Kornhaber, A. (2002). *The Grandparent Guide: the Definitive Guide to Coping with the Challenges of Modern Grandparenting*. New York: McGraw-Hill.

Kowal, A. K., Krull, J. L. & Kramer, L. (2004). "How the Differential Treatment of Siblings is Linked with Parent-child Relationship Quality". *Journal of Family Psychology*, 18(4), pp. 658–665.

Kramer, L. & Ramsburg, D. (2002). "Advice Given to Parents on Welcoming a Second Child: a Critical Review". *Family Relations*, 51(1), pp. 2–14.

Kroth, R. & Otteni, H. (1983). "Parent Education Programs that Work: a Model". *Focus on Exceptional Children*, 15(8), pp. 1–16.

Leslie, N. R. & Cynthia, J. S. (1993). "Problems and Strengths of Single-parent Families". *Family Relations*, 42, pp. 277–285.

Mann, M. B., Pearl, P. T. & Behle, P. D. (2004). "Effects of Parent Education on Knowledge and Attitudes". *Adolescence*, 39(154), pp.

355–360.

McCranie, E, W. & Simpson, M. E. (1987). "Parental Child-rearing Antecedents of Type a Behavior Pattern". *Personality and Social Psychology Bulletin*, 12, pp. 493–501.

Mclanahan, S. S., Wedemeyer, N. V. & Adelberg, T. (1981). "Net Structure, Socail Support, and Psychological Well-being in the Single-parent Family". *Journal of Marriage and the Family*, 43.

Minkler, M. & Fuller-Thomson, E. (1999). "The Health of Grandparents Raising Grandchildren: Results of a National Study". *American Journal of Public Health*, 89(9), pp. 1384–1389.

Minkler, M. & Roe, K. M. (1993). *Grandmothers as Caregivers: Raising Children of the Crack Cocaine Epidemic*. Newbury Park, C. A.: Sage.

Morrow-Kondos, D., Weber, J., Cooper, K. & Hesser, J. (1997). "Becoming Parents Again: Grandparents Raising Grandchildren". *Journal of Gerontological Social Work*, 28, pp. 35–46.

Orgel, A. R. (1980). "Haim Ginott Approach to Parent Education". In Fine, M. J. (Ed.), *Handbook on Parent Education*, pp. 75–100. N. Y.: Academic Press.

Pervin, L. A. (1993). *Personality: Theory and Research*. New York: John Wiley & Sons.

Poehlmann, J. (2003). "An Attachment Perspective on Grandparents Raising Their Very Young Grandchildren: Implications for Intervention and Research". *Infant Mental Health Journal*, 24(2), pp. 149–173.

Pruchno, R. A. (1999). "Raising Grandchildren: the Experience of Black and White Grandmothers". *The Gerontologist*, 39, pp. 209–221.

Robinson, T. L. (2001). "White Mothers of Non-white Children". *Journal of Humanistic Counseling, Education and Development*, Alexandria: Fall 2001, vol. 40, Iss.2, p. 171.

Roe, K. M. & Minkler, M. (1999). "Grandparents Raising Grandchildren: Challenges and Responses". *Generations*, 22(4), pp. 25–32.

Sands, R. G. & Goldberg-Glen, R. S. (2000). "Factors Associated with Stress Among Grandparents Raising Their Grandchildren". *Family Relations*, 49, pp. 97–105.

Sartor, C. E. & Youniss, J. (2002). "The Relationship Between Positive Parental Involvement and Identity Achievement During Adolescence". *Adolescence*, 37, pp. 221–234.

Schvaneveldt, P. L., Young, M. H. & Schvaneveldt, J. D. (2001). "Dual-resident Marriages in Thailand: a Comparison of Two Cultural Groups of Women". *Journal of Comparative Family Studies*, Calgary, Summer 2001, pp. 347–360.

Slomkowski, C., Rende, R., Conger, K. J., Simons, R. L. & Conger, R. D. (2001). "Sisters, Brothers, and Delinquency: Evaluating Social Influence during Early and Middle Adolescence". *Child Development*, 72, 1, pp. 271–283.

Stevens, J. H. (1989). "Parent Education". *The Word Book Encyclopedia*, vol. 15, Word Book, Inc.

Swick, K. (1985). "Critical Issues in Parent Education". *Dimension*, 14(1), pp. 4–7.

Vanderslice, V. J. & Rice, R. W. (1992). "Quality of Tlife in Dual-career Families: Commuting Versus Single-residence Couples". *Journal of Marriage and the Family*, 54, pp. 399–407.

Warnat, W. I. (1980). *Guide to Parent Involvement: Parent Participant*

Profile.

Watkins, B. D. (1984). *Parent Education Needs as Expressed by Parents of Young Handicapped Children.* Teax Woman's University.

Weiss, H. B., Mayer, E., Kreider, H. & Vaughan, M. (2003). "Making It Work: Low-income Working Mother's Involvement in Their Children's Education". *American Educational Research Journal*, Washington: Winter 2003, vol.40, Iss.4, pp.879–901.

Willinger, U., Diendorfer-Radner, G., Willnauer, R., Jörgl, G. & Hager, V. (2005). "Parenting Stress and Parental Bonding". *Behavioral Medicine*, 31, pp. 63–69.

Yeung, W. J., Sandberg, J. F., Davis-Kean, P. E. & Hofferth, S. L. (2001). "Children's Time with Fathers in Intact Families". *Journal of Marriage and Family*, 63(1), pp. 136–154.

名詞索引

輔導原理與實務　　劉焜輝／主編

　　本書在協助讀者瞭解輔導的內涵，啟發讀者思考輔導的本質。特點有下列三項：（一）內容的完整性：全書十四章，涵蓋輔導學領域的理論與實務。（二）資料的精確性：撰稿者均為教育心理與輔導研究所科班出身，長年從事輔導理論的研究和輔導實務的探討。（三）立足於國情：改進國內相關書籍大多偏重輔導理論而忽略實務的介紹，並特別針對國內輔導現況進行探討。本書可作為有志於輔導工作者之入門書籍，亦能補足現代教師和從事輔導工作者不可缺少之知識。

心理學導論　　溫世頌／著

　　「為什麼一樣米養百樣人？」「為什麼背得滾瓜爛熟的課文，隔天卻忘了一大半？」「情人眼裡出西施嗎？」「小別一定勝新婚？」……心理學是研究人類行為與心理歷程的一門科學，學習心理學有助於瞭解、預測與同理人們的心理與行為。本書首先從歷史發展的觀點簡介各心理學派的理論，並透過言簡意賅、生動活潑的文字，帶領讀者認識重要心理學議題。本書提供新近的研究資料與生活實例，搭配豐富的照片與插圖，是您學習心理學的最佳入門書。

諮商理論與技術　　陳婉真／著

　　本書內容包括：心理諮商的定義與本質、目前主要的諮商理論學派與技術、如何對當事人的問題進行衡鑑與分析、諮商歷程中心理諮商者與當事人之間諮商關係的變化、進行諮商時應該考量的相關倫理議題，以及心理諮商者如何透過持續地自我探索與自我省思，成為一名優秀的專業人員。書中穿插許多由臨床案例所改寫的小故事或會談對話錄，期待透過這樣的書寫方式，能夠讓讀者更清晰地瞭解諮商工作進行的輪廓與風貌。

教育心理學（增訂三版）　　溫世頌／著

　　本書探討架構分為三大領域：1.學生身心發展的特徵；2.學習與記憶的歷程；3.教學策略與教學效果的增進、評鑑與溝通。作者除介紹新近教育心理學研究成果與發現，並針對一些習以為常、錯謬的教育舉措，提出具體的建議與符合現實需求的修正方案。本書不僅是一本教育心理學教科書，透過作者對教育的全人關懷與真知灼見，將帶領所有關心教育者，重新審視與反思自身的教育觀點與做法。

教育哲學──本土教育哲學的建構　　溫明麗／著

　　本書扣緊「主體性」與「簡約性」，呈顯「知即德」的傳統教育精神，探究傳統教育哲學、存在主義、現象學、詮釋學、批判理論及後現代等教育哲學觀，並呼喚教師專業倫理素養的風華再現。既涵蓋理論，也融合實踐；既具思想啟蒙和禪思，又具生活化趣味，是本深入淺出的教育哲學讀本。舉凡對教育哲學心生畏懼、有心鑽研教育理論或擬進行教育行動研究者，本書均能發揮奠定基礎、激發思想，並強化理論建構之效，也期能有助於建構與推動臺灣本土教育哲學。

教育社會學（增訂三版）　　陳奎憙／著

　　本書主要是為準備從事教育工作的教育院系學生而寫，也可供社會學系學生與在職教師閱讀、研究參考之用。書中除詳細介紹「教育社會學理論」、「教育的社會環境」、「教育機會均等」等主題，並運用現代社會科學理論來分析「教育制度」、「學校社會組織」與「班級社會體系」，更具體探討「教學方法」、「教育專業」、「師生關係」、「青少年次文化」等重要議題。本次修訂，除調整主題架構外，並充實與更新書中資料，使內容更為周全，更符合時代性，是為新版特色。

教育概論　　張鈿富／著

　　本書根據最新的教育法規與教育政策重新增訂，全書共分五篇，分別探討：教育學風貌、優良教師的特質與教師角色、師資培育與專業發展、時代轉變下的學生特質與教師管教問題，並檢視當前教育政策中的改革構想與現況；末篇則以十五個重要教育問題為延伸探討，是觸發讀者思考教育問題的最佳素材。